エコロジーのコミュニケーション

Niklas
Luhmann

Ökologische Kommunikation

現代社会はエコロジーの危機に
対応できるか？

ニクラス・ルーマン【著】
庄司 信【訳】

新泉社

序文

わたしは、ライン・ヴェストファーレン科学アカデミーの招きにより、一九八五年五月一五日の年次大会において「現代社会はエコロジーの危機に対応できるか」というテーマで講演を行った。(1)しかし、本来であればもっと詳細に説明を行うべきであったが、限られた講演時間ではそういうわけにはいかなかった。特に、個々の機能システムの多くが、あらゆる相違にもかかわらず、きわめて似かよった反応の仕方をしていることを論じることは不可能であった。そのため講演の中心テーゼ、すなわち近代社会はさまざまな機能システムに構造的に分化した結果、近代社会が生み出す共鳴は少なすぎたり多すぎたりする、というテーゼも、ただ概括的にしか説明することができなかった。しかし、このことが理解できてはじめて、新しい価値観や新しい道徳によっても、あるいは環境倫理を学術的に展開することによっても、問題の解決は得られないということがわかるのである。

本書は、この講演の議論を補完するとともに、きわめて大雑把なスケッチにとどまるが、近代社会の主要な機能システムに関しても同様の議論を展開するものである。それによって、各システムの機能、バイナリーコード、「適切な《リヒティッヒ》」体験と行為を規定するプログラムが、それぞれまったく異なっているにもかかわらず、基本構造においてきわめて類似したシステム像が見出されるはずである。そしてそのことが、エコロジーの諸問題を、たんに政治や経済の誤った行動に結びつけたり、倫理的責任感の欠如に結びつけたりするのではなく、全体社会《ゲゼルシャフト》システムに結びつけて論じることが必要だということを理解させてくれるのである。

このような一貫した理論にもとづいた比較によって明らかになるであろうことはつぎのことである。すなわち、少し前から活気を帯びてきているエコロジーに関する議論を通じてどれほど強く社会理論が求められているかということであり、同時に、今のところ社会理論がいかにわずかなものしか提供できないかということである。

本書の分析は、エコロジー関連の文献において素朴に導入され、くわしい根拠づけもなされないまま用いられている諸前提の多くを共有していない。それは多くの細目においてだけでなくシステム論の基本的問いにおいてもそうである。そもそもエコロジー関連の文献自体、まさに社会的コミュニケーションの産物である。つまり、本書の分析そのものも含めて本書が分析する対象の一部なのである。言葉を選ぶ際の無頓着さ、一つの理論的決定がさまざまな帰結をともなうことになるということに対する鈍感さ、こうした点がこれらの文献のもっとも際立った特徴の一つである。まるで環境に対する配慮が、それについて語る際の配慮のなさを正当化してくれるとでも思っているかのようである。これと並んで重大な意味をもっているのは、学問的厳密さを自負する文献が、たいていつぎのような諸学によって生み出されているという点である。すなわち、各機能システムから生まれ、それぞれのシステムで反省機能を担ってもいる諸学である。こうした場合、法律家にとっては法的事件を取り扱うカテゴリーの拡張が問題となり、経済学者にとっては経済的データを観察し、経済成長を肯定的あるいは否定的に証明するために用いるモデルの拡張が問題となることは必然である。もちろんそれはそれで大いに意味のあることであるのは言うまでもない。しかし、問題はもっと根本的なところにある。すなわち、各機能システムの分化自体が問題なのである。

理論に主導された分析に対しては、いつでも「実践との結びつき」が欠けていると非難することが可能である。そうした分析は誰かに処方箋を提示したりはしない。ただ実践を観察し、もしも人びとが事を急ぐあまり修正を必要とする観念にもとづいて行為している場合には、いったいそれがどれほど役に立つのかと、折に触れて問うだけである。もちろん、修正を必要とする観念にもとづいて行為する場合でも何らかの有用な成果が得られる可能性は否定されない。ただ、そうだとしてもなお理論はつぎのように主張するであろう。よりよく統制された方法にもとづいて考えを構築するならば、有用な成果をもたらす可能性を高めることができるし、それ以上に無益な興奮をもたらす可能性を低めることができる、と。

一九八五年八月　ビーレフェルト

ニクラス・ルーマン

装幀　勝木雄二

我々の言葉も御多分に洩れず、その欠点欠点をもっている。
世の紛議の動機は、大部分が言葉づかいに発している。

モンテーニュ『随想録』（関根秀雄訳）

1章 社会学的禁欲

人間と社会についてさまざまに展開されてきた考察の歴史に照らしてみるならば、このテーマはまったく新しいテーマである。社会的生活が成り立つためのエコロジカルな条件および社会《ゲゼルシャフト》システムとその環境との関係に関する公の議論が急速な盛り上がりをみせたのは、たかだか二十数年前からである。今日の社会は、きわめてさまざまな点で、自ら環境の内に引き起こした変化によってしっぺ返しを受けていると感じているのである。たとえば、再生不能なさまざまな資源の消費が加速度的に増大しつつあること、したがってまた人工的な代替物に対する依存をますます強めつつあること（仮にそれがうまくいくとしても）を思い浮かべてみていただきたい。あるいは、多種多様な生き物の存在は生物のさらなる進化の前提であるが、そうした多様性が減少しつつあることや、薬が効かない、つまりもはや撲滅できない病原体が進化によっていつ誕生してもおかしくないことを考えてみていただきたい。さらには環境汚染という周知の諸問題、人口爆発の問題、等々。これらすべてが今日、社会的コミュニケーションのテーマとなっているのである。残念ながら事態を適切に診断し適切な実践を導くための十分な認知手段をもちあわせてはいないのだが、現代社会はかつてなかったほど自らに対して警鐘を鳴らしているのである。[1] 社会がその環境を変えただけでなく、それによって社会そのものの存続の諸条件を掘り崩しつつあることを、人びとは認識しつつあるのである。この問題自体は決して新しい問題ではなく、すでに社会発展の早い段階で発生していた。[2] しかし、人びとのコミュニケーションを攪乱する「ノイズ」としてもはや無視できなくなるほどまでにこの問題が強く意識されるようになったのは、今日が初めてのことである。

社会学にとって、この議論は――多くの問題の場合と同様――唐突にやってきた。社会学は理論的に十分な準備がない状態でこの問題に出くわしたのである。社会学がこれまで発展させてきたパースペクティヴは社会に対する完全に内向きのそれであった。たとえば、正しい社会秩序に関するイデオロギーに積極的に関与しては再びそれから自由になろうとしてきたのであるが、いかなる場合も、社会あるいは社会の一部が社会学のテーマであるということが当然の前提であった。すでに社会学が固有の学問として確立される過程で、こうした傾向は決定づけられていた。自然は自然科学に委ねることができたし、また委ねられねばならなかった。社会学と呼ばれる新しい学問がそれ自身の対象として見出し、かつ権利主張できたのは社会《ゲゼルシャフト》だったのである。あるいは社会という概念を好まなければ、さまざまな社会的《ゾチアール》事象と言ってもよい。たとえば、デュルケームの社会的事実であり、ジンメルやヴィーゼの社会的形式や社会的関係であり、マックス・ヴェーバーの社会的行為、等であった。固有の学問としての境界の画定は、それが扱う現実内の領域を限定するという形で遂行されたのである。そして、おそらくはそれ以外にはありえなかったのである。

　さらにこれら「大理論」ばかりでなく、ありとあらゆる種類の「社会問題」の分野でも、調査研究は、問題の社会的原因の究明へと向かっている。そして、まさにそれを前提として、問題のより良き解決に何かしら貢献できるであろうという研究者たちの期待が成り立っているのである。諸問題のまさに問題たる所以は、社会《ゲゼルシャフト》システムあるいはその部分システムの構造にあると見なされる。そして、その構造を変えることができない場合であっても、少なくともそうした事態を嘆くことはできるのである。社会の外部に存する問題の源泉はほとんど注目されないし[3]、ましてやすべてのシステム問題は、究極的にはシステムと環境との差異に由来することなど、まったく認識されないのである。

　市民共同体（societas civilis）に関する古い学説もまったく同様に考えていたし、実践哲学の広範囲にわたる議論についても同じことが言える。たとえ全人類を意識して論じていたとしても、キウィタス（civitas）であれ、完全な共同体（communitas perfecta）であれ、はたまた政治的社会であれ、もっぱら念頭に置かれていたのは、やはり社会的なもの《ダスゾチアーレ》であった。ストア派の教義においてもキリスト教のそれにおいても、人間の外部に存在する自然は人間の利用に供されるものと見なされた。その際、地上の支配（dominium terrae）という概念は、全自然を神聖化することを防ぎ、宗教的なものの特定化を可能とする一種の防御概念であった。このように意味づけられた自然は、今日であればエコロジカルに重要な自然であるが、当時はいわば神聖さを剝奪された自然であった。もちろんいつの時代でも支配的な考え方に対立する考えは存在するものだが、当時のそれは自然科学の発展を困難にするほど強力なものではなかった。やがて一八世紀になると、問題の設定の仕方に根本的な転換が生じた。反対概念（よくあることだが、それは本来的な関心を示唆している）が交替したのである。特殊一神教的な理解が維持されなければならないと見なされていた聖なるもの（sacrum）に代わって文明が自然の反対概念として登場したのである。[4] それにより自然は一方では救済されることなく失われてしまった歴史となり、他方では社会の労働の場となった。

　こうした理解も、自然と文明との差異の統一を規定する手掛かりをほとんど与えはしなかったが、少なくとも環境を意識する（神をその被造物において崇めるべしという古代の教えのいわば後継者的意識として）最初の可能性を与えはした。一八世紀には環境（Milieu）の意義が、つまり具体的な地理的特性の意義が発見され、[5] たとえば風土と文化の関連が注目されたりした。重農学派は農業技術の進歩に刺激されて、所有権を経済的に最適であると同時にエコロジカルにも最適の法制度と見なした。つまり所有権は自然の資源を大事に扱うことがそのまま利益につながることを保証する制度であるがゆえに、まさにそうした自然資源の扱いを確実に人びとに促すというわけである。当時、行為の結果を内化すること、つまりそれを合理的計算に組み込むことが所有権の機能と見なされていたことは、今日それとは反対に外化が論じられ、行為の結果に対する責任回避を可能にするものこそ所有権だという非難が投げかけられていることを思うと、じつに特徴的なことである。

だが、事態はさしあたりこれ以上進展することはなかった。フランス革命は、社会的立場や政治的目標を問題とすることで、社会的討議のイデオロギー化をもたらした。社会的諸関係に関してさまざまな描写が華々しく展開されたが、すべてはまたしても社会の内部にしか目が向いていなかった。このことがもっとはっきりと見て取れるのは、おそらくダーウィンの議論が社会科学に取り入れられる際の摂取の仕方であろう。社会システムの環境こそが、何が社会として発展しうるのかを選択的に決定するという考えを受け入れる代わりに、イデオロギー化した社会ダーウィニズムが誕生してしまったのである。それは、個人、企業、民族などさまざまなレベルでの生存競争において勝利することを権利として認めるものであったが、数年後には新しい社会的モラルという沼地にはまり込んでしまい身動きがとれなくなってしまった。そして今日に至るまで、社会科学における進化論は、その立往生状態から完全に脱することができずにいるのである。(6)

社会学が対抗科学あるいは「批判理論」を自認した場合でも、目を向けていたのは、社会と、眼前の社会がそれに相応しいあり方をしていない——あるいは、いまだしていない——とされた人間の諸原理だけであった。少なすぎる自由、少なすぎる平等、少なすぎる正義、少なすぎる理性——ブルジョア的テーマばかりであった。社会に関するさまざまな議論が展開される中でこのような社会学が引き受けた役割は、特定の理想にもとづいた社会の自己批判であって、不確かな希望と不確かな恐れに関して自らに警鐘を鳴らすことではなかった。そのような自己批判を批判することはたやすいことであった。なぜなら理想には幻想へと転化する宿命的な傾向があるからである。なおしばらくは「同時的でないものの同時性」をある程度考慮しなければならないにせよ、今日では自己批判的な議論を産み出す理論的背景は消失してしまっている。警鐘の役割を果たす場合であれば、問題となるのは特定の希望もしくは恐れがどの程度根拠のあるものかということだけである。あるいは対象に距離をとる観察者のパースペクティヴにもとづいて言えば、リスクを引き受ける用意はどのような要因によって左右されるのか、そしてリスクを引き受ける用意は、社会の中でどのように配分されるのかということである。

それ自身の対象の中に閉じこもっていた社会学は、自然科学の側からエントロピーの法則に刺激されて新たな考え方が起こってきているということにも、やはり気づかなかった。熱の散逸傾向をともなうこの法則が存在するならば、それにもかかわらずなぜ自然の秩序がこの法則に服さず、むしろネゲントロピー的に進化するのかということを説明することがいっそう重要である。その回答はつぎのような熱力学的に開かれたシステムの特性にある。すなわちインプットとアウトプットによって環境と関係を結び、交換関係に入りながら、つまりは環境に依存するようになりながら、にもかかわらずその自律性を構造的自己制御により確保することができる、そうしたシステムである。ルートヴィヒ・フォン・ベルタランフィはこの考えに注目し、それ以降人びとが「一般システム論」と呼ぶようになるものの基礎とした。(7)

社会学がこれにも気づかなかったと言ったら、それは言い過ぎであろう。この理論に依拠して綱領的に展開された議論が若干は存在するし、(8)組織が環境とどのように関係しているかを明らかにする組織社会学の研究はかなりの成果を挙げていた。(9)とはいえ、組織社会学において環境として念頭に置かれているのは、市場や技術革新といった社会内環境だけであり、したがってやはり社会そのものだけが考えられているにすぎないのである。(10)

社会しか眼中にないというこうした状態からは、理論の核心におけるパラダイム転換によってのみ脱することができるであろう。(11)そのような転換は、社会学的思考が生み出したあらゆる個別の議論にまで広範な影響をもたらす。(12)必要なのは根本的切断であり、それが拒否されさえしなければ、その後でまたゆっくりと進むようになるのである。

かつてなかったエコロジー意識の突然の盛り上がりは、理論的に熟慮する時間的余裕をほとんど与えなかった。それゆえ、人びとはさしあたり古い理論の枠組みでこの新しいテーマを考えることになった。すなわち、社会が環境に与える影響によって自らを危機に陥れるのであれば、社会はまさにそれを中止すべきである。そのことに対して責任がある者を見つけだし、問題行動を止めさせなければならないし、必要とあらば彼らと戦い処罰しなければならない。そうすることに対する道徳的正義は、社会の自己破壊をくい止めようとする者の側にある、といった具合である。このように理論的討議はいつの間にか道徳的問題として論じられるようになり、理論上の欠陥が道徳的な熱意によって埋め合わされることになってしまった。善良なる意図を大いに表明し喚起しようという意図が、問題の定式化を規定してしまっている。かくして、システムの構造分析こそが肝心なのにそれをせず、行き当たりばったりに新しい環境倫理について議論することになるのである。

新しい倫理を目指す者が、歴史的回顧においても責任問題を提示することは、当然の成り行きである。キリスト教徒が住む西欧はその宗教によって自然と、搾取的ではないにせよ、何の感情も抱かず粗野に接する傾向があったというわけである。[13] しかし、それに対しては、キリスト教徒はじつに動物好きであったし、自然においてその創造主を賛美してきたではないかという反論がなされる。[14] このような馬鹿げた問題設定においては、言うまでもなく両者とも正しい。歴史的回顧にはただある事柄を際立たせるという機能があるにすぎず、実際の歴史を明らかにしようなどという気はさらさらないのである。歴史的回顧は、新しい倫理がそもそも倫理として成り立ちうるのか、またどのように成り立ちうるのかという困難な問題を立てることなく、ただ新しい倫理に支持を与えるという役割を果たすにすぎないのである。(15)

ところで昨今目立つのは、科学的研究の成果もあって、エコロジカルな連関においてであれ、外国の文化においてであれ、さらに今日では発展途上国とその伝統においてでさえ、「自然な均衡」が大事だという意識が強まっている一方で、自分たちの社会は激しい批判にさらされ、介入を要請する声が世に満ちあふれているという事態である。まるで自分たちの社会はシステムではないかのようである。(16) 明らかにここには裏返しの自民族中心主義が見て取れるし、「システム論」に対するかなりの反感も、この理論が自分たちの社会に向けられた非難をたしなめることと関係しているのかもしれない。

こうした扇動的な議論に特に欠けているのは、エコロジカルな問題設定そのものの理論構造と、とりわけつぎのような根本的パラドクスに対する十分な理解である。すなわち、エコロジカルな問題設定は、あらゆる事態を統一の観点と同時に差異の観点からも、つまりエコロジカルな連関の統一の観点と同時に、この統一的連関を分解してしまうシステムと環境との差異の観点からも、扱わなければならないというパラドクスである。エコロジカルな問題設定においては、システムと環境との差異の統一がテーマとなるのであり、一つの包括的なシステムの統一が問題になるのではないのである。(17)

システムと環境とのシステム論的差異こそは、世界観の根本的変革を定式化するものであり、ここにこそ——粗野で見境ない自然の搾取の問題ではなく——伝統との断絶がある。支えるもの(periéchon)、ひとつながりの(continens)、取り囲む(ambiens)、囲みの外(ambiente)、中心(medium)といった言葉の分野での理念史的研究によって示すことができるのは、わたしたちが今日、環境と呼ぶものが、ギリシャ的思考においても中世の思考においても、内に含むすべてのものに相応の場所と境界を示す包括的身体(sôma periéchon)——目に見える生きたコスモスというわけではないにせよ——と見なされていたことである。[18] 考えられていたのは、小さな身体が大きな身体に包摂され保持されているという状態であり、境界づけは、可能性の剝奪あるいは自由の制限としてではなく、形を付与し、支え、保護することと見なされていた。この見方が、一九世紀に始まり(ドイツ語のUmweltも英語のenvironmentも一九世紀の造語である)ようやく今日完了しつつある理論転換において、文字どおりひっくり返されたのである。すなわち、システム自体が自己の境界を定義し、システム自体が環境から自分を分離するのであり、それとともに環境を自己の境界の向こう側にあるものとして構成するのである。この意味での環境は、何ら固有のシステムではなく、まして作用をおよぼす統一体でもなく、諸々の外的事情の総体としてシステムの形態発生の任意性を制約し、それを進化的選択にさらすものにすぎない。環境の「統一性」はシステムの統一性の相関項以外の何ものでもない。なぜならばシステムにとって統一体であるものはすべて統一体としてそのシステムによって定義されるからである。

社会《ゲゼルシャフト》システム（厳密に言えば、それ自体がエコロジー問題に関しコミュニケーションする社会システム）の理論に対して、こうした見方から生じる帰結は二つのテーゼに集約される。

1．社会全体を一つの大きな統一体（世界）の中の一つの小さな統一体と見なし、そのようなものとしての社会全体の統一性に定位して理論展開することをやめ、社会システムと環境との差異に定位した理論展開へと切り替えなければならない。つまり、理論展開の出発点を統一から差異へ転換すること。その場合の社会学の対象をより正確に理解するならば、それは社会システムではなく、社会システムとその環境との差異の統一なのである。それを、問題となるのは世界のすべてであると言い換えてもよいが、あくまでも社会システムのシステム言及を通して見られた世界のすべてである。つまり、社会システムが自らを環境から区別する際に用いる分離線に依拠して見られた世界のすべてである[19]。この差異は、分離の道具であるばかりでなく、システムの反省の道具でもあるのであり、むしろその点こそが重要である。

2．実体的な統一体（個人）を社会システムの要素と見なすことをやめ、それを自己言及的な作動に、つまり、システム内においてのみ、そして同じ作動のネットワークによってのみ産出される（オートポイエーシス）自己言及的な作動に、切れ替えなければならない。社会《ゾチアール》システム一般の場合でも、全体社会《ゲゼルシャフト》システムという特殊な場合でも、そのようなものとしてもっとも相応しいと思われるのはコミュニケーション（つねに自己言及的である）という作動である。

この提案を受け入れるならば、社会《ゲゼルシャフト》とは、相互に関係を取り結ぶいっさいのコミュニケーションを包摂する社会《ゾチアール》システムであるというふうに、じつにあっさりと理解されることになる。社会はコミュニケーションからのみ成り立っているのであり、コミュニケーションによるコミュニケーションの再産出を継続することで、別の種類のシステムからなる環境に対して自らを境界づけるのである。進化を通じて複合性が構成されるのはこのようにしてである。

次章以降の考察は、以上の理論を前提としている。それが目指しているのは、社会システムのエコロジカルな適応問題に対する解決策の提示ではなく、わたしたちがこの理論を使って問題を定式化するならば、問題がどのような輪郭をとることになるのかを見定めることである。

2章 原因と責任？

前章の最後に進化によって成立する複合性という現象に言及したが、これを考慮に入れるならば、問題設定の重点が移動することになる。エコロジー問題の従来の観察は、社会の中にある原因から出発し、そこからその結果に対する責任を問う。したがって、その観察は時間軸に沿った観察となり、しかも、もし原因が生じなければ結果もまったく生じないであろうというまったくもって当然の議論をもち出すことになる。そのような考えに則って対処できれば、禍根をもっともうまく取り除くことができる。たとえば、化学工場が有毒物質をゴミの山へ投棄したり、あるいは汚水を河川へ流し、その結果魚が死に、水の供給が危険にさらされるといったことがわかった場合、今述べたようなやり方がとられる。こうした問題では警察の権限を必要に応じて拡張すればそれで十分である。しかしながら、現実の諸問題のタイプも、システム論的分析も、こうした従来の観察様式の変更を迫っており、エコロジカルな変化の影響にさらされていると自ら見なしているシステムの観点から問題を再構成することが求められているのである。原因の除去は、原因がもたらす影響に対する一つの反応の仕方ではあり続けるが、あくまでも多くの選択肢のうちの一つにすぎない。原因の除去であれ何であれ、影響に反応することこそが問題なのであり、反応にもさまざまな原因と結果があるとすれば（たいてい見通すことができないが）それこそが問題なのである。別の言い方をすれば、困った事態に直面しているシステム自体が、当の困った事態を引き起こしているということは、何らかの反応を決定せざるをえないという「悲劇性」を宿命づけるものでこそあれ、問題解決のためのいかなる処方箋も提示するものではないということである(1)。

特に立法政策と法律学においては、コストを誰に負担させるのか、責任の範囲はどこまでかといったことが問題になる際、「原因者原理」がもち出される(2)。その際、原因者を選別するという問題が生じることはしばしば話題になってきたが、その場合も、選別しなければならないという目的そのものを引き合いに出すという再帰的なやり方で処理されてきた(3)。ということは、原因者原理の隠された意味は、やはり因果関係の言明にあるのではなく、むしろしばしばそうであるように差異の言明にあるということである。つまり差異の言明によって、たとえば全体の利益を損なうような補助金に対しては反対の決定をするのである。

このように実践的に有意義な分析でありながら、こうした分析がなされていることを、科学は長い間無視してきた。だが、数十年におよぶシステム論的分析の蓄積によって、多かれ少なかれ恣意的に結果を原因に帰すという単純化を行うというのであれば話は別だが、因果連関はきわめて複合的で原理的に見通すことができないものであるということを、人びとは認めるようになってきた。これと対応するように、ここ三〇年間の帰責研究も、多くの原因と結果の中から若干のもののみに焦点を合わせ、それらこそが重要であると見なす帰責の慣習と手続きこそが固有の問題であるということを示してきた。(4)したがって正確に観察すれば、原因や責任、罪の確認は、つねに同時に、原因でないものを除外したり、責任がないことや罪がないことを確認することにも役立っているのである。生産者の問題であるということは、消費者の問題ではないということを意味するわけである。してみると、帰責手続きの本当の意味は、こうした無実の弁明にこそあるのかもしれない。

これらはすべて今日では受け入れられた知識であって、証明する必要はない。しかしながら知識探求の古典的手段、すなわち演繹(論理学)と因果性(経験)は、諸々の観察を単純化する観察の形式であるにすぎないこと、これを社会システムについて言えば、単純化する自己観察の形式であること、こうした結論に達したのは自己言及システムの理論が初めてである。(5)方法論に関してここから導き出されることは、わたしたちは自分自身を観察するシステムの観察から出発すべきであって、因果性の存在論を想定してそこから出発すべきではないということである。これが意味するのは、何を原因と見なし、誰に責任があると見なすのか、その決定を人は避けられないということである。さらにこのことが意味するのは、このような決定が不可避であることで、いかなる道徳にもいかなる政策にも過大な要求が課されることになるということである。そこで問題となるのはつぎのことだけである。すなわち、どうすればこの決定が、決定など行われていないという印象が成立するように描き出されるかということである。

このようなラディカルな理論的立場は、社会的コミュニケーションと日常意識が今日受け入れているものからはかけ離れたところにある。したがって、この立場を首尾一貫して推し進めることは、どのような帰結が生じるのか予見できないほどの考え方の変更を要求することになるのかもしれない。ともあれ新しい考え方が浸透するまでには長い時間がかかることは覚悟しなければならないであろう。しかし同時に、この理論が主張することに相応する事態が存在することは明らかである。エコロジーに関する論議の中でも、いやそこでこそ、そうした事態が見出される。何かに原因を帰すること、誰かに責任を負わせることは、それ自体がさまざまな帰結をともなう。たとえば、それによって政治的連合が破綻したり、さまざまな経済的試みが失敗に終わることになるかもしれない。あるいは、やがて誤りであることが証明されるかもしれない理論と予測が、決定の基礎になっているかもしれないし、誤りが証明されれば、それはそれでさらに新たな帰結を引き起こすことになる。

人びとはこれらすべてを理解し知識に加えることができるが、だからといってこれを公にも主張し正当化できるかというと、それはなかなか難しいのが実情である。このこと、つまり上記のような観察が必ずしも公のものとはならないことを、再度、観察する者は、改めてつぎのような結論に達する。すなわち、こうした「悲劇的な」決定は、それが決定であったということがあらわにならないようにするために、あるいは少なくとも特定の観点では決定とは見なされないようにするために、違った決定もありえた《コンティンゲンツ》ということをうやむやにしなければならないということである。

よく知られるように、ヴァルター・ベンヤミンは、彼の独自の暴力概念と関連づけながらではあるが、法の制定と法の適用の区別がこの迷彩機能に役立つと考えていた(6)。このことは政治にも法にも妥当する。経済においては、希少性の前提のもとでの数量の決定と分配の決定との区別が、同じ機能を果たしているように思われる(7)。政治と法においても経済においても、個々の決定はすべてこうした区別そのものに関係しながらなされているということを示すことが可能である。それにもかかわらず、政治と法、それに経済のいずれにおいても、まさにそのことが責任を負うべきこととして注意を喚起されたりすることはない。むしろ、決定は特定の決定であらざるをえず、その特定化のためには区別が前提されねばならないのである。こうして区別は、もともと恣意的なものでありながら、恣意的ではないものとして通用するのである。区別は自己言及のパラドクスを脱パラドクス化するのであり、その後で初めて責任が問われうるのである。

だが、こうした話はシステム分析がくわしく展開される中で論ずるべきことであろう。「原因と責任？」というタイトルを掲げたこの章でもっぱら取り組んできたのは、原因と責任を問うという思考様式の前提を清算することであった。以下の分析では、どこに原因あるいは責任があるのかという問題は取り上げない。もちろんだからといって、しかるべき措置を政治的に主張しようとする場合やそれの法的な適切性が問題となる場合、原因や責任の問題の解明が重要でありうることが否定されるわけではない。ただ、わたしたちが行う分析の次元では、仮にその問題を提起したとしても、社会そのものに責任があるという確認に至るだけであろう。そして、そんなことはわざわざ面倒くさい議論をもち出さなくても誰もがわかっていることなのである。

3章 複合性と進化

「わたしたちは本当にすべてのことを変えることができるのだ」といった発言をほんの数年前まで聞くことができた。必要なのはただ勇気だけ——それにサイバネティクスの助言！　複合性は誤って用いられ、ありとあらゆる欠点や問題をシステムが生み出すものにしてしまったが、システムが必要とするのはそんなことではなく、多様性（＝可能な状態の数）を制御するために多様性を用いることであって、そうすればいずれ「世界を操縦するために必要な多様性」を獲得できるというのである。[1] こうした楽観論は消え失せたようである。構造化された複合性の問題はすでに長い間論議されてきていたのに、この楽観論はその問題を過小評価していた。特に見誤っていたのは、複合性の概念は何らかの統一体を指し示すものであるにしても、その統一体は差異を顧慮することで初めて意味をもつ統一体だということである。そして、ここで言う差異とはもちろんシステムと環境との差異である。(2)

というのも、世界あるいは何らかのシステムを「複合的である」と特徴づけたところで、大したことを言ったことにはならないからである。こうした見方によれば、一般に特定のものとして存在するものはすべて複合性の縮減である。あるいは、別の言い方をすれば、存在するもののすべてはただ世界の中でのみ存在すると言ってもよいかもしれない。だが、こうした捉え方で得られるものはあまりない。複合性に関する言明が生産的になるのは、統一に関する言明を差異に関する言明に置き換えたときであり、それにはシステムと環境の区別が役立つ。この区別が、以下の考察の出発点となるつぎの言明を可能にするのである。すなわち、いかなるシステムにとっても環境はシステムそのものよりもつねに複合的である、という言明である。(3) それゆえ、いかなるシステムも環境のあらゆる要素とあらゆる関係に対応するように自己の作動を展開することはできない。どんなシステムも、環境との一対一対応の関係によって自己を維持することはできないし、環境の複合性に関して「必要な多様性」を獲得することもできないのである。いかなるシステムも環境の複合性を縮減しなければならず、その主要な方法は、システムが環境そのものをただ限定的に、そして前もってカテゴリー化して把握することである。他方でシステムと環境との差異は複合性を縮減するための不可欠な前提である。というのも、縮減はあくまでもシステム内においてのみ——ただしシステムそのものとの連関でとともにその環境との連関で——遂行されるからである。

以上の議論を受けて問題設定をより厳密に行うならば、問題なのは、限られた複合性を有するシステムが、はるかに複合的な環境の中でいったいどうやって存立し、自らを再生産しうるのかということである。発生論的説明だけが問題ならば、この問いを進化論に委ねることができる。複合性の圧力のもとで試練に耐えうるシステム構造がいかにして構築されたかが、たとえば進化をもたらす淘汰によって説明可能かもしれない。(4) だが、進化論単独では、これまでのところ満足のいく説明はなされていない。なぜなら、上述の問題を解決するやり方が、きわめて多くとは言わないまでもいくつかあることは明らかであり、それらの選択肢の中から一つが選択されることを、環境による淘汰によっても、システムの適応によっても、十分に説明することはできないからである。

一つの可能性として、システムの高度の無関心と隔離が考えられるかもしれない。つまり、きわめて限定された因果的相互依存関係のもとでの、環境への低い感受性と低い環境依存性である。しかしながら、マクロレベルの化学的進化も、有機体の進化も、社会文化的進化も、こうした可能性にとどまっていないことは明らかであり、環境の複合性によってどうしてそうした進化が起こらざるをえないのかということを洞察することは困難である。したがってわたしたちはつぎの問い、すなわち他のどのような形式が機能的に等価なものとして無関心と隔離に取って代わりうるのかという問いに直面することになる。その答えは、またしても大まかな言い方になるが、システム自体のより高度な複合性である。[5]

「システム自体のより高度な複合性」はけっして単純な特性ではないし、それゆえその「増大」をたった一つの次元で理解することはできない。[6] そのため「より多い」複合性とか「より少ない」複合性という言い方は曖昧な言い方ということになる。とはいえ、一般性を保持した言明を定式化することは可能である。たとえば、より複合的なシステムは一般に環境とより多くの、そして多様な関係を維持することができる（たとえば、インプットとアウトプットを切り離すこと）、つまりより複合的な環境に対応することができる、などである。ただし同時に、より複合的なシステムはその内部においては、何を要素とし、いかなる構造を形成するのか、その一つひとつをよりいっそう明確に選択せざるをえなくなり、それゆえ、その構造も要素もますます別様でもありうる《コンティンゲント》ものとなる。以上のことを踏まえて再度、問題を立てるならば、どのような構造がかかる要求のもとでもシステムの存立を可能とするのか、ということになろう。

それゆえ、進化とは特定の環境によって存続可能なシステムが選抜されることであるとか、適応能力の改善、つまりは特定の環境に対する存続能力の改善を通してそれが行われることである、と言っただけでは不十分である。[7] それでは、なぜ環境が絶えず変化を促す刺激を生み出し続けているにもかかわらず、多くのシステムがまったく変化しないままでいられるのかということは説明できないであろう。それゆえ、そうした事態の説明のためには、進化論はシステム論を援用しなければならないのである。自己言及的でオートポイエティックなシステムは本来的に不安定であり、かつつねに自己を再生産しようとする。そうしたシステムはそのオートポイエーシスを継続するために、それ自身の構造を発展させる。その際、環境は、可能性の条件であると同時に制約条件でもあるものとして前提され続ける。システムはその環境によって維持されるとともに攪乱されるのだが、決して適応を強制されるわけでもなければ、最善の適応を果たした場合のみ再生産が可能となるわけでもない。そして、最善でない場合もありうるというのもまた進化の結果なのであり、同時にさらなる進化が生じるための前提でもある。

こうした進化論の再定式化を受け入れる場合にのみ、社会システムを取り巻くエコロジカルな状況が必然的に適応をもたらすわけではないこと、それどころか結果的に自らを危機に陥れることさえあることが説明されうるのである。環境からの刺激に対してシステムは自己の構造を形成し、それによってオートポイエーシス過程の継続を可能にする。そうしなければ存続停止である。その際、システム内には、システムを環境にではなく、環境をシステムに適応させるという（たいていあまり現実的でない）表象が形成される。こうして高度の複合性を保持できる、つまりしかるべき縮減能力を可能とする組織化形式が見出されたとき、きわめて複合的なシステムが成立可能となるのである。複合的でオートポイエティックなシステムの独自のダイナミズムは、自己再生産を目指す、つまり自己のオートポイエーシスの継続を目指す再帰的に閉じた作動連関を形成するが、それは同時に高度に開かれたもの、つまり環境条件の変転に対して敏感に反応するものでもある。こうした事態に発展の方向性があるとするならば、[8]それはつぎの二つの点においてかもしれない。一つは、ますます高度で、かつ縮減可能（作動可能）な複合性を備えたシステムの進化であり、もう一つは、つぎのような意味でのオートポイエーシスの時間化の昂進である。すなわち、オートポイエーシスはもはや現在のシステム状態を保持することや、脱落する作動単位を継続的に補充すること（たとえば、細胞あるいは細胞内のマクロ分子の複製）のみに関わるのではなく、最終的には出来事のみからなるシステム、つまりつねに生じては消えていくことがシステムのオートポイエーシスの必要条件であるような、そうした出来事のみからなるシステムさえ生み出すということである。

それゆえ自らをエコロジカルな危機に陥れることは、完全に進化がもたらす可能性の一つなのである。危機的状態は、特殊な能力のいっそうの発展が、[9]環境の変化に際してかえって不都合な特殊化となってしまうことによってのみ生ずるのではない。少なくとも、システムが、後に環境の中で存続していくことができなくなるような仕方で、環境に働きかけるという可能性は、考慮に入れておかなければならない。オートポイエティックなシステムがつねに第一義的に目指すのは、オートポイエーシスの継続であり、環境のことは二の次、三の次である。その際、つぎの一歩の方が将来の考慮よりも重要と見なされるのが普通である。なぜなら、オートポイエーシスが継続されなければば、将来に到達することはないからである。進化は長期的に見れば「エコロジカルな均衡」が達成されるように作用する。しかしこのことが意味するのは、自らをエコロジカルな危機に陥れる傾向のあるシステムは淘汰されるということ以外の何ものでもない。

　社会の複合性の進化とエコロジー問題に関する以上の考察が当たっているとすれば、「自然の支配」に関する問いは新しい形式に変換されなければならない。問題なのは技術的支配の多寡でもなければ、ましてや宗教や倫理による歯止めでもない。また自然の保護や新しいタブーが問題なのでもない。技術的介入がますます自然を変え、その結果、社会にとってますます多くの問題が生ずるようになればなるほど、自然に働きかける能力をますます少なくするのではなく、ますます多く展開しなければならないであろうし、しかもシステムにとってどのようなしっぺ返しがありうるかということをも考慮に入れた基準のもとでその能力は発揮されなければならないのである。問題は因果関係にあるのではなく、選択の基準にあるのである。そこから帰結する問題は二つである。つまり（1）技術的能力は選択的に行動するのに十分かどうか、つまりその能力は、わたしたちに自然に対する十分な自由を与えるかどうかであり、もう一つは（2）社会の能力、つまりコミュニケーション能力は、その作動を通じて選択を遂行できるために十分かどうかである。

4章 共鳴

　複合性と縮減、自己言及とオートポイエーシス、あるいは環境に対して開かれつねに環境から影響を受ける可能性があるもとでの再帰的に閉じた再生産、等々の概念によってややこしい理論的問題が提起されることになるが、それをつねに意識しながら以下の考察を展開するのは困難である。そこで、システムと環境との関係を共鳴という概念を用いて記述することで、論述を単純化することにする。その際に前提されていることは、現代社会はきわめて高度の複合性を備えたシステムであるために、現代社会を一種の工場のようにインプットをアウトプットに変換するものであるかのように記述することは不可能であるということである。システムと環境との連関はむしろつぎのように成り立っている。すなわち、システムはその内部の循環的構造によって自己の再生産を環境から遮蔽し、ただ例外的にのみ、内部の循環的構造とは異なる現実性のレベルでのみ、環境の要素によって刺激され、揺り動かされ、振動状態へともたらされうるのである。わたしたちが共鳴と呼ぶのはまさにそうした例外的場合である。たとえばつぎのような辞典を思い浮かべてみてもよいかもしれない。すなわち、諸概念を定義するために用いられる概念の（ほとんど）すべてはしかるべき箇所で定義されているが、ただ例外的にのみ定義不能な概念への言及を許容する、そのような辞典である。このような辞典に対しては、編集委員会が形成されることになるかもしれない。その委員会は、当の言語が定義不能な概念の意味を変えたりしていないか、あるいは概念を新しく形成することで辞典が織り成す世界の閉鎖性が損なわれたりしていないか、監視するのである。ただし、閉鎖性が損なわれるようなことがあっても、それによって登録事項をどう変更すべきかが決まるわけではない。このような辞典は中身が豊富になればなるほど、言語の発展によってますます変動するようになるであろうし、ますます共鳴をもたらすようになるであろう。

独立したシステムはそれ固有の振動数にもとづいてのみ共鳴を引き起こすということを、すでに物理学は教えている。また、生命システムに関する生物学の理論の中では、「カップリング」という言い方もされているが、それは、システムと環境との間に完全な一対一対応など存在しないこと、システムはその境界によって環境からの影響に対して絶えず自らを守り、きわめて選択的にのみ環境との結びつきを生み出すことを示すためである。(1) 共鳴あるいはカップリングがこのように選択的でなかったならば、システムはその環境から区別されないであろうし、つまりはシステムとして存立しないであろう。

同じことが社会システムのコミュニケーション連関にも当てはまる。それゆえ、社会という生き物のエコロジカルな制約やエコロジカルな危機に関する問いは、社会の環境における何らかの事態や変化が社会の中に共鳴を引き起こすのはどのような条件のもとでかと問うことで、より厳密に定式化される。共鳴を引き起こすことは多かれ少なかれ自明なことと思われるかもしれないが、けっしてそうではないのであって、全体として見れば、またシステム論的に見れば、むしろ起こりにくい《ウンヴァアシャインリッヒ》ことなのである。さらに進化論的に見れば、社会はその環境に必ず反応しなければならないわけではないということが、社会・文化的進化を可能としたのであり、そうでなければ現在のわたしたちがあるような状態に達することもなかったであろうとさえ言うことができるであろう。農業はそれまでそこに生えていたものを根絶することで始まるのである。

きわめて選択的な環境との接触、境界による環境の影響からの遮蔽という問題は、システムの個々の作動の次元でも再現する。社会は、もしそう言ってよければ、並外れて振動しやすいシステムである。言葉で表現しうることであればどんなことについてもコミュニケーション可能である。しかし、逆に言えば人びとは言語に拘束され続けるのであり（見たり聞いたりという営みが、光や音のきわめて狭いスペクトルに拘束されているのと似ている)、さらに重要で、しかも決定的な影響を与えるのは、発語と文字を順番に配列しなければならないことであり、したがってすべてをいっぺんに言うことも、すべての言表を他のすべての言表に結びつけることもできないことである。言語の一般的構造、すなわち語彙、文法、そして否定の用い方、これらのいずれもが選択を強いる。同様のことはさらにつぎの事実にも言える。すなわち、すべての選択が再び順番に配列されていなければならないこと、つまり一つのことが他の一つのことを理解させはするが、一つのことが全体を理解させることはない、そうした継起的連鎖の中にすべての選択が登場しなければならないという事実である。仮に社会システムの境界が前もって存在しないとしても、したがって社会をゼロからスタートさせることができるとしても、コミュニケーションという作動様式がたんに作動を開始し進行するだけで、それは境界を引いてしまうであろう。コミュニケーションが存在するだけで、人びとが望もうが望むまいが、あるいは是認しようがしまいが、社会システムを分化・自立化させてしまうのである。

社会システムの共鳴能力のこのような制約は、社会と心的システムの意識とが共通して用いる情報処理の様式、つまり意味の特性に対応するものである。さらに意味による世界把握の可能性は、世界把握はつねに一時的でなければならないという必要性に対応している(と同時に、世界把握が一時的であることを強制してもいる)。そのつどはっきりと注意が向けられうるもの、あるいはそのつどのコミュニケーションにおいて現実に話題になりうるものは、きわめてわずかなものだけである。それ以外のすべて、そして最終的には世界の全体は、指示連関によってそのつど注意が向けられたりコミュニケーションの話題となっているもののまわりにゆるやかに結合されているのであり、それらもまた一つひとつ順番にのみ、そしてまた選択的にのみ、注意を向けたりコミュニケーションの話題にしたりできるだけである。つまり人はあれかこれかいずれかの可能性を追求することができるだけであり、しかもいずれの一歩も、その後に実際に取り上げられる可能性よりも多くの可能性を再び生み出してしまうのである。[2] こうした意味でフッサールは世界を、そのつどの志向の「地平」と表現していた。世界は事物の総体としてではなく、ただ地平としてのみそのつど感受されるのである。その気になれば、すでにこの点にエコロジー問題の解決不可能性がほぼ示されていると見なすことも可能であろう。たとえ、いかなる指示も特定のもの、少なくとも特定化可能なものに至るということが[3]、したがってパラドクスは存在しないということが、同時に想定されるにしてもである。

したがって意味とは、換言すれば、いつでも活性化可能な世界の複合性の提示《レプレゼンタチオン》である。現実世界の複合性と意識もしくはコミュニケーションの把握力との間の溝は、そのつどの志向が向けられる空間が小さく限られ、それ以外のすべては潜在化される、つまりたんなる可能性の状態に還元されることによってのみ、架橋されうるのである。「刺激の氾濫」という言い方がしばしばなされるが、これは不適切である。というのも、神経生理学的装置がすでに意識を刺激から大幅に遮蔽しているからであり、さらに作動媒体たる意味が余分なことを行うのは、あくまでもそのつど何かをよく消化された状態で志向の対象たらしめるためである。それゆえ、人類学の古い見解は修正されなければならない。わたしたちはそれを、意味にもとづき作動し、かつ作動において閉じたシステムの共鳴能力はきわめて限定されているというテーゼによって置き換えよう。

意味処理を行うシステム内においても、生命システムの場合と同様に(4)、それ自身のオートポイエーシスがまず第一義的に確保されねばならない。つまり、システムが存在するのは、情報の意味的処理が継続される場合でありその場合のみである。それを可能にする構造技術を差異技術と呼んでもよいであろう(5)。システムは独自の区別を導入し、その区別の助けをかりて状態や出来事を把握するのであり、それによって初めて状態や出来事はシステムにとって情報として現象するのである。したがって、情報とは純粋にシステム内の特質である。情報を環境からシステム内へ移すということはありえない。環境とはあるがままのものであり、せいぜいデータを含むだけである。システムが存在して初めて環境を「見る」ことが可能となるのである。というのも、見るためには、他の可能性を一緒に見ることが必要だからである。つまり、差異の図式が与えられていて、個々の事項をこの差異の図式の中で「これであって、それではない」と位置づけることが必要なのである。環境には「それではない」は存在しないのであり、したがって他の可能性を踏まえた上での選択としての「これである」も存在しない。つまりは差異図式も存在しなければ情報も存在しないのである。さらに強調のために述べるならば(6)、世界がそれ自身を観察する可能性を獲得するためには、システムの境界が引かれなければならないのである。さもなければ純粋な事実が存在するだけであろう。

少し違った用語で表現すれば、システムの分化・自立化は複合性の構築と縮減を可能にする、と言うことも可能である。システムは環境の中へ複数の可能性を投射し、見出されたものを可能性の中からの選択として把握するのである。否定的なものを投企し、それによって肯定的なものの確認が可能となるのである。予期が形成され、それによってびっくりさせられるのである。しかしながら、これらすべてはあくまでもシステムそのものの作動のための構造であり、これらの構造は自己自身を環境から区別しうるということを前提としているのである。

物的なシステムにとってさえ分化・自立化と高度に選択的な共鳴しか存在しないとすれば、このことは意味システム、とりわけ社会にも当てはまるし、むしろいっそうよく当てはまる。意味システムの差異技術はただ構築されうるだけである。なぜなら、区別、否定、可能性の投企、情報は純粋に内部の構造であり出来事にほかならないからであり、この点では環境とのいかなる接触もありえないからである。そうである限りシステムはオートポイエーシスに、つまりその要素の、要素による絶え間ない自己更新に依拠し続ける。しかしながら、情報にせよ情報の予期、つまり構造にせよ、差異の投企を通じて獲得されるのであるから、上記のような閉鎖性は同時に開放性でもある。

というのもシステムはまさにこの技術を用いることで自己と環境とを区別し、その区別において自己自身を経験するからである。(7) このことは、システムの作動連関が内的に閉じているという事態に何ら変更をもたらすものでないが、この作動に、それにとって環境であるものに対して反応する能力を付与するのである。

このような論理的アプローチはわたしたちをつぎの問いへと導く。すなわち、社会のコミュニケーションの中でエコロジカルな危機はいったいいかなる概念や区別によって論じられるのか、という問いである。このアプローチは、わたしたちが何もしなければ被害が生じるのだから、何か対応しなければならない、そうした事実があるという、あまりに単純な日常的考えを排除する。事実でさえ、事実として確認されることがなければコミュニケーション効果をもつことはない。そして、事実の確認とは、差異の確認である。(8) したがって、問われなければならないのは、いかなる差異図式によって事実が把握されるのか、いかなる状態に対する願望が特定の状態を際立たせるのか、いかなる予期が、それとの関係で現実として現象することになる事態に結びつけられるのか、ということである。

こうした見方は昨今「構成主義的」と言われているが、こうしたパースペクティヴと並んでしっかりと押さえておかなければならないことは、社会システムの分化である。わたしたちはつい、単数形の定冠詞つきのシステムが、単数形定冠詞つきの環境に反応すると思いがちであるが、それは、たとえ単数形定冠詞つきの環境についての、そのつどのシステム独自の単数形定冠詞つきの表象に対する反応という意味であったとしても、誤解を招く想定である。確かにシステム／環境の差異はいかなる場合であれ環境を観察するための前提ではあるが、このことはシステムが閉じた統一体として環境に反応することができるということを意味するものではない。システムの統一性とはオートポイエティックな作動様式の閉鎖性以外の何ものでもない。そして作動そのものは、あくまでもシステム内での個々の作動でしかありえない。つまり他の多くの作動がなされている中での個々の作動である。全体的作動というものはないのである。さらに社会のような複合的なシステムはさまざまな部分システムに分化しており、個々の部分システムは社会の他の領域を自己の（社会内的）環境と見なして振る舞っている。つまり社会の中で分化・自立化しているのである。たとえば、国家として秩序づけられた政治システムは、経済、学術、等々を環境として扱い、そのことによってそれらの作動に対して直接的に政治的責任を負うことを免れることができるのである。

　このような分化の定理からはいくつかの重要な帰結が生じることになる。すなわち、

1. 社会システムがもたらすさまざまな成果のうち、高度な要件を満たすことを必要とするような成果が達成されるのは、つねに部分システムを通じてである。なぜならば、そのようにしてのみ、高度な成果を達成するために必要かつ十分な複合性の水準が確保されるからである。したがって社会がエコロジカルな危機にどのように対応しうるのかということを探究しようとす

る者は、社会の各部分システムの可能性がどのように制約されているのかを吟味しなければならない。そして、この制約は社会の分化の形式に依存している。

2. システムの統一性はシステムにおいてせいぜい提示されるだけであるが、ここで言う提示《レプレゼンタチオン》とは、同一性の表現の意味であって、代表という意味ではない。提示とはシステムの統一性をシステムの中に再導入することである。それによって、好むと好まざるとにかかわらず、システムの中に一つの差異が生み出される。[9] それゆえ、システム内でのシステムの統一性の表現は、システム分化の図式にしたがったものでなければならない。もしシステムがヒエラルヒー的に分化していれば、つまり自らを階層社会として描出しているならば、システムの統一性は「頂点」として現れるだろうし、中心／周辺図式（たとえば、都市／地方）にしたがって分化していれば、「中心」として現れるであろう。もしこうした分化形式がまったく存在しなければ、システムの統一性を表現するために今述べたような表現形式のいずれかを選ぶということもありえない。他の可能性があるかどうか、また、まさにエコロジカルな危機が他の可能性を発展させるきっかけになりうるのかどうかは、今後よく考えてみなければならないであろう。

3. 個々の作動は他の多くの作動の中の一つにすぎないがゆえに、システム内の個々の作動は他の作動によって観察されうる。ここで言う観察とは、まったく形式的に、差異図式にもとづく

——通常は、そのとおりになることもあればそのとおりにならないこともある予期にもとづく——情報としての取り扱いと理解していただきたい。この意味で、社会の中では作動に付随して自己観察がつねに行われているのであり、しかもこの観察は、作動が目指している効果とは別の独自の効果を生み出し、それに反する効果をさえしばしば生み出すのである。それによって、一方で実行に移されたばかりの計画があっという間に行き詰まってしまうこともあれば、他方では作動が目指している目的を達成することに役立つわけでもなければそれに依存しているわけでもない、効果の爆発が起こったりすることもあるのである。

以上のことから、自己言及的で閉鎖的であり、それによって開かれている社会システムの理論は、より詳細に見てみるならば、著しく込みいったものとなる。システム分化、提示、そして自己観察という表題は、エコロジカルな危機に直面した社会が共鳴を起こすことができるのか、できるとしたらどのようにしてか、ということを理解しようとするならば、どういった点が明らかにされねばならないかを予示している。そして、以上のことからだけでもつぎのことは明らかであろう。すなわち、もっと環境のことを考えましょうといった訴えや警告によって、この問題を直接解決することはできないということ、政治や経済、学術のあらゆる作動に随伴する観察がそのようなパースペクティヴのもとでなされるならば、社会を変えてしまうあの「効果爆発」を引き起こしてしまうかもしれない——社会システムのその環境に対する関係が、それによって実際に改善されるかどうか、また改善されるとしていかなる基準によってか、ということとはまったく関係なく——ということである。

5章 観察の観察

システムがその環境から刺激を受ける場合にはいつもシステムの共鳴が必要となる。システムはこの刺激を記録することができ、しかるべき情報処理能力を有していれば、そこから環境のことを推論することができる。したがってまた、システムは、自らの振舞いが環境に与える影響をも、そこから知覚可能な範囲内で再び刺激が生じる限り、記録する。環境はシステムにとって、他者言及的情報処理にともなう地平の全体である。したがって、環境はシステムにとって、自己の作動にとっての内的前提であり、システムが自己の作動を秩序づけるための図式として自己言及と他者言及（あるいは「内的」と「外的」）の区別を用いる限りでのみ、環境はシステム内で構成されるのである。

この内的前提という機能において、システムの環境には境界がないし、それを必要ともしない。環境とはシステム内で用いられるすべての他者言及の相関項であり、現象的には地平として与えられている。ということは、環境は、必要とあらばいかなる作動によっても拡張されうるということである。地平は、人がそれに近づこうとすれば、後退する。だがこれはシステム自身の作動に応じてのみ起こることである。地平は決して突破されることもなければ踏み越えられることもない。それは境界ではないのである。地平はシステムの作動がシステムの外部にある何ものかと関係する限り、システムのすべての作動に随伴する。地平は、まさに地平として志向とコミュニケーションの対象となりうるが、それが可能であるのは、システムが環境を統一体として（それは同時に、自己自身を環境との区別において統一体としてということでもあるが）提示する能力を有する場合であり、その場合のみである。

ヴィトゲンシュタインに依拠して少し違った言い方をするならば、つぎのように言うこともできる。システムはそれが見ることができるもののみを見ることができるのであり、それが見ることができないものを見ることができない。そして、システムはそれが見ることができないものを見ることができないということをもまた、見ることができない。見ることができないものはシステムにとっていわば地平の「背後」に隠れてしまっているのだが、システムにとっては地平の「背後」は存在しないのである。これは「認知されたモデル」と呼ばれたりもしてきたものだが、[1]これこそがシステムにとっての絶対的現実なのである。それは存在としての質を有しており、論理学的に言えば一値性を有している。それはあるがままのものであり、仮にあるがままと見えていたものがじつは違っていたなどということが判明することがあるとすれば、それはシステムが（！）思い違いをしたということである。他者言及と自己言及の区別を自己の内部で自由に用いることで二値的に作動できるのはシステムだけである。

以上のことはすべて、システムにとって環境として提示されるものを直接観察しているシステムには、当然当てはまる。それに対して、他のシステムを観察するシステムには別の可能性がある（たとえそのシステム自体、すべてのシステムと同様、それ自身の環境を当然措定するとしてもである）。あるシステムによる他のシステムの観察を、わたしたちはウンベルト・マトゥラーナにならって「セカンド・オーダーの観察」と呼ぶが、[2]この観察は、観察されるシステムがそれ自身の作動様式によって自らに課すことになる制約もまた観察することができるのである。他のシステムを観察するシステムは、観察されるシステムの環境が、当然境界を通してではなく、制約を通して構成されているということを認識できる。それは、観察されるシステムの地平が何を排除しているかということが認識できるような仕方で、その地平を観察することができる。その上で、さらに、観察されるシステム／環境‐関係の作用の仕方を、一種の「セカンド・オーダーのサイバネティク

ス」のように、はっきりと認識することができる。(3)

今日、セカンド・オーダーのサイバネティクスは、論理学や認識論の基本問題が「解決される」わけではないにせよ、取り扱われうる場所であることがますますはっきりしてきた。ここでごく簡単にではあるが、そのことに言及しておこう。なぜなら、わたしたちが学術を社会の一部として、つまり学術によって扱われる対象の一部として（したがってまたこのテキストも社会というテキストの一部として）取り扱うとき、わたしたちはこの問題に巻き込まれるからである。

社会《ゾチアール》システム一般であれ、社会《ゲゼルシャフト》という特定のシステムであれ、オートポイエティックな自己言及によって構成されているがゆえに、いかなる観察者もつぎの問いの前に立たされる。すなわち、システムがただ自己言及にもとづいてのみ作動しなければならない場合、つまり、すべての作動を自己言及によって基礎づけなければならない場合、必然的に生じることになるトートロジーもしくはパラドクスの問題にシステムはどのように対処するのかという問いである。この問いに対する古典的な回答（ラッセル、ホワイトヘッド、タルスキー）は、よく知られているようにつぎのようなものであった。すなわち、そのようなシステムは、タイプ・ヒエラルヒーという意味でいくつかの次元を区別することで、つまり対象言語、メタ言語、そして場合によってはメタ・メタ言語を分離することで、自己言及を断ち切らなければならない、あるいは「展開」しなければならない、というものであった。だがこれは、次元という概念が複数の次元が存在することを、換言すれば他の次元を参照すべきことを前提してしまっているという一事をもってしても、回答になっていない。つまり、「不思議の環」を実行してしまうことで、ヒエラルヒーを崩壊させてしまう作動を除去することができないのである。[4] それゆえ、次元のヒエラルヒーを救済できるのは、ただ恣意的行為という形式においてのみである。つまりパラドクスの回避という規則に反する作動は無視せよと指示するものとしてのみである。その指示について疑問を呈してはいけないのである。もっとも、だからといってその点を質してみたいという誘惑がなくなるわけではないのだが。

上のような規則を認めてしまえば、必然的に普遍主義的理論を断念せざるをえなくなるであろう（そして、社会がその環境に対して限定された共鳴しか起こせないということを確認することができるための観点を規定しえないという困った事態にわたしたちを陥れることになるであろう）から、何らかの打開策を考えなければならない。パラドクスを回避するためには恣意的に主題化を禁止するのもやむをえないという事態を回避するための一つの手立ては、自己言及の自然な制約と人工的な制約とを区別することである。[5] システムにとって自然な、あるいは必然的な自己言及の制約と見えるのは、それが同時に作動の可能性の条件でもあるような制約、つまり自己言及の遂行においてトートロジーもしくはパラドクスを隠蔽するような制約である。そうではない制約が、人工的、あるいは別様でもありうる《コンティンゲント》制約である。

この区別はつねにそれぞれのシステムに応じて扱われなければならない。しかもこの区別は可変的であると考えられる。つまり、学習過程にさらされることがありうるのであって、それによって以前は必然的な制約であったものが、その脱トートロジー化もしくは脱パラドクス化という機能においてどうすれば代替可能かが認識されれば、人工的な制約の組に編入されるのである。そして、まさにこの関連において、セカンド・オーダーのサイバネティクスが重要となるのである。

観察対象が自己言及的なシステムであることに気づいた観察者は、同時に、この対象がトートロジカルかつパラドキシカルに構成されていること、したがってでたらめに作動することもあればまったく作動しないこともありうること、それゆえまた観察可能な対象ではないことにも気づく。つまり、それによって自己言及的システムの観察者は、自分自身のパラドクスを発見することになる。すなわち観察の恣意性と不可能性というパラドクスである。観察者がこのような困った事態を脱することができるのは、自然な制約と人工的な制約という区別を、観察している対象に適用することによってである。そのとき彼は、観察中のシステムが、それが見ることができないものを見ることができない、ということを見ることができる。つまり、システムそのものの内部では必然的で代替不能であるものが、観察者にとっては別様でも《コンティンゲント》ありうるものとして現象するのである。必然的と偶発的《コンティンゲント》の区別は観察に必要なものとして、いわば超越的様相とでも言うべきものだが、この区別を前提にすることで観察者は自己の観察に作動可能な対象を与えることになり、それによって自分自身のパラドクスから解放されるのである。しかもその際、対象は学習可能なものとも見なすのである。つまり、少なくとも完全な自己言及の自然な制約と人工的な制約との間の境界線が移動する可能性をも想定するのである。

このようなセカンド・オーダーのサイバネティクスは、わたしたちが共鳴という概念を提起する際にすでに前提されていた。この概念は、制約があることを最初から想定しているのであり、観察されるシステム内ではまったく共鳴を生じさせないが、セカンド・オーダーの観察にとっては現実に関わりのある環境であることがわかる、そうした現実の存在を前提にしている。こうしたパースペクティヴにおいて観察されうることは、観察されるシステムがそのシステムにとっての世界の現実を、自ら計算したものを再帰的に計算することで獲得しているということである(6)(そしてこれは、生命システム、神経生理学的システムあるいは意識システムの次元ですでにそうなのだから、社会《ゾチアール》システムにとっても別様ではありえない)。セカンド・オーダーのサイバネティクスは、事の真相がそうであることを確認することができるが、そこからさらに、自分自身の観察にも同じことが当てはまるはずだという推論を避けるわけにはいかない。ただその場合でも、セカンド・オーダーのサイバネティクスは、少なくとも、人は見ることができないものを見ることはできない、ということを見ることができるのである(7)。

こうした生物学的-サイバネティクス的な研究の伝統とはまったく無関係に、社会心理学的な帰属研究は類似の成果を達成している。ここでは因果帰属という見出し語のもとで研究が行われており、行為者の帰属のさせ方（＝ファースト・オーダーの観察）と観察者のそれ（＝セカンド・オーダーの観察）とが区別されている。行為者が自己の行為の理由を第一義的には状況そのものの中に見出すのに対して、観察者は〈状況内の行為者〉を見て、異なった行為者の間では異なった状況理解がなされることに関心をもち、そのような違いが生じる主な原因は、行為者の個人的特性にあると考えるのである。(8)

これと対応するように、社会学もまた、なぜ行為するのか自らその理由を知っている行為者をつねに問題にしてきたのであり、それゆえ、当事者が知っている理由に追加して、当事者の意識を超えるような「批判的」認識関心を主張する限り、それを正当化しなければならない。(9)そうしたことを問題にするあらゆる場合に議論の出発点とすべきはつぎのことである（そこにこそ、素朴な科学信仰に対する革新がある）。すなわち、セカンド・オーダーの観察もまた、その理論装置も含めて、構造化されたオートポイエーシスの実行としてのみ可能であり、したがって「客観的により良い」知識を提供するのではなく、ただ異なった知識を提供するだけであり、それを観察自体はより良い知識と見なしているにすぎない、ということである。

もしエコロジカルな危機の問題を、必要とされる厳密さでもって分析しようとするならば、このセカンド・オーダーのサイバネティクスを基礎にしなければならない。たんにしばらくの間、悪意と未知の特性に満ちているにすぎない「客観的」な現実があるということから出発するならば、問題となるのは、現実をより良く認識できるように学術を強化することだけであろう。しかし、それでは、他のシステム（社会の中にさえ数多くのシステムがある）のそれぞれの環境との独自の関係を十分に捉えることはできないであろう。学術でさえ、上のような前提に立つならば、なにゆえ自分たちの「より良い認識」がしばしば社会の中でまったく共鳴を得られないのか、理解できないであろう。その理由は、学術が何を認識できようと、その認識が多くの社会内システムの環境においては現実としての価値をまったくもっていないか、せいぜい他のシステムにとっては学術的理論にすぎないということなのである。

それゆえ、現実に関する存在論的理論（ファースト・オーダーの環境観察に対応する）が抱いている期待に依拠し続ける限り、多くの成果を得られる見込みはない。そのような理論は、そもそも問題を捉えられないからである。わたしたちはセカンド・オーダーのサイバネティクスの反省の立場、つまり人は見ることができないものを見ることができないということを見ることができる、という立場を出発点として選ばなければならない。その場合にのみ、わたしたちの社会は多くの機能システムを抱えているにもかかわらず——そして、まさにそれゆえに——、なぜ自ら引き起こしたエコロジカルな危機に対応することがかくも困難なのかを、適切に把握できるのである。

社会の構造が、観察の観察を独自の働きとして成立させ、理論の供給を可能とするようになればなるほど、社会はつぎのことを少なくとも確認することができるようになる。すなわち、社会がその個々の機能システムとともに、それらのシステムにとって環境であるものに対して反応する際、それがどのような制約のもとで行われるかということである。その際、より良い行為の可能性を「基礎づけること」はまったく問題にならない。また、「支配から自由な討議」を創設するなどといったことが問題なのでもない。確かにそうした理念は、自由を獲得するためには専制君主を抹殺するしかないといった、粗野で古くさい理念に比べたら大いなる進歩ではあったが、問題は根拠の不足にあるのでも、強制と自由という図式の内にあるのでもない。また、理性的合意と調和的な共同生活へと至る道を塞いでいる障害を取り除くことが問題なのでもない。そうしたものとは異質な洞察を獲得することこそが問題なのである。

近代社会は、それぞれの機能システムがどのように作動し、どのような前提のもとで環境を観察するのかということを観察し記述する可能性をさまざまな仕方で広げてきた。ただ、この各システムが行っている観察を観察することが、自己観察によって十分に統制されていないだけのことである。この観察の観察はより良い知識として現れるが、本当のところは自己の環境の観察の一種にすぎない。[10] このような条件のもとでは、理性的合意に達すべきであるといった理念は、急速に陳腐化してしまう。どこに向かって進むべきかわかっていると信じる者は誰でもこうした理念を他との連関ぬきに主張し、自分の洞察にもとづいてどの程度までなら譲歩してよいかとあれこれ考える。しかし、どのような作動にもどのような観察にも、構造的な制約があるのであって、セカンド・オーダーの観察はまさにそのことに注意を向けさせるのである。こうした事態をより良く評価しうるのは、そうした認識成果が自分自身にも適用される場合のみ、つまり再帰的に用いられる場合のみである。そして、観察し、記述し、それらの成果を作動に転換する能力の制約がまず第一に分析され、比較されなければならない。そうした制約に対して抗議するとすれば、それは著しくナイーヴな振舞いであろうし、そういうものとして観察されることになろう——抗議する者自身によってではないにせよ、少なくとも抗議する者がその前を通り過ぎていく他者によって。

6章 社会的作動としてのコミュニケーション

以下では、個々の心的システムの意識がもつ可能性――それはつねに社会に依存していてきわめて限定されている――については触れないこととし、社会《ゲゼルシャフト》というシステムへの言及に限定する。社会とは意味的なコミュニケーションからなるもっとも包括的なシステムと理解していただきたい。たとえば組織に限定するといった具合に、(1) 対象を限定してしまえば、テーマを大幅に切り縮めることになってしまうであろう。社会を上記のように理解した場合、問題はつぎのようになる。すなわち、意味的コミュニケーションからなり、作動において閉じたシステムである社会は、その環境についてどのようにコミュニケーションするのか、である。より限定的に言えば、社会は、エコロジカルな危機についてコミュニケーションしうるどのような可能性を有しているのか、である。

エコロジカルな危機という概念は慎重に（わたしたちが、何が問題なのかを正確に知らない限りは）きわめて広く理解していただきたい。すなわち、環境に関するコミュニケーションで、かつコミュニケーション・システムたる社会の構造に変化を引き起こそうとするコミュニケーションのすべてを意味するものとする。はっきりと認識してほしいのだが、問題なのは徹頭徹尾社会内的な現象だということである。客観的と思い込まれている事態、たとえば石油の備蓄が減少している、河川の温度が上昇している、森林が枯渇しつつある、空はくすみ海が汚れているといったことが問題なのではない。これらのことはそのとおりかもしれないし、間違っているかもしれない。しかし、それらについてコミュニケーションがなされないならば、たんなる物理学的、化学的、あるいは生物学的事実にすぎず、社会的共鳴をまったく生み出さないのである。魚が死ぬかもしれないし人間も死ぬかもしれない。海や河川での水浴は病気を起こすかもしれないし、ポンプからはもはや石油が出てこないかもしれない。平均気温が下降するかもしれないし上昇するかもしれない。これらはそれらについてコミュニケーションがなされないならば、社会的影響をまったくもたない。社会は確かに環境に対して敏感なシステムではあるが、作動に関しては閉じたシステムである。社会はコミュニケーションによってのみ観察するのである。意味的コミュニケーション以外に行えることはないのであり、そのコミュニケーションを規制するのもやはりコミュニケーションによってである。

それゆえ、社会が危機に瀕するとすれば、ただ自らそうすることしかありえないのである。

この重要な出発点をもう一度、別の言い方で確認すれば、社会システムの環境は社会とコミュニケーションする可能性をもたない、と言うことができよう。コミュニケーションは徹頭徹尾、社会的な作動である。社会に固有なこの作動様式の次元では、インプットもアウトプットもない。環境はただコミュニケーションに刺激を与えたり障害を引き起こしたりすることによってのみ注意を引くのであり、その場合もコミュニケーションが自分自身に反応しなければならないのである。たとえば、わたしたち自身の身体は、意識のチャンネルを通じてその状態を意識に伝達しているわけではなく、刺激、圧迫感や負担感、痛み、等々を通して、つまり意識が共鳴しうる仕方でのみ、そうしているのである。フランシスコ・ヴァレラが導入した概念を用いるならば[(2)]、社会システムにはインプットによる連結はなく、ただ閉鎖による連結があるのみであると言うこともできる。

以上のことは意識とコミュニケーションとの関係にも当てはまるのであり、この点にこそ以上のテーゼの決定的な意義がある。つまり、心的システムの意識も社会システムの環境に属するのである。意識それ自体は心理的事実であって社会的事実ではない。人間の意識や生命が、その他諸々のものとともに、社会的コミュニケーションにとっての不可欠の前提に属することは自明である。しかしだからといって、意識のプロセス自体は思考による思考の産出であってコミュニケーションではないという事実に何の変わりもない[(3)]（ちなみに、フッサールはまさにこの考察結果の内に、意識の先験性の証明を見たが、わたしたちはそこから別種のシステム言及を推論するだけである）。したがって意識システムと社会システムとの関係においても、改めてきわめて選択的に作用する共鳴閾を考慮しなければならない。意識内の「エコロジカルな意識」において経験的に何が起ころうと、そこから社会的に影響をもつコミュニケーションが生じるまでの距離は遠い。まさにそれゆえに、意識と社会とのこの差異は、それはそれで再びコミュニケーションのテーマになりうる――ただその場合でも、若者の「疎外」とか、「アパシー」とか、「諦め」とか、あるいは「抵抗」等々の人為的なテーマについてコミュニケーションがなされるのであり、それらはエコロジカルな危機にかろうじて間接的に関連しているだけである。

それゆえ、リアルに見れば、まず「主体」が自覚的にコミュニケーションしようと決意し、それによって初めてコミュニケーション的に行為できるようになる、という通常の見方をひっくり返さなければならないだろう。(4) つまり、意識に帰属させることができない理由からエコロジーのコミュニケーションが起こり、社会的コミュニケーションのオートポイエーシスをともに規定するようになって初めて、このコミュニケーションのテーマがますます意識の内容にもなることが期待できるのである。これもまた、社会的コミュニケーションはその環境――ここでは心的状態――を変えるということを意味するにすぎない。そこから社会にとって何が帰結するのかということは、またしても起こりうるコミュニケーションの分析によってのみ、つまり社会システムの共鳴能力の分析によってのみ、把握可能である。

したがって、意識もまた、最初からコミュニケーションされうるための社会的諸条件に適合していなければ、ただ刺激、攪乱、あるいは逸脱的テーマを生み出すことができるだけである。社会的にコミュニケーション可能であるものの境界がはっきりしているということがここで意味するのは、理解可能か、さもなくばノイズか、ということである。意識は、社会的コミュニケーション過程を引き起こす際、そこで妥当している構造（そこには構造を変える可能性も構造的に含まれている）に順応するか、たんに騒音——社会的コミュニケーションの可能性の条件にしたがって除去されるかコミュニケーション可能なものに転換される——を生み出すかのいずれかである。このように言ったからといって、固定的なシステムを想定していると誤解しないでいただきたい。その反対である。コミュニケーション・システムの構造はきわめて柔軟であり、利用される過程で変化することがあるだけでなく、アイロニーのように本来の意味に反するように利用されたり、逸脱的振舞いを誘導するために利用されたりすることもある。しかし、このような特徴を有しているからといって、可能なコミュニケーションの、そしてもし可能ならば理解可能なコミュニケーションの、さらにもし可能ならば実り多いコミュニケーションの、境界はきわめて選択的に作用し、それゆえ何の共鳴も引き起こしえないものははじかれてしまうという事実に何ら変わりはないのである。

もう一点、つぎの点はぜひ合わせて考慮しなければならない。すなわち、意識システムは言語的

（それゆえコミュニケーション可能な）表現の領域以外では、知覚もしくは直観的表象に依存せざるをえず、それゆえ思考の一歩一歩を時間化した複合性の中で秩序づけることは意識システムにはほとんど不可能だということである。したがって、あちらこちらの意識システムの中に、あるいは多くの意識システムの中に「エコロジーの意識」が生まれたとしても、おそらくその意識は、社会にとってはほとんど役立たない特性を有しているであろう。つまり、圧倒的に知覚や直観的表象によって規定されているだろうし（ここで基礎としているシステム論はいずれにしろそのように推論する）、エコロジーというテーマに関して、積極的に環境についての知識をコミュニケーションに提供することができるというよりは、特定のテーゼにもとづいて否定的な捉え方をしがちであろう。たとえば、あれこれ不安を強めたり異義申立てに走ったりする傾向があろうし、なかなか環境を適切に扱えるようにならない社会を批判したりすることになるであろう。エコロジーの意識は、否定の形式によってしか自らの一般化を図ることができないであろうし、自分でもそれほどよくわかっていない事柄が問題になっているケースではよくあることだが、感情的な自己確信を抱きがちであろう。したがって、社会に前もって存在する形式と接続可能性とを頼りにせざるをえないであろうし、さもなければいつでも可能な否定にとどまり、それ固有のものから社会的に有益なものを生み出すことはほとんどできないであろう。

7章

エコロジカルな知識と社会的コミュニケーション

混乱しているように聞こえるかもしれないが、中間的なまとめとしてつぎのことを確認しておこう。すなわち、社会は自分自身でエコロジカルな危機に陥ることができるだけだということである。これが意味しているのは、社会は自ら、進化の今日的水準における社会の再生産の継続に悪影響を与えるように環境を変化させるということだけではない。とりわけ決定的なことは、全員の命を抹殺するというほとんどありそうもないケースをさしあたり度外視するならば、社会がコミュニケーションを危機にさらすことができるのは、ただコミュニケーションを通じてのみである、ということである。社会の作動と環境の変化との関係もまた、さらなる作動にとっての問題として、社会的コミュニケーションのコンテクストの中で共鳴を引き起こすためには、どこかで何らかの仕方で——たとえ悪影響のみにもとづいてであれ——話題にされなければならない。このことから決定的な問題となるのはつぎのことである。すなわち、環境情報に対する社会の処理能力はいったいどのように構造化されているのかということである。

わたしが見る限り、これまでのところ、このような問題が提起され、議論されてきたのは、原始時代の水準で生きている比較的単純な社会システムに対してのみである。(1) このような社会では、地上の事柄よりも天上の事柄の方がよく考えることができた。それゆえ、環境に関するそれらの社会の自己制御は、神秘的で呪術的な表象の中に、つまり生存のための環境条件との関わりに関するタブーや儀式化の中に見出すことができる。有名な豚の循環の話——わたしが意味しているのは国民経済学者のそれではなく、ニューギニアに生きているマーリング族のそれである(2)——は、この議論の範例である。すなわち、豚が急増し庭を荒らすという事態が生じると、決まって盛大に豚を屠殺する祭りを催すための厳格に儀式化された理由がもち出され、それにもとづいて祭りが開催されることで豚の頭数が適正な水準に戻されるとともに、部族のメンバーに蛋白質が補給されるというものである。きわめて神聖な事態に対する実用主義的な態度は奇異な感じを与えるが、これによってシステムと環境との関係の均衡を、その必要性が話題になることなく、維持することが可能となるのである。その必要性が話題になることがないということが意味することの中でも特に重要なのは、周期的に生じる不均衡の問題に対する、機能的に等価な別の解決策——たとえば、人口増加に備えてもっとしっかりと庭を保護すると同時により多くの豚を飼育する——が模索されることはけっしてないということである。儀式よって規制される社会は、それ自身の構造によって成長するようにはプログラム化されていないのである。

もちろんこうした古い社会に、生存し続けるために必要な事物に関する専門的知識や生産技術に関わるノウハウがなかったわけではない。人びとは、豚が庭を荒らすことをもちろん知っていたし、土地を酷使すれば収穫が減少し、ついには土地が使いものにならなくなることも知っていた。しかし、そうした知識を意味論的にどのように組織化するのか、また動機づけによる人びとの行動の統制とどのように結びつけるのかという課題は、宗教的意味《ゼマンティク》づけに委ねられたままだったのである。この世のものではない事柄の方がこの世の事柄よりも容易に、しかもいわばより実用主義的に、組織化できるからである。そうしたやり方によって、社会が適切に反応することに関わる不確かさが受け止められ、確実な事柄へと転換することができただけではない。環境問題への反応が社会の内部で異なった効果をもってしまうこと、つまりより多く得をしたり損をしたりする人びとがいるという事情にも、多かれ少なかれうまく対処できたのである。

古い社会システムも、復元不能なくらい大々的な環境の変化を引き起こしていた。森林の伐採や土地のカルスト化を考えてみていただきたい。したがって、問題自体はけっして新しいわけではない。しかし、環境に働きかける諸能力と、その諸能力を利用し尽くそうとする社会的圧力の規模が、桁違いに増大してきたのである。それに加えて、おそらくより重要なことは、近代へ移行するにつれて、宗教による社会の自己統制のための諸前提が消滅してしまったことである。そうした前提はいつも神秘化の助けを借りることによってのみ機能していた。人びとは秘密を保持したまま[3]、あるいは宗教的意味づけの要所要所に配置された不明確さとともに、活動しなければならなかったのである。このような無知そのものが、そしてそこから生じる不確かさが、宗教的意味づけの収縮過程にさらされ、解明できない不明確な事柄（たとえば、神の意志）がわずかに残るだけとなり、それによってほとんどの人が気にもとめないものになってしまったのである。

現代社会が、もはや以上のようなやり方でエコロジー問題を扱うことができないこと、つまり、宗教的な意味づけが有する潜在的機能によってはもはや解決することもできなければ緩和することすらできないことは明らかである。文字、アルファベット化、印刷が引き起こした文化的および宗教的意味づけの変化によってだけでも、タブー化と儀式化による環境問題への対処はほとんど不可能である[4]。

こうした動向に強く反発する人びとは、そうした対処法を試み、まさに近代初頭には最終的な解決策をもう一度、神秘的なものに求めた。エラスムスは人間の自由についての関心のもと、ルターに抗して宗教的テキストの自己暗号化を擁護したし[5]、錬金術は古い伝承にもとづき、神秘ゆえに根本的であるものに期待をかけた。[6] 無益なことであった。技術情報、製法に関する知識、実際の使用法に関する説明と伝承は、印刷と広範な普及によって、具体的な利用状況には関わらないまったく新しい形態を獲得したということだけですでに無益なことであった。今や知識はそれ自身から理解可能でなければならず、それだけで独立に提供されうるものでなければならないのであり、それによって以前よりもはるかに強く比較にさらされ、改善が求められるようになった。[7] 原初の秘儀、遠くにある権威、畏敬の念を起こさせる神秘等の示唆は、もっと正確に知ろうとする意欲にさらされ、プラトン的伝承に依拠して刷新された、可視的ではあるが計り知れない巨大な生命体としてのコスモスという考えは崩れ去った。文字による言葉の第二コード化が進行し、それとともに重要で多大な影響をもたらすコミュニケーションへの要求も変化することで、神秘や秘儀を示唆することで自然についての知識と動機づけとを結びつけることは、もはや不可能であった。尊敬と畏怖の念を呼び起こす意味形象は役に立たなくなり、よくよく吟味され、その正しさの実証が求められる知識は、そのような意味形象の代わりを果たすことができない。[8] わずかに聖書に対してのみ謎が許されたのだが、一言つけ加えれば、そこにコミュニケーション・パートナーの軽視を見る者もいるのである。[9]

文字とアルファベットと印刷が、社会というコミュニケーション・システムに根本的な変化を引き起こしたという上記の仮説がたとえ当たっているとしても、それで、エコロジー問題のコミュニケーションによる取り扱いに関する今日的状況や可能性を適切に記述できるわけではない。現代社会を記述するためには、より複合的な理論的道具がさらに必要である。広範囲にわたるコミュニケーションを可能にする新たな技術は、重要ではあるが、多くの要因の一つにすぎない。そうした技術に加えて特に重要なのは、社会システムの第一義的な分化の形式が、さまざまな家系や一族の階層化から、機能システムの分化・自立化へと転換したことである。つまり、社会のもっとも重要な部分システムは今日、それぞれに固有で、それぞれにとってのみ優先的な一つの機能に合わせて成り立っているということである。この分化の形式原理によって、現代社会の遂行能力と複合性の爆発的増大が説明されるのであるが、それと同時に統合の問題も説明される。つまり、社会の部分システム間でも、社会システムとその環境との関係でも、共鳴能力がきわめて制限されているという問題である。機能的なシステム分化の理論は、現代社会の肯定面と否定面を説明するための、射程が大きくエレガントで経済的な道具である。[10] ただし、それによる説明が当たっているかどうかは、もちろん別問題である。

8章 バイナリーコード

今やわたしたちはより厳密につぎのように問いなおすことができる。社会システムが機能システムに分化し、しかもただ機能システムを通してのみ、環境内の出来事と環境の変化に反応しうるならば、環境問題は社会的コミュニケーションの中で、どのようにして共鳴を生み出すことができるのか、と。もちろんかかる社会システムの中にも、特定の機能と関わりをもたないコミュニケーションも存在すれば、多機能的なコミュニケーションも存在する。いわゆる道端でのコミュニケーションのようなものや、いささか気取って「生活世界の」コミュニケーションなどと言われているものである。(1) しかし、社会的に大きな影響をもつコミュニケーションは、やはりそれぞれの機能システムの可能性に依存している。それゆえ、わたしたちはまずこの可能性を探究しなければならない。その探究の成果を受けて初めて、あらゆる機能システムから意識的に距離をとるコミュニケーション――異議申し立てをするものであれ、道徳を強調するものであれ、分化の克服を主張するものであれ――がわたしたちの社会においてどのような可能性をもっているのか、ということを考えることに意味があるのである。

主要な機能システムのコミュニケーションを構造化しているのは、バイナリーコード、つまり二つの値からなるコードである。それは、それぞれの特定の機能との関係で普遍的妥当を要求し、第三の可能性を排除する。その古典的な事例は、何と言っても、それによって学術システムが活動するところの二値論理学のコードである。同様に、法システムは合法と不法のコードのもとで作動する。経済にとって決定的なことは、所有物と貨幣に関して、所有と非所有とがはっきり区別できることであり、それによって、所有物であれ貨幣であれ、その移転の可能性が長期的に組織化可能となり、また計算可能となる。同様に政治は、政権との関係で成立する権力問題における差異にしたがって作動し、保守・対・革新、大きな政府・対・小さな政府といったイデオロギー的コードを通じて選挙（=選択）にかけられる。(2) これらの機能領域が近代の社会システムの近代化にとって決定的な意義をもつことは特に説明しなくても明らかであろうから、バイナリーコード化によるコミュニケーションの制御の問題をしばし検討してみることは意味のあることである。

セカンド・オーダーのサイバネティクスの観点、つまり観察の観察において見て取ることができるように、いずれのバイナリーコード化も、そのコードのもとで作動するシステムをトートロジーとパラドクスから解放するという機能を有している。トートロジーの形式（たとえば、法《レヒト》は法である）あるいはパラドクスの形式（人は権利《レヒト》を主張する権利をもたない）の中では保持しえないであろう統一が差異に置き換えられる（たとえば合法《レヒト》と不法《ウンレヒト》との差異）。それによってシステムはこの差異に定位して作動することが可能となり、この差異内で振動することが可能となり、さらに、コードの統一を問題にすることなく、コードの一方の側と他方の側のいずれに作動を位置づけるかを規制するプログラムを開発することが可能となる。これによって、自己言及は展開が可能となるのであり、もはや直接的かつひとかたまり的に統一として要求されてはならなくなるのである（いずれの立場も反対の立場との関係で自分を同定するので、自己言及はコードの中ではいわば弁証法的に振る舞うのではあるが）。ここで、つぎのことを思い出していただきたい。すなわち、観察者は——今わたしたちはその立場にいる——こうした策略全体を見抜けること、にもかかわらずシステムが何らかのコード（あるいはヒエラルヒーやその他の機能的に等価な問題解決策）を選択し、それによって作動の根底にある自己言及がはらむトートロジーやパラドクスがあらわになってしまう局面を自らに対して不可視にすることによってのみ、観察者は自らの観察可能性を手に入れていることである。

バイナリーコードは二重化の規則である。それは、情報がコミュニケーションの過程で値づけされ、それに対応する反対の値と比較されることで形成される。コードにもとづいて処理される現実は、端的に存在するだけである。それが、いわば仮構的に二重化され、それによってあらゆる値づけはその補完を求め、反対の値との対照において自らを確認することが可能となるのである。もちろんそれ自体において否定的な事態などというのは存在しない。世界はまさにあるがままにあるだけである。ところが、現実に関するコミュニケーションがコード化されることによって、言及対象となるすべての事柄は他でもありうる《コンティンゲント》ものとして扱うことが可能となり、反対の値と対照することが可能となるのである。したがって、このような補完関係においては、今手元にあるものの量が増えたり減ったりすることが問題なのではない。つまり「もう一杯のビール」が問題なのではなく、肯定的／否定的の区別の投射が問題なのであり、それによって可能になるのは、反対でもありうる可能性と反対であった場合の帰結の検討である。したがって、問題になっているのはたんにコミュニケーション技術上の仕組みであって、コミュニケーションにおいてたんに描写しさえすればよいような何らかの世界の事態といったものではないのである。

　このようなバイナリーコードは、多大な成果とさまざまな帰結をもたらす進化上の獲得物と見なすことができる。それは、長い発展過程を経てようやく今日の抽象水準と技術的性能に達したのである[3]。ここで、この構造のもっとも重要な特性を、たとえ簡略にではあれ、列挙しておかなければならない。

1. コードはそれぞれが一つの全体を構成する。[4] つまりそれぞれが普遍性要求をともなった世界の構成であり、存在論的限定をもたない。それぞれの関連領域に属することはすべて、二つの値のいずれか一方に位置づけられ、第三の可能性は排除されている。ちょうど神が天と地との差異を創造することによって神自身は創造された世界から排除されるように、第三項はコード化との関係で、せいぜい寄生者——ミッシェル・セールがこのメタファーに与えたような意味での——として存在しうるだけである。[5]

2. コードの中で情報として扱われうるものであればすべてのことと関連するという意味での全体化によって、すべての現象は例外なく他でもありうるものとなる。現象するものはすべて、反対の値の可能性との対照において現象する。つまり、必然でもなければ不可能でもないものとして現象する。もちろん必然性にしろ不可能性にしろ当然のごとく語られているが、これらも正反対の事態との対照において改めて導入されなければならないのであって——たとえばコードの脱パラドクス化のために（4参照）——、それゆえ疑いうるものであり続ける。

3. コードは「〜であるかぎり」という限定的抽象化である。コードはコミュニケーションがその適用範囲を選択する（必ず選択しなければならないわけではない）限りで、妥当するのである。いかなる状況においても、あるいは、いつでもどこでも、真理や合法や所有が問題となるわけではない。したがって、コードの使用は社会全体にとっては他でもありうる現象であり、まさにそうである限りでたんなる二項図式を全体化することがそもそも可能になるのである(6)。こうした特徴をもっていることで、社会の進化の過程でコード化と機能の特定化との間に結びつきが生ずる。つまり、特定のバイナリーコードは、それによってコード化される作動がしかるべき機能システムの中で進行する場合、そしてその場合のみ、使用されるのである。同様に、逆に言えば、社会の各機能システムが、それぞれのシステムに関わるすべての作動に対する普遍的関連を獲得するのは、各機能システムが特定のコードにもとづく作動に特化することによってである。

4・すでに言及したように、コードは、すべての自己言及的関係につきまとう問題を脱パラドクス化する。いかなるコード化も、当のコードを自分自身に適用するという問題に直面し、それによってしかるべき場合にはパラドクスに逢着する。たとえば「この文は誤りである」といった論理的二律背反はよく知られているが、これ以外のコードにおいても同様の問題が生じる。たとえば、合法と不法の区別はいかなる法によって導入され、保持されるのか。あるいは、権力上の地位が高くなればなるほど、ますます多くの人の助力に頼らざるをえなくなる。あるいは、政府と野党というコードにおいては、与党は野党の反対を予期して、その反対に反対したくなる傾向を感じるだろう。あるいは、つねに再投資を迫られている資本もそうである。これはすなわち、つねに他者の消費を可能にするよう迫られているということである。コードが方向づける作動にとって、こうした問題を緩和する手立ては、それらの問題を矛盾の形式に変換することである。「Aゆえに非A」が「Aは非Aである」と変わり、そしてこの形式において問題は消去されてしまうのである。つまり、こうした矛盾を回避するために、いまだに残っている特定の曖昧な言い方がもち出され、これはこれで特別扱いされてそれ以上問題にされることがないのである。しかし、まさにこの点において、コードは、その信憑性の社会的条件の変化に対して敏感なのである。(7)

5. コード化は、反対のものが引き寄せられるという古い洞察を利用し、それを完全なものにする。(8) あるいはラテン語のレトリック表現では、反対のものは同様に原理である。差異は統合する。差異図式の中では一方の側から他方の側への移行は前もってプログラム化されており、それによって移行を容易にする。論理的に技術化されたコードでは、コードを実行するのに必要なのは否定だけである。一方の値とその反対の値とが作動においてこのように近接していることは、ほとんど必然的にコードに対応する機能システムの分化・自立化をもたらす。交換または売却によって所有を非所有に転換することは容易である。しかし、それをいちいち法に照らして実行したり、政治的目的のために行ったりすることは、はるかに困難である。

6. バイナリーコード化に際して、コードの主導的値(真理、合法、所有、等々)が、同時に選、択基準の役割を担うことは諦めなければならない。そうでなければ、肯定と否定とが形式上等価であるということに矛盾してしまうであろう。たとえば、確認された非真理は、確認された真理よりも、学問の進歩に大いに役立つということがいくらでもありうる。それは理論的コンテクスト次第である。(9) 所有は、ただ費用がかかるだけで何の収益ももたらさないのであれば負担になる。それは投資のコンテクスト次第である。また、特定の政治的決断に対して政府として責任を負うことをできれば避けたいということがよくある。それは、どのようなプログラム(政策)を決定しようとしているかにかかっている。こうした例からわかるように、高度に抽象的で普遍的であるコードの水準で、基準を確定することはできない。基準は、特定の機能に関わる作動の可能性を成立させることに役立つのではなく、もっとはるかに具体的に、適切で有用な作動はどういうものかを定めることに役立つのである。したがって、コードは基準が(原理的には、すべての基準が)交替しても存続する。もっとも、すべての基準が同時に交替し、まったくのゼロから始まる一瞬、コードが真空状態に置かれるなどということは想像しにくいことであるが。

7. コードと適切な作動のための基準との(あるいはコード化とプログラム化との)このような差異は、同じシステム内での閉鎖性と開放性との結合を可能にする。コードとの関係では、システムは閉じたシステムとして作動する。というのも、真/偽の場合であれば、真と偽のいずれの値が決定されようと、それらが指し示しているのはつねに同一コードの反対の値であって、他の外部の値を指し示すことは決してないからである。他方で、システムのプログラム化は外部の所与を考慮することを可能にする。すなわち、コード中のどちらの値に決定されるかを左右する条件の確定を可能にする。コード化が抽象的であればあるほど、また技術的であればあるほど、システムが閉じながら作動すると同時に開きながら作動することを可能にする、つまり内的および外的条件に対応することを可能にする、そうした作動（もちろん、つねに内的な）の多様性も増す。これをもって共鳴能力の増大と特徴づけることは、もちろん可能である。しかしながら、どれほど「レスポンスよく」システムが組み立てられていようと[10]、またどれほど豊かに独自の振動が生じようと、その反応能力は、二つの値だけからなる閉じたコードにもとづいているのであり、それによって明確に限定されている。

8．コード化は第三の値を効果的に排除する。これに対して適切な振舞いのプログラム化の次元では——もちろんそこで妥当している制約のもとにおいてのみだが——、第三の値のシステムへの再導入が可能となる。新しいテーマの衝撃がどれほどであろうと、三項からなるコード——たとえば、真／偽／環境あるいは合法／不法／危害——に移行することはできないが、環境問題を研究プログラムの対象にしたり、人間に対する危害とその防止を法による規制の対象にすることは可能である。コード化とプログラム化の分化は、排除された第三項のシステム内への再導入を――ただし、第一義的な問題であるコードの値の割り振りを、他の要因とともに統制するという機能をともなう場合だけ――可能にするのである。

9. コード化はさらに作動の分岐を意味するとともに、それによって構築される構造の分岐――歴史的 - 不可逆的複合性の構築という周知の結果をともなうことを意味する。コードに定着し、それ自身の内で反照する区別は、作動の諸帰結を秩序づけるが、それらの諸帰結は、真理は非真理ではないことや、所有もしくは政治権力は交換あるいは選挙のような特定の手続きによってのみその反対のものに転換されうることに依拠している諸帰結である。そのようにして成立した構造化された複合性は、システム固有の制御に服するものではない。つまり、その複合性は統一として捉えることもできないし、コードをそれ自身に適用することもできない。このことは、すべての非真理が非真理であるか、すべての不法が不法であるかを、システムの中では決定できないということであり、所有物「一般」の没収はただ革命としてしか考えられないということである（ただし、その場合でも実行可能なのは、経済システムにおける部分的移転のみである）。

10. コード化は、それが関わる領域の中で、さらなる情報処理のすべてを一定方向に誘導する。すなわち、コード化は出発点における区別を主導的差異として基礎に据える。そもそも情報とはそのようにしてのみ現象しうるのであり、また一つの機能システムに帰属させることができるのである。すべてのさらなる情報処理は差異から差異への変換である。[11] たとえば、一定額の資本を特定のことに投資することが利潤を生むかどうかを検討しようとすれば、その問いは、市場において一定の需要が期待しうるかどうか、また一定の価格がその需要のもとでどの程度適切かという問いへと変換されるのである。

11. 以上の特徴を有するコード化は、機能システムの分化・自立化にとって、技術的にもっとも有効でもっとも効果の大きな形式である。ただしこれは、機能システムはこのような一義的なコード化にもとづいてのみ形成されうるということを意味するわけではない。たとえば、教育システムはその選択の不可避性において、どちらかと言えばあまり気が進まないコードを使用し、各種学校を全体としてどのように組織化し相互作用させるかという点ではまったく異なった基盤にもとづいている。わたしたちは後に宗教のコード化に対しても同様の問題を提起するであろう。コード化が機能システムの分化・自立化にとってのもっとも効果的な形式であるということはまた、最初にコードが設定され、つぎにシステム形成が始まるというふうに歴史的に連続して起こったということを意味するわけでもない。すべての進化はそれ自身の前提を、その前進に応じて創り出すのであり、それがうまくいかない場合、またその限りで進化は停止する。とはいえ、現代社会を記述しようとするならば、近代性にとって特徴的でありかつ重要な機能システムは、それぞれのシステムに妥当する一つの特殊なバイナリーコードによって同定されるということを、しっかりと押さえておかなければならないであろう。いずれにせよ機能システムは、その主導的差異が何であり、システムの作動においてどのように機能するのかということを心得ている。機能システムが、さらにその統一の意味が何であるのかをも提示できるのか、またその意味を自分自身に関する理論として定式化できるのか、そしてそのような自己記述が全体社会にとっての機能を適切に捉えているのか、ということは、また別の問題である。それらの問いは、機能システムの分化・自立化とは関わらない問いである。機能システムにおいて反省理論が成立するのは二次的にのみである。つまり、機能システムの自律性を守る必要性が生じたときに、しかもシステムがすでに構造的に前提している意味需要を基礎にして、初めて成立する。このことは一八世紀後半以降の科学論、国家論、経済理論、法理論のいずれにも妥当し、その共通ぶりは注目に値する。

12. 機能システムは、存在の領域や集合としてではなく、また統一の観点を通じてではなく、差異を通じて分化・自立化するということが、きわめて高度の相互依存を可能とする。そのような相互依存は、脱分化の兆候と見なされることはないにせよ、しばしば自律性の制約と解釈される。だが、正しいのはその逆である。まさしく機能的分化が相互依存を高め、それとともに全体システムの統合を高めるのである。なぜならば、いずれの機能システムも他の機能がどこかで充足されることを前提としなければならないからである。そして、それぞれ独自の他でもありうる《コンティンゲンツ》空間と、差異による差異の産出のための独自の手続きを分化・自立化させる――その本性上排他的に振る舞うような存在秩序をではない――バイナリーコード化の機能は、まさにそのような高度な相互依存にぴったり対応している。それゆえ、作動の連鎖は瞬時に、法のコードから政治のコードへ、学術のコードから経済のコードへ、等々切り替わる。こうしたことが可能であるということはシステム分化に反するのではなく、まさにシステム分化にもとづいてのみ獲得されうる可能性なのである。

わたしのテーゼは、以上の特性をもったバイナリーコードは社会の進化の過程で成立し、いったんそれらが作動し始めると、それらに応じたシステムを分化・自立化させる傾向が存在する、というものである。そのような発展の最初の痕跡は、すでに古代ギリシャの文化圏の中に、くわしく言えば、論理的‐認識論的、政治的‐倫理的、友愛関係的、そして経済的な意味体系の明瞭な分化という形式の内に、確かめることができる。(12)しかしながら、さしあたりは都市と田舎、それに階層という伝統的パターンによる全体社会の分化が支配的であり続けたし、それに応じて、社会は、宗教によって基礎づけられた道徳的コミュニケーションの図式の中で自らを描き出していた。都市的生活、そして後には貴族的生活とは、同時に一つの倫理的要請でもあった。(13)近代への移行とともに、ようやく社会は機能的分化の優位にますます適応するようになり、一八世紀の中期以降、それに応じた問題意識も形成された。それ以降、環境に対する共鳴は機能ごとに異なる多数のコードによって司られ、もはや全体社会を一つにまとめるような「エートス」、あるいは少なくとも上位階層に特有な「エートス」によって司られることはなくなった。しかも、これらのコードは、ある一つのコードにおける肯定的評価――たとえば真である――が、別のコードでの肯定的評価――たとえば合法的であるとか、経済的に有意味である――を自ずともたらすわけではないという意味で、けっして調和的には統合されていないのである。

9章 コード、基準、プログラム

現代社会の作動は特定の機能ごとに分化したコードにもとづいているということのテーゼは、具体的な記述に向けての最初の一歩にすぎない。つねに自覚していなければならないことは、社会システムのコミュニケーションの総体がこのようにして分類されるわけではない、つまり、あれかこれかのコードに割り振られるわけではない、ということである。作動の総量が前もって与えられていて、その分解として分化が生じるのではない。分化とは全体社会システムの内部で各部分システムがそれぞれ一つのコードに導かれて分化・自立化するということなのである。

この点はいったん脇に置いて議論を進めれば、バイナリーコードとはさしあたり相互に異なったた高度に抽象的な図式にすぎないのであり、これだけでは全体社会の作動が実際にどのように制御されるのかは、まだ不明である。一見するとコードとは優先事項をコード化するものであるかのように見える。そうだとすれば、真理は非真理よりも良く、合法は不法よりも良く、あるものを持つことは持たないことよりも良いということになるであろう。しかしながら、実際の作動とそこで現実に優先されている事項とを注意深く観察してみるならば、それが誤りであることに直ちに気づくであろう。たとえば、鼠にはしっぽがあるという命題が真理であることは、重要な物理学理論の非真理の証明よりも重要と見なされることはない。法システムにおいては、特定の法律を憲法に抵触する法律と見なすことに多大な労力が注がれている（換言すれば、法とは合憲であることを第一義とするわけではないということである）。同様のことはとりわけ経済に当てはまる。つまり多くの企業にとっては、特定の製品や設備を所有していないほうが好都合であり、業績も向上するかもしれないのである。

理論においてこうした事態に対応するためには、システムの構造分析において二つの次元を区別することが必要である。すなわちコード化の次元と、適切な作動の条件を定め、場合によっては変更が行われる次元との区別である。前章のテーゼを繰り返して言えば、コードの二つの値は何ら基準ではない――たとえば、真自体はけっして真であることの基準ではない――ということである。(1)基準はバイナリーコードに関係してはいる――それはカノン、クリテリオン、レグラのような古い伝統に属する概念にも対応している[2]——が、コードの一方の極自体が基準なのではない。

わたしたちはこのような次元の違いをコード化とプログラム化の区別を用いて定式化することにしよう[3]。バイナリーな図式によるコード化の次元ではシステムが分化・自立化する。この次元では、一つのシステムが同時に閉じたシステムとして確立される。つまりコードの一方の値が否定される場合は、必ずその反対の値が選ばれるのであって、それ以外はありえないということである。たとえば、真ではなく偽である、と言うことはできるが、真ではなく醜である、と言うことはできない。コードは閉じた「コントラストのセット」なのである[4]。それに対しプログラムとは、いかなる作動を選択することが適切《リヒティッヒカイト》であるかを定める、前もって与えられた条件である。プログラムは一方で機能システムに課される要求の一定の「具体化」(あるいは「作動化」)を可能にするが、他方ではまさにそれゆえに一定の範囲で可変的であり続けなければならない。システムはプログラムの次元では、コードによって確立したその同一性を失うことなく、構造を変更することができるのである。それゆえプログラムの次元では、一定の範囲で学習能力が組織化されうる。こうしてコード化とプログラム化の分化を通して、システムは閉じたシステムとして作動すると同時に、開かれたシステムとしても作動する可能性を獲得するのである。それゆえこの分化こそは、それによって獲得された問題の表現能力を含めて、環境によって引き起こされた危機に社会がどのように共鳴しうるのかという問題にとっての鍵を握っているのである。

歴史的に見れば、この分化はきわめてゆっくりと進展し、機能システムが十分に分化・自立化した段階で初めて必然的なものとなった。それ以前の政治倫理と自然法の伝統においては、コードの値（肯定的／否定的）と、振舞いの適切性または有用性の条件に対する一般化された定式とは、区別できなかった。その代わり、善いことと適切であることとの一体性は、善と悪との区別が有意味である領域、すなわちこの世という領域を超越する宗教的意味《ゼマンティク》づけの中で守られていた。それによって善は二重化される。すなわち、超越の世界では善はその反対の値をもつことなく妥当するのに対して、この世では悪という反対の値をともなうことで有効に働くのである。(5)こうして善は論理的に曖昧になり、それゆえたとえば法のヒエラルヒーのように、多次元の理論を構成せざるをえなくなった。啓蒙主義の時代になると善は自然（本性）として世俗化され、その論理的な曖昧さは時たま悪い結果をもたらすことでかろうじて注目を引くにすぎなくなっていたが、それでも啓蒙思想家もまだ上の図式にしたがっていたし、ルソーでさえそうだった。フランス革命は善が悪い結果をもたらすことがあることをセンセーショナルに示し、それによって賢明な教えの歴史は幕を閉じたのである。かくしてあらゆる反省はこの事態を考慮して新たにやり直さなければならなくなった。

すでにフランス革命以前から、もっとも重要なコードの脱道徳化とでも言うべき過程が進行していた。とりわけ貨幣メカニズムによって分化・自立化した経済との間で社会システムが行ったさまざまな経験が、脱道徳化を推し進めた。(6)それに応じて経済の反省の歴史が、道徳に対する機能的等価物の探究とともに、つまりアダム・スミスの国富論とともに、始まった。それよりもだいぶ前から、学術もまた、学術の進歩が間もなく起こり、計り知れないほど良い成果をもたらすだろうということを説明するために、「見えざる手」に依拠していた。[7] 事態は悪くなるかもしれないという心配が今日わたしたちを悩ましているが、そうした心配を引き起こすようなことが当時まったくなかったことは明らかである。まさにそれゆえに、精緻に構成されてはいたが今や「ドグマ」として拒否されるようになった超越の理論に取って代わるためには、「見えざる手」という比喩とすでに達成された進歩の指摘だけで十分だったのである。

思想史的には、一時しのぎの形而上学をともなった楽観的な進歩主義が見られるのは転換期である。機能的分化という新しい秩序は、古い社会の階層に縛られている限りは展開できなかった可能性を解き放った。個々の機能システムの自律性、固有価値、機能に関するまったく新しい反省理論——ただし、各機能システムが相互にどのように連動して作動するのかということが考慮されることはなかった——が可能となったのである。しかし同時に、それによって引き起こされた構造的変化が、明確な意味づけを成立させるまでには至らなかった。その必要性がまだそれほど強くなかったのであり、一九世紀になってもさしあたりは「社会問題」という先鋭な形で現れるだけであった。まさにこの点で全体社会の反省が指導的な役割を果たすことはまったくなかったし、環境問題への配慮が欠落していたので、外部への手掛かりを獲得することもなかった。

仮にエコロジー問題をもう一度後まわしにしたとしても、コードの分化の跡を追うようにして機能的分化が進展するならば、それに応じて問題の立て方を改め、新たな反省理論の構築へと向かわなければならないだろうということは誰でも思いつくであろう。その際、密接に関係する二つの面を押さえておかなければならない。すなわち、一つは機能システムのコード化の次元とプログラム化の次元とがますますはっきりと分離するようになることである。もう一つは適切性の基準を定めるプログラムは特定のコードに対応するプログラムとしてしか定式化できないのであり、一つのコードから別のコードへと転用することはできないことである。後者の面が、コード化の次元とプログラム化の次元とのいっそうの分離という第一の面をいわば補償しているのである。

このことがシステムの統一性を記述しようとする反省理論にとって何を意味するかは、例として挙げた法システムに関する概要を見ていただければわかってもらえるだろう。規定的な意味づけは、図1のように「ヒエラルヒー化」することで崇高な印象を与える構成から、図2のようにいっそうはっきりと分化した構成へと発展する。現在もヒエラルヒーが存在するとすれば、プログラムがコードに従属するという点にだけそれがあると言えよう。こうした意味づけの発展に応じて、法理論は中世的な（教会法、ローマ法、さらには英米法においても支配的な）法理解、すなわち正しく法を運用する場合にのみ裁判の権威は認められるのであり、正しくない運用がなされる場合にはいっさい権威が認められない、という理解を放棄することになった。そうした理解に代わって——一九世紀には決定的に——官職の権威を純然たる事実として前提する法理解が展開されるようになった。しかし、そのおかげで法システムはいわばそれ固有の機能を考慮することなく、政治システムに結びつけられてしまった。それによって法システムの統一性を適切に反省することもできなくなってしまった。自然法を媒介として結びついていた超越的な外部の支えは否定され、それを埋め合わせるものは（しばらく）見出されなかった。そのため法システムにおいて自然法を法理論として利用することは断念しなければならなかった。プログラムはもっぱら合法ないし不法という値の適切な取り扱いに役立つものである。そのプログラムが定める適切性の諸条件全体の統一性は、伝統的には正義という名称のもとで反省されていた（人びとは正義を徳として理解することができたし、ときには一般的規範として理解することもあった）。作動を導く構造であるコードとプログラムがいっそうはっきり分化するようになると、法理論はその正義の概念を厳密に規定しなければならなくなる一方で、(8)合法と不法の区別に対する統一表現を見出さなければならないが、それをメ

図1

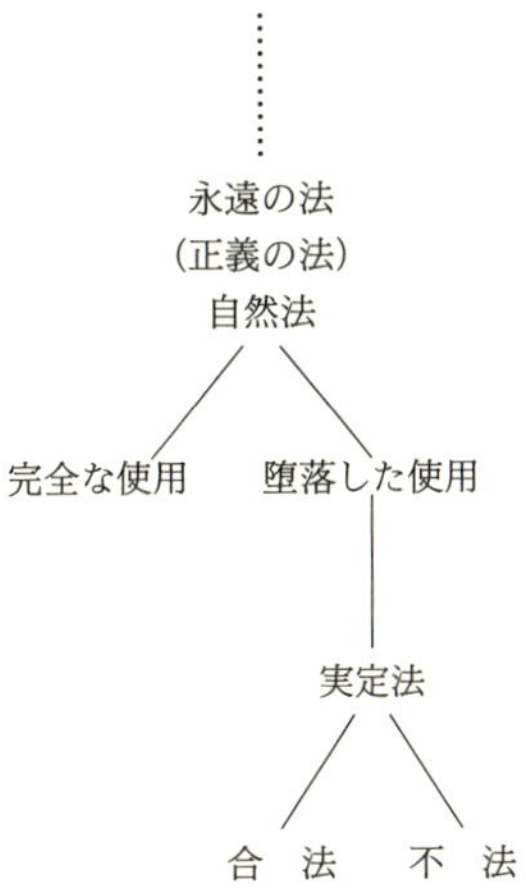

図2

	コード	プログラム
統一	?	正義
作動	合法／不法	妥当する法規範

夕規範、理念、理想として定式化するわけにはいかない、つまり正義の意味論的領域の内に求めるわけにはいかないという困った事態に直面することになった。構造的および意味論的次元で、あるいはシステム分化とその反省において、他でもありうること《コンティンゲンツ》が大幅に許容されるようになったことは、各機能システムの十全な自己記述――社会という包括的システムの理論は言うまでもない――という今なお解決されていない問題をもたらしたのである。

そこには社会とその機能システムの共鳴能力を拡大するチャンスもあるのでは、と考えてみることもできよう。かつては形而上学的‐道徳的な考えが拘束力を発揮していたわけだが、そうした考えはさまざまな可能性を許容するにはあまりにも狭い枠組みであったかもしれない。したがって、そうした考えの解消を必ずしも嘆く必要はないのであって、あらゆる「復権」の試みにはとにかく慎重でなければならないだろう。まずはさらに詳細に探究してみることが先である。いずれにしても、今日、わたしたちが議論の出発点とすべきはつぎのことである。すなわち、エコロジカルな危機に対する共鳴が起こるのはまず第一にこれらの機能システムによってであって、道徳の問題ではありえない――せいぜい二次的にのみ道徳の問題でありうる――ということである。もっと先鋭な言い方をすれば、政治や経済、学術や法といった機能システムは、それぞれが高度のダイナミズムと感受性を備えているがゆえに環境問題によって攪乱されるということである。そうした攪乱は、たとえば資源が枯渇したり、破局的事態が差し迫っている場合のように、直接的に引き起こされることもあれば、各システムが全体社会の中で相互依存しあっていることによって、間接的にも引き起こされる。たとえば、ある法令の制定を政治が法に強要し、それに対して経済が、もしその法令が存在せず、経済固有の考え方にしたがって行動していれば、より良い経済的成果を達成できるであろうにもかかわらず、その法令に何らかの対応をしないわけにはいかないと受け止める、といった場合である。

　機能的分化は、一方では代理機能性を放棄することでのみ可能となる。各機能システムは相互に代役を務めることはできないのであり、取って代わることはもちろん、負担を軽減しあうことさえできないのである[9]。あらゆる等価的作動は、それぞれの機能の観点のもとで、つまりシステム内的に、整序される。政治が学術に取って代わることはできないし、学術が法に取って代わることもできない。すべてのシステム間の関係が同様である。かつてのさまざまな機能を担っていた制度と道徳は、これによって解消され、代わってそれぞれ特定のシステムに特定のコードが割り当てられるという、近代社会をそれ以前のあらゆる社会から分け隔てる事態が成立するに至ったのである。

　他方で機能的分化は、代理機能性を放棄した代償として、刺激と攪乱に対する高度の抵抗力ときわめて特殊な感受性とを同時に成立させうる固有のダイナミズムを各機能システムが高度に展開することを可能とした。しかし、同時にそれは社会システムの理論的記述を困難にすることでもあった。各機能システムがそれぞれどのような特殊な共鳴能力を備えているのかということは、システムごとに分析しなければならないわけだが、社会の共鳴は単純に各部分システムの特殊な共鳴の総和とはならないのである。各部分システムは、相互に他のシステムにとっては環境でもある。つまり、相互に制約し攪乱しあうという面もあるのである。したがって、ある部分システムが環境の変化に反応し、それによって他の部分システムにとっての社会内環境を変化させるとき、攪乱の増幅過程が生じることもあるのである。たとえば、資源の減少からは、物価の高騰といった経済的問題だけでなく、政治的問題も発生するかもしれないし、他の研究を犠牲にしてでも特定の研究を遂行することが求められることになるかもしれない。あるいは、環境問題に政治がきわめて敏感に反応することが、経済に追加的負担を強いることになるかもしれないし、雇用を減らすことになるかもしれず、そのことが再び政治において問題となるかもしれない。また、同様の政治的共鳴能力が、「満ち潮のごとき規範の増大」の中でつぎのような新たな波を引き起こすかもしれない。すなわち、法律に特有の問題の扱い方では対処しきれず、再び政治システムに激しく打ち返し、それによって政治システムが分裂症的に作動し始める、つまり法的規制を減らそうとしながらそれを増やしてしまうといった具合に作動し始める、そんな波である。

ところで、あるシステムで生じた攪乱がつぎつぎと他のシステムへ波及していき、その過程で一部は吸収され一部は増幅される、ということだけが起きるのではない。複数の機能システムの協働もまた、ほとんどの場合不可欠である。原子力発電所の建設は、学術的研究の成果を基礎として、まずは損害補償義務の法的制限を政治的に決定することで、経済的に可能となったのである。世の中は、たいていの出来事がいずれかの特定機能に関するものとして分類されうるように、自ずと調整されているわけではけっしてない。むしろ特定機能への特化という事態は、多大な成果をもたらすと同時にリスクのある、進化において起こりそうにもない事態なのであり、そういうものとして複合的なシステムが獲得した特性である。そして、特定機能への特化は、高度の内的相互依存という代償を支払うことで達成されたのであり、しかもこの相互依存関係はやはり各システムの境界によって制御されるのである。このような相互依存関係があるからといって、分化の解消が起こっているなどと考えるのはまったくの間違いである。[10] むしろ、相互依存関係が成立していることこそ、つぎのことの証拠である。すなわち、近代社会は主要な部分システムを特定の機能に応じて分化・自立化させ、それによって部分システムが機能的に等価なものとして相互に代理しあうことを困難にしているのであり、それゆえいくつかの機能システムが協働することによってしか問題が解決しえない場合にはつねに各システムに相互依存させるということである。

かくしてエコロジー問題に対する社会の共鳴については、二つの次元で同時に分析することが必要である（いつものことながら、ここでも異なった「複数の次元」という言い方は、システム論的パラドクスを隠蔽している）。第一に、社会がさまざまな機能システムに分化している（たとえば下層の人びとがもっぱら不利益を被り、上層の人びとが主要な責任を負っているような諸階層に分化しているだけではない）という事実によって共鳴は制約される。第二に、共鳴はこれらサブシステムのさまざまなコードとプログラムによって構造化され、しかもそれぞれのサブシステム同士は、相互にシステムと環境という普遍的パターンにしたがって関係しあっているということによっても、制約されている。容易に認識されるように、このように共鳴が構造化されていることで、もともと各サブシステムが引き起こした環境の変化とは似ても似つかないシステム内効果が発生する。それもまた固有の危険性という観点から観察され、制御を必要とするが、かりに制御が可能だとしても、それもまた各機能システムの内部でしか、しかもそれぞれのコードとプログラムにしたがってしか、起こりえない。

10章 経済

社会の多くの機能システムの中で、より詳細な考察を真っ先に行うべきなのは経済であろう。ここで経済というのは、貨幣の支払いを通じて進行する作動の全体のことと理解していただきたい。直接的であれ間接的であれ貨幣が関与していれば経済が関与しているのであり、誰が支払ったか、誰の欲求が満たされるのかは問題ではない。したがって、税金の徴収も公共財のための支出も経済であるが、地中から石油を汲み上げる営み自体は経済ではない。その営みが、貨幣によって表示可能な収益を考慮することで、まさに経済的に統制される場合のみ、経済である。

経済のこのような定義は、貨幣メカニズムを通して分化・自立化した近代の経済を念頭に置いてなされている。[1] 近代の経済を、貨幣が関与する古いシステム、たとえば中世のシステムと比較した場合、際立った特徴として目につくことは、貨幣で買うことができるものが著しく制約されていることである。今日、たとえば魂の救済も、あの世の諸力が指示する特別な運命もお金で買うことはできないし、政治的役職、租税、官房が定める公定価格、その他類似の収益をお金で売り買いすることもできない。[2] まさにこうした制約こそが、宗教や政治に対して経済が分化するための必要不可欠な要件なのである。つまり経済の分化・自立化のための要件であり、したがって固有の規則にしたがって作動する社会の機能システムとしての自律的閉鎖性を獲得するための前提である。別の言い方をすれば、経済は制約によってのみ、貨幣によって統合されるシステムとしての高度の複合性を獲得するのである。それによってまた、ますます広範な欲求の充足と生産を経済に巻き込む一方で、伝統的に自家経済が担ってきた領域を縮小することも可能となるのである。制約は経済が拡大するための条件であり、そしてこの拡大が、社会システムの環境に対して、今日さまざまに批判されている深刻な事態をもたらしたのである。

そもそも経済は所有によってコード化される。所有は、すべての当事者に、あらゆる所有可能な財に関して、所有者になるかならないかの選択を迫る。ある者の所有物であるということは、必然的に他のすべての者の所有物ではないということである。そうであることによってのみ所有物は交換可能であり、そして、そうであることによってのみ所有はエコロジカルな機能を果たすことができるのである。つまり、対象が自然でも、自分の所有物ということになれば、他者を排除し、場合によっては裁判に訴えて損害賠償を命じることもできるのだから、大切に扱おうという気になるわけである。(3) しかしながら、貨幣による所有という形式が一般化する以前は、所有——とりわけ土地の所有——は、十分に分化・自立化することができなかった。たとえば、土地の所有は、ほとんど必然的に政治権力(封建制)の基盤であり続けた。貨幣による経済のコード化は、〈所有する/所有しない〉というコードを〈支払う/支払わない〉というコードで補完するものであり、その意味で経済の第二のコード化であるが、このコード化が浸透することで初めて経済システムの完全な機能的分化・自立化は達成されたのである。

貨幣が中心的役割を果たすようになった経済が、今日、循環的で自己言及的に構成され厳密に閉じたシステムであるのは、それが支払い——それは支払い能力(したがって貨幣所得)を前提とし、そして支払い能力を生み出す——を遂行し続ける限りでのことである。それゆえ、貨幣は完全に経済固有のメディアである。つまり、環境からのインプットとして外から取り入れることもできないし、環境に放出することもできない。貨幣はシステム固有の作動のみを媒介するのである。このシステムにおいては否定の可能性がいつでも行使されうるので、作動の実質は決定である。支払うことは、支払わない(あるいは支払うことができない)こともありうるということを背景として、経済システム固有の作動たりうるわけである。支払うべきか、それとも支払わざるべきか、それこそが文字どおり経済であることに関する存在の問いなのである。

この基本的作動に関して、コードとプログラムが必然的に分離する。コードの役割は、一定額の貨幣（に関する処分権）を持つか持たないかが、決定的な区別となるようにすることである。一定額の貨幣を持ち、しかもそれを持たないことも可能である者だけが支払うことができる。なぜなら、支払いは所有を非所有に変換することだからである。受取人の立場から見ても、同じこと——ただし方向が反対——である。このようなコードこそが、システムが運動を開始し、そして運動し続けることができるための前提である。このようなコードこそが、システムが出来事から、すなわち支払いという出来事から、成り立ちうるための前提である。しかし、支払いという出来事自体に注目してみるならば、支払いの実行を動機づける何らかの理由が存在しなければ、その出来事は無意味である。人は特定のニーズを満たそうとしたり、将来の支払い能力を考えて自分の地位を高めようとしたりするが、そうしたこととの関係でシステムは学習可能な状態に、つまりシステムそれ自身と環境の双方における変化に反応可能な状態に、保たれていなければならない。そして、まさにそのために適切な振舞いの基準が用意されなければならないのであり、プログラムが用意されなければならないのである。しかし、ニーズそのものを直接プログラム化することはできない。ニーズは生まれ、注意を引くが、それ自体はシステムにとって環境要因として与えられるものである。システムは、あくまでもシステム固有の作動を統制することで、つまり支払いをプログラム化することで、存立している。そして、それは価格を通じて行われるのである。

価格を知れば、支払いが適切か否か、たちどころに判断できる。そのために必要なのは量的比較だけである。そして、まさにその比較が簡単であるがゆえに、価格自体が適切かどうかが問われることになる。プログラム化がプログラム化を必要とするわけである。古い秩序が支配的であった時代は、正しい価格の教説の内にそれが求められた（九一頁、図1参照）。しかし、当時すでに、正しいというのは市場の状態に対応しているという意味であったし、不正とは、市場の状態によって正当化できない利益を得てはいけないという意味であった。[4] 禁じられていたのは、ただ自分の支払い能力を改善するためだけに、また商人的な抜け目のなさにもとづいてのみ、価格を設定することであった。そうしたことは――当時はコードの値とプログラムがまだ区別されていなかったので――強欲（貪婪）と見なされていたからである。

資本主義経済をともなった近代社会への移行とともに、こうした制限は崩れ、経済に内在的な制限によって取って代わられた。価格決定の根拠は契約にありと見なす法システムは、契約の自由に対する制限を撤廃することで、こうした事態に反応した。[5] ただし、こうした反応が直接関わるのは、たとえば支払い請求権のように、あくまでも法システムの作動のみである。経済的計算に不可欠な価格は、経済事象それ自体から自ずと決まってくるのであって、外的な（自然法的、あるいは道徳的）規制を必要としない。価格にとっての制限は、市場で通用するかどうかという点にあるのであり、それはそれで流通している貨幣量によっても条件づけられている。かくして一八世紀に、経済システム自体が、貪欲な利益追求と商人的な抜け目のなさに制限を課すと見なされるようになると、正しい価格の教説は放棄されることになった。システムのコード化とプログラム化は、今や純粋にシステム内的要件であり、環境がシステムに課すさまざまな制約は、システム内では価格および価格変動という形式においてのみ表現されうるようになった。取引が平和を前提とするものであるとともに平和を促進する機能があることは、一七世紀に繰り返し強調されていたが、同時に平和の確保は国家と国際的均衡に委ねられるようになった。経済は市場で通用する価格を通用させることができるのであって、価格を決める際、平和の維持ということを考慮する必要はなかった。政治と経済は機能的に分化したシステムとなったのである。それゆえ、政治が価格形成過程に介入する（周知のようにさまざまな分野で行われる）場合は、政治が経済問題を政治問題に変換するということであり、政治と経済の区別自体は維持され続けるのである。

経済システムとその共鳴形式の第一の際立った特徴は、通常「市場」と「競争」という概念を用いて語られる。市場に関する十全な理論は、経済学においてすら存在しない。しかし、容易に認識できることは、競争と交換と協働の高度の分化であり、これは歴史的にも社会学的にもきわめてめずらしい構造である。今日では、競争している相手とは交換したり協働したりしないのが普通である。これによって、競争者間の相互行為とコミュニケーションがなくても競争が可能となり、競争はたんに各自が自己の行動の社会的次元を計算することへと還元されるようになった。したがって、競争を考慮してシステムが自らの作動を決定する限り、このシステムは、広範な人びとと相互行為の連鎖を形成したり、そのために多大な労力を払ったりすることを削減できる。そのかわり、直接的なコミュニケーションによって調整を行えば（必ず良い結果が生ずるというわけではないにせよ）得られる統制の可能性と確実性とは、もちろんあきらめなければならない。このシステムは「社会的感染」(6)を通じて、つまり他者がどのような予期を抱くかということを考慮しながら自らの予期を形成するということをいわば皆が同時に行うことを通じて、反応する。そこにはらまれる「ダブル・コンティンジェンシー」は、システム形成をもたらすのではなく、むしろそれは、うまくいくかどうかは他者の決定次第であるがゆえにうまくいく保証はないという条件下で行われる決定のために解き放たれるのである。

以上のことから生じる注目すべき帰結の一つで、とりわけ経済システムの共鳴能力に決定的な影響を与える帰結は、並外れた速度の獲得である。システムはあまりに速く作動するため、システムが観察できるのは今や出来事のみであり、構造を通じて統合されることはもはやほとんど不可能である。(7)これによって、どのような介入も、システム自体の内部では、出来事という性格を、あるいは変化を促す衝動、挑発、刺激または刺激の除去という性格を獲得することになる。そして、介入が引き起こす予測しきれない効果は、またしても変化を促す新たな衝動となり、それがえんえんと繰り返されることになるのである。

このような事情のもとで、介入によって組織化された複合性を制御することがいったいどのように可能なのかという問題は、詳細な検討を要するであろう。とりわけ、環境の変化とほとんど無関係に変動し、しかも他のすべての市場に影響を与える金融市場に関して、この問いが提起される。この市場では量的秩序――毎日、数千億ドルにもおよぶ変動――だけがわたしたちに考慮を促す[8]。したがって、このような現象を前にしてなおも環境倫理学に期待を寄せる者は、この倫理を実効あるものとするために財政技術上どのような手立てがあるのかということを、まずは考えてみなければならないだろう。

このような変動や混乱を強調する記述は、しかしながら、近代の経済システムの完全な記述からはまだまだほど遠いということも、理解しなければならない。そのためには、そもそも支払いがどのように制御され、それによってまたシステムの作動におけるオートポイエーシスがどのように制御されるのかということを、よりくわしく考察する必要がある。近代の経済を「資本主義的」と形容することができるのは、それが支払いを、支払い者の支払い能力の回復と結びつける場合、とりわけどれだけ収益が期待できるかを考慮しながら投資の決定を行う場合であり、その場合のみである。資本が必要なのは、支払いから支払い能力が回復するまでに時間がかかり、その間もちこたえなければならないからである。生産手段を購入するか、それを売却しない（たとえば、種芋や種籾を考えてみていただきたい）場合、将来の収入に「先取り的に」手をつけるわけにはいかないのである。したがって、投入される資本が多ければ多いほど、経済に包摂されうる生産／消費の関連はますます大規模化し、ますます間接的になる。しかし、そのことが結果的に意味するのは、資本の投入もまた経済的に計算されなければならない、つまり、資本の維持、回収あるいは増殖といった観点から合理化されなければならないということである。

このような「資本主義的」自己制御の可能性は、貨幣経済（それは近代社会では放棄しえない）の中に含まれているし、可能性としてだけですでに機能する。この点を無視して、たとえば政治的理由から採算のとれない投資を決定する場合は、まさにそのことに対して責任をとることになる。自らの支払い能力を回復することなく支払う者は、いわば貨幣の循環と反対向きに支払い無能力を他者に回付しなければならない。たとえば、税金のように収益を得られるわけではない支払いを他者に強要し、彼らが他の何らかの方法で――たとえば、価格を上げる――支払い能力を回復することは彼ら自身に任せておくといった具合である。同様に、家計もまた、直接的には消費に役立つだけで、支払い能力の回復には結びつかない支払いを迫られる。したがって、家計も経済の資本主義的セクターからは外れているのであり、何らかの方法――主要には労働――によって収入を得なければ、支払い不能になってしまう。

上記のような支払い能力と支払い無能力との「二重の循環」という考えは、経済システムは支払いから成り立っているというテーゼから直接導き出される。というのも、支払いとは、受取人に支払い能力をもたらし支払い人に支払い無能力をもたらすという、まさに二重の過程だからである。しかし、そうした個々の出来事が可能となるのはダイナミックなシステムにおいてのみである。つまり、支払い能力と支払い無能力とは回付あるいは転嫁されうるという前提のもとでのみ可能となるということである。「循環」という比喩が言わんとすることは、いかなる個別のケースにおいても必ず「さらに続いていく」という見通しのもとで支払いが行われなければならないということであり、システムのいかなる作動もこの鉄の法則を免れることはできないということである。支払い能力の「同一性《アイデンティティ》」は、システムの次元においてしか考えられないことであり、たとえば支払った者のところに支払ったのと同じものが戻ってくる（一まわりしてくる）といった話ではないのである。循環という比喩は、システムの統一性を表しているのであり、つまりはシステムのオートポイエーシスの自律性を表している。条件づけられた作動そのもののうちにこそ、現実はあるのである。

このような条件のもとで、経済システムは、同時に二つの反対方向で——右まわりと左まわりで、と言ってもよいかもしれない——支払い能力の維持と再生産を確保しなければならない。問題となるのは一方では収益性であり、他方では公的課題を達成するための経済的条件の整備と雇用の確保である。信用メカニズムは、支払い能力が支払いの循環から自ずと生じるわけではないところにも支払い能力を生み出すことを可能とすることで、経済活動のための一定の余地を創り出す(9)。さらにこのことは、中央銀行——それ自身が支払い不能に陥ることはない——によって一定程度、統制されうる。とはいえ、将来のシステムの見通しを正常な状態に保ちたいというたんなる意図を除けば、そのための何らかの基準がシステムそのものの中に存在するのか、疑わしい[10]。いずれにせよ、中央集権的な貨幣の保証が不可欠だからといって（それは、支払い不能状態から支払い可能状態への転換を中央銀行は恣意的に行えるということ以外の何ものでもない）、その必然性自体がそれを行う上での基準でもあるわけではない。また、均衡理論や多変数最適化モデルに指針を求めたり、それらに依拠して政治が主導したりすることも、経済的自己言及のたんなる脱トートロジー化の一種にすぎない。つまり、システムを記述し続けるためのシステムの歴史（＝データ）の一つの解釈にすぎない。

　循環という構造的比喩よりも重要なことは、支払いおよびその能力の回復が出来事という性質をもつことで、システムに時間が組み込まれることである。経済はつねに時間を獲得しようと努力しており、資本を形成するのもいつでも自由に使えるという形式で時間を確保するためである、と言うことさえできよう。かくしてシステムは、それ自身の未来／過去パースペクティヴ、それ自身の時間地平と時間圧力を、発展させる。このシステム時間が、システムの環境——エコロジカルな環境だけでなく社会的環境も含めて——内で進行する諸過程の時間特性と調和するということを、前提することはできない。ここにもまた、共鳴能力の制約がある。たとえば、化石燃料が急速に減少しているにしても、他のエネルギー源に切り替えるのは「今はまだ」採算がとれないかもしれないのである。危機感を募らせるエコロジストたちがとりわけ嘆いているのが、こうして無為に時間が過ぎていくことである。資源が徐々に枯渇していくことであれ、間近に迫った政治的選挙であれ、経済的計算にとってもちろん重要な意味をもちうる。しかし、それらが重要かどうかは、あくまでも経済の内部で、経済固有の条件にしたがって、決まるのである。

このことが示唆するように、支払い能力と支払い無能力の移転・伝達という時間が重要となる二重の循環を保持するためには困難な条件を満たさなければならないとすれば、システムは自分自身のことで手いっぱいであると想定することも許されよう。そうだとすれば、環境問題に対する共鳴が生じうるのは、エコロジカルな危機がこの二重の循環内にもち込まれうる場合のみである。一方では、エコロジカルな危機にビジネスチャンスを見出したり、新しい市場が開かれたり、新たな、あるいは遷移した購買意欲が生まれたりといったことが考えられるが、一番ありそうなのは価格が上昇し、それがそのまま市場で維持されることであろう。他方では、非生産的な支払いが行われ、支払い無能力が増大し、それが回付されるという場合もありうるであろう。経済は両方の可能性を実現しなければならず、より多くの貨幣を流通させることでそれぞれの可能性を高めることができる。しかし、それに加えて、経済理論が抱く期待（仮定的なものであることがわかっている）、たとえば均衡を達成したり、福祉機能を最適化したりといった期待を充足できるかどうかは、かなり疑わしい。これだけ多様な財とニーズが存在するにもかかわらず、（1）採算がとれるように支払いを選択し、（2）公的課題のための資金を賄い、（3）雇用を確保すること、に継続的に相当程度成功しているということだけでも、十分驚くに値することかもしれない。

以上のことと対応して、経済システムがエコロジカルな意味での（したがって人間からも、経済以外の社会からも区別される）環境について作り出しうる概念は、経済固有の作動を接続しうるものでなくてはならないという制約を受けることになる。たとえば、ディーター・ベンダーはこうした意味での環境を、「人によって生産されたものではなく、自然によって与えられた財とサーヴィスであり、かつ経済的な生産と消費のプロセスへの個々の関与者に効用の流れを放出するそれらの総体」と定義している。[11] この定義は、一つの流れの方向を示唆してはいるが、廃棄物やゴミを引き受けることも含んでいる。なぜなら、そのことによっても経済システムに効用が提供されるからである。しかし、この定義は、最初から経済内部の作動と両立しうるように定められているのであって、環境の独自性等を考慮しているわけではない。さらに、この定義は、区別すべきことを無視してしまったために、水準問題あるいは量の問題と分配問題とを分離し別々に決定するという、環境経済に典型的な困難な問題を隠蔽してしまう。[12] しかし、こうしたことは誤りでもなければ批判されるべき矮小化でもないのであって、むしろ経済システムが、環境との区別に即して自分自身の作動を定位させることができるための条件なのである。とはいえ、ここにもやはり共鳴の可能性に対する制約が存在することは言うまでもない。

上記のように定義されることで環境が経済に繰り込まれ、量の計算と効用の計算を通じて内部化することに成功する限りでのみ、かつて重農主義者たちの所有論が論じていたように、環境を大事に扱うことに対する経済的動機が存在しうることになる。その場合、環境の状態や出来事に対する共鳴は、価格および価格への影響を通じて制御される。価格は一方では、環境に関するチャンスを発見するための決定的手段である。価格が上がれば生産を増やすチャンスが生まれるが、そこには環境から資源とエネルギーを取り出すことも含まれる。価格が下がれば、もはや採算のとれない活動は停止に追い込まれる。しかし、めぐりめぐって破局的な帰結を引き起こすリスクがある場合でも、それが市場によって認知されないリスクであれば、わずかな利益でも生産を刺激するし、仮にそのような帰結に対して企業の責任がある場合でも、そのリスクを無視することが経済的には合理的ということさえあるかもしれないのである。これは内部の利益と外部の費用との不均衡という大いに議論されてきた問題の一種であると同時に、費用の内部化を強要することで問題を解決することがいつでも可能なわけではないということをも示している。

この点で、システムの自己制御という立場を主張する経済理論は、モデルを使った考察をもとに、エコロジカルな適応の可能性に関して比較的楽観的な議論を展開している。[13] そうした理論が想定していることは、自己制御は価格によってのみなされるということであり、それが環境に関してさえ最善の情報の分配を可能にするということである。その場合、価格は需要から生じるのであり、あるいはもう少し攻撃的に、市場が認めてこその価格である、と言うことはできる。しかしながら、これもやはりシステム内の過程に関するシステム内理論であり、価格を通して表現される需要にしたがってさえいれば生産を増やすことができると素朴に信じている——少なくとも今までは——ようである。そこでは、環境に関わる諸条件は、目下のところ技術的に可能で経済的にも採算がとれるものの範囲を限界づけるものとしてしか、考慮されないのである。

もちろん経済理論の諸概念を用いて、環境保護の限界効用と限界費用とが均衡するはずであると言うことができるし[14]、それによって経済システムの共鳴能力を可能とするとともに限界づける原理を提示することもできよう。とはいえ、効用と費用をどうやって測定するのかという計りしれない問題と、誰に帰責するのかという実際的問題が解決されるわけではない。とりわけ考慮すべきことはつぎの点かもしれない。すなわち、経済システムにおいて決定を行う個々の単位は、けっして全体システムのことを考えて決定するわけではなく、経済システムの「内的」環境に、つまり市場に、依拠して決定しているということである[15]。この「内的」環境は、あらかじめ相当程度ふるいにかけられてしまっているために、環境をも考慮した経済全体に関わる決定を下すための規則が用いられる可能性はない。また、政治的・法的に外部からあらかじめデータを提示することで価格を操作し、それによって各部分システムが、あたかもエコロジカルで経済的な限界効用に定位しているかのように生産と消費の決定を行うようになるなどということも考えにくい。そうした外的規制が必要だということを前提に議論する者は——そうした者は今日、反論されることはないかもしれないが——、政治システムが数量（とりわけ受容可能な環境汚染の量あるいは水準、そして場合によっては再生不能な資源の最終的な消費量、あるいは費用という形でのマイナス量）を確定し、経済システムがこの数量の最適の配分と利用をやりくりすればよいと考えがちである。[16] わたしが見るところが正しければ、この方式は市場経済と両立可能と見なされている。しかし、それは当たっているのだろうか。

この点を考え、場合によっては答えを出すことができるためには、経済の一般的なコード・パラドクス、すなわち希少性のパラドクスに立ち戻ってみる必要がある。そのパラドクスとは、希少な財を獲得することで希少性を解消することが希少性を増大させるというものである。このパラドクスは、市場特有のやり方で経済全体がうまくいくことで、とりわけ経済成長によって、不可視にされる（見えざる手）。その代償として人びとは、いわゆる「外部費用」を引き受けることになる。これに対して、数量の決定と配分の決定との区別を用いる場合は、市場のやり方の代わりに、脱パラドクス化に関する機能的に等価な別の形式、つまり独自の差異を、したがってヒエラルヒーを、選択することになる。市場はまさに、数量の決定と分配の決定との差異を覆い隠すのに役立っていた。ヒエラルヒー化によってその差異は明らかになる。しかしそれは、ヒエラルヒーによる脱パラドクス化に典型的な諸問題を抱え込むということであり、ダグラス・ホフスタッターが「もつれたヒエラルヒー」あるいは「不思議な環」と名づけた事態とさまざまな箇所で関わりあうようになるということである。[17] それは、ある一つの次元で動いているつもりでいたのに、いつの間にか別の次元にいた、といった事態である。つまり、数量の決定によってすでに分配の過程に踏み込んでしまっているとか、分配の仕方が所与の数量を変更しなければならない理由を作り出してしまう、といった事態である。[18] ただし、これは非常にまずい事態であるとか、解決不能な困った問題に直面することになるといったことを言っているわけではない。論理的な問題があるからといってそれでシステムが崩壊するわけではない。しかし、つぎのことははっきり自覚しておかなければならないだろう。すなわち、今、市場とは異なる脱パラドクス化の戦略を用いようとしているのであり、しかもそれは、構造的矛盾と決定がなされたこととが大幅にあらわになる戦略であるということである。[19]

最後に、まったく異なった理論構想についても一瞥しておきたい。すなわち、外部化される費用を再び経済分析に取り込み、経済行為が引き起こす環境問題を明示化し、それに対する決定を求める、そうした可能性をインプット／アウトプット‐モデルに依拠して見出そうという理論構想である。たとえば、経済学の文献の一部には、経済システムの目標は、経済行為がもたらすエコロジカルな副作用をも視野に入れたものであるべきだという主張が見られる。[20] だが、ここでわきまえておかなければならないことは、経済システム自体はいかなる目標ももってはいないということである。

なぜなら、閉じたオートポイエーシス・システムとしての経済システムは、達成されるべき個別のアウトプットに定位したりはしないからである。したがって、生産組織が副次的目標として環境保護を掲げるなどというのは、せいぜい考えることができるだけである。特に、経営者によって運営される生産組織で、しかも株価のことを考えて株主優先の配当方針をとらざるをえないという状況にない組織であれば、そういうこともありうるであろう。同様に消費者も、他の石鹸より値段が高くても環境にやさしい——と信じているのであれば——石鹸を喜んで購入するということはありうる。このようにして、経済活動が環境にとって望ましい方向に変化するということはありうるのだが、当然ながらそれは、経済の内部では生産コストに、ひいては税金に（！）、あるいは財に対する選好に、影響を与えずにはおかないのである。[21] こうした点で、エコロジカルな啓蒙に、つまり因果関係のいっそうの透明化や「意識の変化」あるいは「価値の転換」に期待をかけることは有意味なことかもしれない。しかし、期待をかけたからといって、そうした変化が経済の中でどのように作用するのか、いかなる未知の副作用を引き起こすことになるのかといったことが、わかっているわけではないのである。

その一因は経済的な情報処理が自己言及的なものである点にあるが、この自己言及性によって、諸問題は費用の問題へと集約される。[22] 諸問題は費用の問題という形をとることによって、しかるべき支払いを行うこと、または行わないことが、経済的に合理的であるかどうかを決定するための計算に組み込まれるのである。経済システムはこの形式において、解決可能な問題と解決不能な（資金のやりくりがつかない、あるいは採算が合うようには資金のやりくりができないといった）問題とを区別する。そしてその点にこそ、そうしたパースペクティヴそのものも、またそこから生ずる結果も、社会全体にとっては問題であり続ける原因があるのである。[23] 結果が問題であり続けるというのは、費用の支払いを拒否するということは、その支払われなかった金額を、支払い無能力の回付循環へと引き渡すということであり、それによってこの循環に過大な負担をかけることもありうるからである。また、パースペクティヴが問題であり続けるというのは、費用という概念および「支払う／支払わない」という図式による問題の定義は、そもそもの問題の問題たるゆえんのあらゆる側面をカバーするものではないからである。今問題にしているのは、法における条件提示的プログラムの場合と同じように、構造化された高度な複合性と関わるための独自の技術である。それはきわめて有効で、これ以上のものはほとんど考えられないと言ってもよいほどの技術であるが、きわめて一面的な選択によってその出発点が定められているがゆえに有効な技術なのである。経済に限らず、こうした技術が用いられる場合は、いかなる問題の解決も何かしら悩ましい帰結をともなってしまうということを免れることはできない。それゆえ、問題を解決しないことだけでなく、経済によって問題を解決することもまた、社会の他の領域にとっては問題となるのである。

そもそも対象とする領域がこのようにきわめて選択的にしか共鳴しないがゆえに、価格／費用／

生産－連関に関する理論であっても、わたしたちの社会システムのエコロジカルな危機に対して評価を下す能力はないし、ましてやこの問題で政治的助言を行う能力などさらさらない。しかしながら、この理論は、経済システムの自己決定的な共鳴能力と自己言及的な閉鎖性について格好の印象を与えてくれる。この理論が教えてくれるところを原理的に突き詰めて言えば、結局つぎのようになる。すなわち、経済的に対処できないことは、経済的に対処できない、である。これはまったく正しいし、必要な変更を加えれば、すべてのシステムに当てはまる。政治も例外ではない。したがって、経済に関して言えば、問題はいつでもつぎのようになるであろう。すなわち、いかなる価格ならば支払い能力が回付されるのか、またそれとともに、どのように支払い無能力もまた転嫁されうるようになるのか、である。こうしたメカニズムによってのみ、経済のオートポイエーシスと共鳴とが、つまり自己産出の継続と、不可解でノイジーな環境をこの過程に取り込むこととが、結合されうるのである。

経済に関して言えば、エコロジー問題の鍵は価格という言語のうちにある。価格が変化したりしなかったりしたときに経済の中で起こることのいっさいは、この言語によってあらかじめふるいにかけられる。この言語で表現しえない攪乱に対しては、経済は反応できない。少なくとも、社会の分化・自立化した機能システムとしての構造をいっさい損なうことなく、反応することはできない。他の選択肢があるとすれば、貨幣経済を破壊することであるが、そんなことをすれば近代社会というシステムに対して予見しきれないさまざまな影響が出ることになろう。

このように構造的に価格に制約されているということはたんに欠点であるばかりではないし、他の可能性をたんに放棄しただけでもない。それは、問題が価格で表現されうる場合には経済システム内で当然、対応がなされなければならないということを、同時に保証するのである。いつものことながら、複合性の縮減と増大とは同時並行的に起こるのである。それに、そのような制約なしに、環境からの衝撃に対して多様な選択肢を含んだ広大な反応の可能性を構築することなど、そもそもどうやって可能なのか、見当もつかない。価格への制約がなければ、もはや切るべき木がないということを確認するだけのきこりのような単純な状況にあることになるのではないだろうか。

11章 法

今日のエコロジー政策に関する議論の中で、価格の言語に対抗して、あたかも宣伝するかのようにセンセーショナルに語られているのが規範の言葉である。(1) そうした対抗は、社会と国家という旧来の区別に対応しており、エコロジカルな危機への反応における単純な二者択一を示唆している。その結論は目に見えている。価格の言語ではうまく扱えないことは、規範の言語で表現されなければならない、というのがそれである。経済が自発的には達成しないことは、政治が法という手段を用いて実現すべきだというわけである。結局、エコロジー問題は、経済が負えない残余の責任を政治が負うかどうかの問題ということになり、その「残余の責任」がいつの間にか、夜警にとどまらず昼夜取り締まりを行う国家が全責任を負うべき問題になってしまうのである。

しかしながら、このような二者択一的考えはあまりに単純すぎるし、結局は政治に対して、それが現実にできること以上のことを要求することになるだけである。それは、避けようと思えば避けられたかもしれない幻滅をもたらすだけでなく、達成不可能な要請を行うことで政治システムに過剰な負担をかけることになるし、人びとの注意を誤った方向に向けることにもなる。そうなると政治は、ただ言葉が踊るだけのものへと貶められ、見かけだけの解決策を性急に提示したり、問題のすりかえを行ったり、時間稼ぎに努めたりといったことをせざるをえなくなるのである。それは、政治システムも他のシステム同様、それ自身のオートポイエーシスに固有の振動数の枠内でのみ共鳴可能であるということの理解をもたらすかわりに、ますます政治に対する幻滅をもたらすことになり、その程度は今日すでに相当深刻である。

わたしたちは、政治への過剰な要求を招きがちで、したがって政治の破綻を招きがちなこうしたアプローチの思考前提をすでに放棄し、その代わりに機能的に分化した全体社会システムというテーゼを提起した。このテーゼが意味することは、第一に——これがわたしたちの出発点であった——政治は経済同様、社会の一部分システムにすぎず、社会そのものではないということである。第二に意味することは、法にとっての機能システムと政治にとっての機能システムとを、通常想定されている以上にはっきりと区別しなければならないということである。もちろん通常、立法は事前に政治的了解を必要としているのであるから、法が政治と密接な関係にあることは言うまでもない。したがって法は、あれこれの事項において政治に対して敏感であり、その方面でとりわけ共鳴を起こしやすいシステムであるが、同時に自己言及的に閉じたシステムでもある。このシステムは、法としての資格を有するものを法としての資格を有するものにもとづいてのみ、つまり規範を規範にもとづいてのみ、産出することができるのであり、裁判所という装置は、法システムのオートポイエーシスを成り立たせているこの条件がきちんと守られているかを監視するのである。(2)

法システムが作動における閉鎖性を獲得するのは、それが合法と不法の差異によってコード化され、他のシステムがこのコードのもとで作動することがないことによってである。法システムがこのように二つの値からなるコードによってコード化されることで、つぎのことが確実に保証される。すなわち、法的に正しいことを行っているときは法的に正しく、不法行為を行ってはいない、ということである。法に関する不確実性があるとしても、原理的に解消可能な形式においてのみ、つまりあくまでも法システムの内部で行われる決定に関してのみである。ただし、社会の内部でこのような確実性が保証されるのは、法システムのみが合法と不法の判定を下し、しかもその判定が身分や階層、富や政治情勢に左右されることがありえない場合のみである。それに、このコードを用いることが許されるのは、社会の中のただ一つのシステムだけである。(3) このコードを用いるシステムは他にないので、合法であれ不法であれ法システムがそれらを外から取り入れたり外に放出したりすることはありえない。法システムが、そのつど何が合法であり不法であるのかを語りかける相手は、法システム以外の社会（法システムにとっての社会的環境）なのではなく、自分自身なのである。法が社会全体に影響を与えることはまぎれもない事実であるが、それは、何が合法であり不法であるのかの言明が法システム内での出来事であるということにもとづいているのである[4]。

　法システムにとっては、そのつど合法か不法かのいずれか一方の可能性しか存在せず、第三の可能性は排除されているので、この図式は世界の完全な記述を含んでいる[5]。しかしそこには、作動が遂行されるために、つまりそれぞれのケースごとに規範としての資格が再生産されるために必要なものがまだ欠けている。すなわち、そのつど問題になっている事項が合法なのか不法なのかを決定するものである。言い方を換えれば、適切な決定の条件を定める法規範プログラムが付け加わらなければならないということである。そうしたプログラムは、法令や命令、定款や就業規則、判例、あるいはさまざまな契約の中にさえ見出すことができる。このプログラム化の次元では、システムは閉じていると同時に開いている。閉じているというのは、規範としての資格は規範にもとづいてしか獲得されえないからであり、その限りにおいてである（推論手続き、あるいは立論が、論理として問題がないかということに関する判断がどうであれ）。また開いているというのは、規範としての資格を獲得する際には、認知的観点が重要な役割を果たすからであり、その限りにおいてである。認知は、環境に関する方向づけのためにも、またシステム自身に関する方向づけのためにも、必要である。つまり、規範適用のための事実に関する条件を確定するためにも、また規範そのものの適切性あるいは変更の必要性を判断するためにも、必要である。したがってシステムは、環境の諸条件に対しても、またときに生じるそれらの変化にも、まったく「開かれて」作動しているということである。システムは学習することができるのである。しかし、学習可能とは言っても、まずはシステムのオートポイエーシスがつねに保持されなければならない。つまり、合法と不法の差異にしたがい、法プログラムに依拠して、手続きが進められなければならない。たとえその理由が、さもなければそもそも法的事象が問題になっているのかどうか、誰も認識できなくなってしまうということだけだとしても、である。

　上述のように、コードは法においてもまた自己触媒的要因である。すなわち、コードは補完を必要とすることで高度に複合的なプログラム構造の構築へとシステムを駆り立てるのである。このプログラムもまたシステムの内的構造としてのみ、システムの内的過程に作用するだけである。システムはプログラムに即してのみ環境を認識することができる。たとえ環境の認識が、プログラムの変更によってしか除去できない攪乱的ノイズを通して行われるとしてもである。このことは、法の社会的《ゾチアール》機能、つまり法の全体社会《ゲゼルシャフト》内での機能に対応している。すなわち、紛争が生じた場合に備えるとともに、思わぬ事態が生じたときに安定的な予期を可能にするという機能である。その場合、社会システムの環境は、せいぜい紛争のきっかけや原因として（したがってまた紛争に対する備えを行うきっかけとして）考察の対象となるにすぎない。環境は「ノイズ」によって、日々何の問題もなく行われている期待の充足を攪乱するわけである。そして、さまざまなケースで、そのような攪乱を、一面で経済的であると同時に他面で法律的でもある問題へと変換する役割を果たしているのが、所有である。

したがって、法的思考の基本的な形は、社会《ゾチアール》のあるべき秩序を、法システム内で表しているのである（これはあまりに自明であるかのごとく行われているので、それが一つの構造選択であることに、つまり多数ありうる秩序像からの選択であることに、ほとんど注意が払われてこなかった）。このことは、互酬性、交換、分配という基本的形、およびそれらを成り立たせる諸条件を定言命法にまで一般化するという基本的形のすべてに当てはまる。それはまた、市民革命以降付け加わった、自由および自由の制限に関する意味づけ《ゼマンティク》にも当てはまる。法の秩序像は社会内部の諸関係に関するものなのであり、そのことを法律家に教える必要があるなどと誰かが言ったりすれば、法律家はさぞや奇異に感じることであろう。

ところが、それが必要となるあらゆるきっかけを提供しているのが、まさにエコロジーに関する論争なのである。つまり、環境によって引き起こされた社会の危機に対しては、法もまた、それ独自のシステムに固有なやり方でのみ反応するのであり、しかも危機に対する反応に関して、適切な均衡とか、因果関係による成功とかを前もって保証するものなど何もないのである。法がそのコードをプログラム化する形式、つまり適切な行為の条件へと変換する形式は、確定未来の形で定められる。つまり、その形式は、未来における過去を想定するのである。法と自由との深いつながりは、まさにそこに由来する。事件の発生そのものを防止しようとするのではなく、ただ事件が起こったときにどのように対処されるかだけが定められているのである。それゆえ、それこそ環境法の分野では「目標」について盛んに論じられているのだが、法の基本形式は、相変わらず条件に関するプログラムである。法があらゆる因果的要因を把握するとか、事の成り行きを法的に決定するなどといったことは、まったく不可能である。確かに政治的には一定の目的をもって法律の制定を決定したり、目的に対する手段として立法を正当化したりすることができる。しかし、こう述べたからといって、それを因果関係の言明だと見なすのは間違いである。政治的目的をもって法が作られたかららといって、その目的の達成にその法がどの程度貢献できるかは、他のさまざまな要因に左右される問題である。法の立場からすれば、問題なのは、紛争が起こったらどうなるかという問いに明確かつ一義的に答えることと、それとの関係で一定の予期の形成を可能にすることだけである。

　法による規制のこのような形式を、イデオロギー的に、自由の擁護であるとか、さらには自由の約束であるなどと称することは可能である。しかし、より醒めた目でみれば、問題になっているのは、構造化された高度な複合性とうまくやっていくための独特の技術である。この技術は実際には、法の限りない再解釈と再編成を要求する。人びとが当然のこととして前提にしているのは、何らかの対処がなされるということと、それがどのような対処でありどのような結果をもたらすかがはっきりするまではしばらく待たなければならないということである。どのような結果がもたらされるかがはっきりしてくると、それはそれで問題だと受け止められる場合があり、法においてだけでなく政治においても、新たな規制が必要だという議論を引き起こすこともありうる。もし新たな規制が導入されれば、それはそれでまたしても予見しきれないさまざまな結果を引き起こすであろうし、生じた結果がそもそも新たな規制に由来するのか、あるいはどの程度それに由来するのかは、たいていの場合、判然としないであろう。ともあれ、再び新たな規制導入のきっかけが生じ、再びしばらく待ち、再び結果が生じ、再び問題と見なされ、再び規制が導入され……である。その際、一定の見通しをもっているということが、この過程を進行し続けさせる重要な補助動因であるが、それが結果的にもたらすものは、法システムそれ自体における、歴史的にしか理解しえない高度な複合性である。

法は、エコロジカルな諸問題を扱う場合であっても、その独自の機能、それに対応した複合性に関わる技術、そしてとりわけ固有の区別——これはこれで複合性との関わり方をプログラム化する——に拘束されている。この点は、環境法という装置がすでにフル回転しているだけに、かえっていっそうはっきり認識できるはずである。(6) そのような拘束のもとで、問題は、歴史的所与としての法が存在すること（この所与性がなければ法はまったく存在できないし、したがって反応することもできない）から生じるとともに、社会の中で担う特殊な機能からも生じる。

エコロジカルな諸問題が発生したとき、あたかも新たな規則の網をかぶせて思うように整地できる未発見の土地のように、法がまったく関わらない領域があったわけではない。存在するのは全体社会の法システムだけであり、それはつねにすでにそこにある。法そのものはつねにすでにそれなりに整然と体系化されており、ただ変更が可能なだけである。したがって、「環境法」は新たな問題提起とともに、地域開発法、権限法、警察法、営業法、課税法、憲法、等々の馴染みの法の分野に徐々に浸透していくのである。[7] そうした組み込みがうまくいかない間は、改革は抽象的なものにとどまる。つまりたんなる理念レベルの問題提起にとどまる。現在議論されている「環境との調和の検証」は、新しい概念、法的発明品のように思われているが、もしかしたら現行法規をより調和のとれたものにし、場合によっては現行法規をさまざまな法分野に適応させることで、それを従来の体系化とは異なった仕方で捉え、再組織化することが目指されているにすぎないのかもしれない。いかなるものであれ法がさらなる発展を遂げるときには、必ずそのつどの出発点となる法の状態が存在し、それに拘束されるものであるし、他の法規が存在し続けるということもつねに考慮に入れなければならない。さもなければ、法コードをなるべく首尾一貫して矛盾がないように用いるべきであるという考えを放棄しなければならなくなってしまうであろう。

同様に自ずと明らかなことは、法は社会を規制するものとしてのみ発展しうるということである。

そのための主導的観念は変化するかもしれない。たとえば、互酬性から契約に変わり、さらに利害の比較考量と信用の保護に変わるといった具合であり、あるいは自由の諸権利と自由の制限についての新たな正当化がつぎつぎ登場しては入れ替わるといった具合である（その際、自由の制限を要求することは、自由が自由の制限の必要性を人びとに意識させるのと同様に、さまざまな自由の発明をもたらしうる）。そうした変更の結果として、自由の権利か強制的規制かという区別が、環境に関する法律論議における支配的図式になるが[8]、この区別自体は環境と何の関わりもない[9]。明確に特定できる「環境」なるものを想定しそれに社会に対抗する諸権利を認めるとか、樹木を権利主体たりうると見なすとか、ダイオキシンは有毒だから規則にしたがって焼却することで処罰する、などという考え方をわたしたちがすることはまずないのである。そのかわり、わたしたちはつぎのような問題に直面することになる。すなわち、さまざまな主体の権利に関する法体系を構築することで、私的な領域（「自分の家」）に属する事柄を個々人の自由な処理にまかせるだけでなく、自分を取り巻く状況が変わったとき自分がどれくらい不利益を被っていると見なすのか、またさまざまなリスクを引き受けるのかどうか――そこには、お金と引き換えならばリスクを引き受けてもよいと考えるのかということまで含まれる――ということも、主体の権利の担い手に委ねられるという問題である。もちろん、法は自由の制限によってその問題に対する予防措置を講ずることができる。しかし、問題なのは、エコロジカルな危機に対する共鳴を社会の中に引き起こすことが問題であるときに、憲法と正規の法律による統制のもとで自由や権利を認めるとか制限するといった議論の仕方《ゼマンティク》が、いったい何をもたらすのかということである。

このように法律内部の目的に即して発展した諸概念を用いて環境問題に対応しなければならないとすれば、法的なカテゴリー化には原理的な不適切さがつきまとうことは当然予想される。法システム、その諸々の法規、そして教義に関する理論が、学習能力を有することは、これまでさまざまに証明されてきたが、それにもかかわらずこの不適合を解消することはおそらくできないであろう。なぜなら、システム内のコミュニケーションを調整することと、環境内の変化にシステムが反応することとは、違うことだからである。他のすべてのシステムと同様、法システムもまた、それ自身の構造にしたがってのみ共鳴することができるだけなのである。

このことに対する社会学的に重要な指標として、環境に関する法的決定において恣意的要素が明らかに増えていることをあげることができる。そのことは、少なくともつぎの三つの点で指摘することができる。

1. 限界値や境界、あるいは度量単位を定める必要の点で。これらの必要事項に対して環境自体は何も決定してくれない。

2. どこまでならばシステムはリスクを積極的に引き受けたり、容認したりするのかという点で。それを超えたら安全保障措置がとられ、場合によっては犠牲を顧みずに安全保障措置がとられたり、さらには禁止命令が発動されたりさえすることになるその一線。

3. 環境の変化がもたらす帰結のうち何を優先事項とするのかという点に関して。それらの帰結の大部分は価格メカニズムを通じて、もとの場所とは異なる場所に発生したり、あちこちに分散して発生したり、見えなくなったりしており、しかもきわめて異質である。あるいは、影響を被るさまざまな利害の保護という点でも。それらの利害は、因果関係が間接的で不透明であるため、直接調整することは不可能である。

もちろん、こうしたことはいずれも法システムにとってまったく新しいタイプの問題というわけではないのだが、エコロジーに関する問題意識の高まりが法にも押し寄せはじめるにつれて、新たな強度と広がりを獲得しつつあるのである。まさに自然が問題になるところで、自然法は機能しないし、一種の自然法の代替物であり、必要に応じて形成される合意もまた、達成不能のように見える。と同時に、こうした問題は、法が事案を処理する際に用いる通常の技術で、分解し、要因を確定し、最後に満足できる解決をもたらすことができるのだろうか、ということが問題になりつつある。

したがって、一見矛盾しているように見えるかもしれないが、恣意性の水準が上昇するにつれて、形ばかりで無内容なピンぼけ発言が散見されるようになる。それらは、何らかの決定を下さなければならない問題に対して何の決定も下さず、ただ、少なくとも言葉の次元ではそれなりのことがなされたという印象を与えるだけである。ここでは二つの例を挙げるが、それは典型的だからであって発言者を非難するつもりはない。類似の発言は多数見られる。「個々の計画立案者に一定程度自由に計画を作成する余地が与えられている限り、原則として環境保護に重要な位置づけを与えることが望まれる。」そして「彼らの（行政の—N・ルーマン）課題は、普遍的な公共の利害と個別の利害との間で調停を図ることであり、環境保護のために必要なこととの間に調和をもたらすことである。[10]」「調停」や「比較考量」や「一定の割合」に関する定式化は、恣意性を免れない。もしも法がそのような定式化に退却せざるをえないならば、技術的な観点によって導かれる恣意は、けっして最悪の解決策ではないが、もはやそれは法律に特有の解決策ではない[11]。

形ばかりの無内容な発言から恣意的な裁断へ。これこそが、法的実践の通常の意味での立論についてどのようなアプローチをとろうと、問題はヒドラ［ギリシャ神話における九頭の水蛇。一つの頭を切るとすぐにそのあとに二つの頭が生えたという—訳者］のごとく増幅、巨大化して戻ってくるという事態を生じやすくしている。そのような可能性は、とりわけリスクにどう対処するかという問題において際立っている。通常の決定規則、すなわちリスクの最小化を図りつつ期待される効用の最大化を目指すという規則は[12]、役に立たない。そのような規則は、いずれにしろ予想される効用やリスクに関して不確実性が存在しないという滅多にないケースにしか通用しない。一般的原則とするには、あまりにリスキーである[13]。また、経験的研究はつぎのこともはっきりと示している。

すなわち、人びとがどの程度までならリスクを引き受けてもよいと考えるかは、個々人の人格特性、社会システム《ゾチアール》、そのつどの状況における諸条件、そして直前の経験に大幅に左右されるので、(14)許容限界をどのように定めようと、それは恣意的でしかありえないということである。リスクそのものが評価されたり、探究されたりということであればめずらしいことではないのだが。(15)ついでに言えば、現実化する可能性が小さいリスクであればあるほど、その評価においては主観的要素の比重が大きくなる。(16)ここで問題になるのはやはり複合性である。つまり、リスクを引き受ける用意は人さまざまであり、その合計を求めることはできないし、相当程度、自由意志にもとづくがゆえに、リスクの受容を法律という形で求めたりすれば、人びとは引き受けを拒否しないまでも、その程度を変化させてしまうであろう。確かに規制することは可能なのだろうが、それは恣意的でしかありえず、しかもその規制自体が合意状況を変化させてしまうことを避けられないということである。このことが意味するのは、リスクの評価とその許容度を中央の機関が一元的に調査し確定することは避けられないが、(17)それらの評価と許容度は合意に依拠するものと見なすことはできず、しかも調査と確定すること自体がリスクを引き受ける用意を自動的に低下させるということが想定されなければならないということである。

人びとはどのようにして一定のリスク評価に至るのかなどという問いを、法律家は当然ながらけっして立てたりしない。法律家にとって経験的なリスク研究は、合理的決定モデルがそうであるように、お呼びでない。法律家は、自ら見出した基準や原則にしたがって決定しなければならないのである。それゆえ、何らかの点で不適切な決定かもしれないというリスクが残っていることは避けられず、したがって受容されなければならないことは、理論においても実践においても承認されている。この承認に対しては、あれこれ根拠づけを試みたところで、当然ながらあまりうまくいかない。「避けることができない」から「社会的に適切である」を首尾よく導き出すことはできないからである。さればとて、実践的には同様にお手上げ状態の「倫理」をもちだしてみても、やはりうまくいかない。なぜなら、倫理は倫理で理性に頼らざるをえず、その理性は「自らを助け」なければならないからである。(18)

また別の考察は、「財の比較考量」の原則こそは倫理的責任が表明される規則であると論じるが、これまたそれで問題がどのように解決されるのか明らかにならないままで議論が終わっている。(19) そのような規則は、紛争が生じた場合の見通しを保証するという、法の機能をまだ満たしてはいない。この規則は、個別の事案ごとに決定がなされることを想定しているが、それはつまり、裁判所は事情を慎重に検討した上で判決を下すであろうということを予告しているにすぎない。したがって、結局のところこうした議論は、法的決定がいくつかの段階を経て成立することを論じていることになるが、そうしたところで法的決定があくまでも自分で自分を妥当させるという点では何も変わらないのである。

望ましい、あるいは望ましくない帰結が生じる確率を算定することは、やろうと思えばできないことではないかもしれない。その場合には、確率を過大にあるいは過小に算定してしまう確率をどう検査し、統計的にどう処理するかということにまで、法的規制はおよぶかもしれない。[20] 仮にそうした確率を過不足なく算定することに成功すれば、決定理論の言い方で言えば不確実性について云々されることはもはやなくなり、厳密な意味でのリスクについてだけ語られるようになるかもしれない。[21] しかし、おそらくそれによってリスク受容の問題が解決されるわけではなく、ますます先鋭化することになるであろう。合意の利点は、皆の確率評価がそれぞれ異なっているということを前提としている点や、問題の全容を明確に規定しないままにしておく点にあったのだが、そうした合意の利点がなくなってしまうかもしれない。そして、結局明らかになるのは、一定の確率で起こると予想される肯定的あるいは否定的リスクが受容可能なのか否かということについて、人びとが理解しあうことは不可能だということだけであろう。

この問題を、期待される効用ないし不利益の大きさ、あるいはそれらの「トレードオフ」に関係づけて解決しようとしても、やはり無駄である。第一に、それらの見積もりにおいて意見の一致を見ることなどありえないし、第二に、効用も不利益も社会の中では不平等に分配されているからである。

さらに、人びとは市場と同じようなやり方でリスクを引き受けるかどうかを判断するのではないだろうかと考える人もいるかもしれない。現在、こうした方向で議論を進めようとする傾向が明らかに存在する。[22] そうした考え方は、効用と生じうる不利益との関連が十分はっきりしている場合ならばうまくいく。たとえば、ある子ども用パジャマはきわめて燃えにくく作ってあるが、発癌性が絶対ないとは言い切れない、などという場合である。こうした場合であれば、リスクの公表を義務づければそれで十分かもしれない。しかし、環境が関わることでリスクが間接化され拡散してしまう場合は、生産者の経済的決定に影響をおよぼす別の形式を模索しなければならないだろう。それを一貫して推し進めるならば、他者に対してリスクを生み出す者に応分の支出を求めたり、保険への加入を義務づけたりするだけでなく、危険にさらされて生きる人びとに、危険にさらされているというただそれだけで補償しなければならないということになるかもしれない。もしそうなれば、飛行機の着陸の安全のために設けてある空き地の土地の値段や原子力発電所の近くの土地の値段は下がらず、不安の中で生活し続けることに対する補償のために一定に保たれるか、むしろ上がるということになるであろう。[23] 他人が死んでしまうかもしれないというリスクに対しては一定額のお金という形で備えるしかないことは一般に受け入れられているのに対して、お金が支払われることと引き換えに自分が死ぬリスクを引き受けるかと問われれば、なかなかそんな気になれないということは、十分注目に値する。この二つのケースが倫理的に、そして場合によっては法的にも、異なることと判断されるとすると、それはひとえに後者のケースでは、死者の候補となることに対して、本人の決断があったはずだと見なされるからであり、つまりは自由意志が（！）想定されるからである。ちなみに、このような自由は、受動的にリスクにさらされるのとは違って経済的に大いに利用価値があるかもしれない。つまり、交渉して値段を吊り上げるなどということも可能かもしれないのである。リスクを引き受けてくれればそれなりの補償はしますよというふうになればなるほど、リスクに対して臆病であることが――少なくとも交渉するという立場にある場合は――多額のお金をもたらすようになることもなきにしもあらずということである。ところで、リスク問題のこのような解決の仕方は、リスクが現実化したら何を得、何を失うか、前もってはっきりしている（自分自身に対しても他者に対しても）ことを前提としているが、大半のエコロジカルなリスクの場合はそういうわけにはいかない。なぜなら、あまりに広範に分散しているうえに、明確に確定することも困難だからである。結局のところ、法システムに突きつけられる問いは、リスクを引き受けることに同意していた人が、まさに危機的状況に直面したときに、事前の同意に効力がある――「君がそれを望んだのだよ、ジョルジュ・ダンダン」――と主張しうるのかという問いである。もし否だとすれば、万が一リスクが現実のものとなったらこれだけ補償を得られるだろうといった計算を前もって行うことはできないということになるのではないだろうか。

以上は問題に対処するための最初の一歩ですでに登場する諸問題であるが、これらにさらに問題を分解し、処理可能にし、要素化することに結びついた問題が付け加わる。測定方法が適切かどうか、実験からどれくらい確からしいことが主張しうるのか、シミュレーション・モデルにおいて不可欠な変数は何か。こうしたことについて論争が行われるであろうし、まさにリスクをどう評価するかということが問題になる際には、つねに新たな認識が付け加わったり、優先項目が変わったりするということも頭に入れておかなければならないだろう。たとえば原子力発電所でちょっとした事故が起こったとしよう。たとえそれがそれほど甚大な被害をもたらすような事故でなかったとしても、いっさいを新たに決定しなおさなければならなくなったりするのである。[24] そして、新たな調査・研究はどのようなものであれ、つぎのことを明らかにするかもしれない――いや、かなりの確率で明らかにするであろう。すなわち、わたしたちは、厳密に評価するならば、自分たちが考えていた以上にわずかのことしか知らないということである。

最後に、わたしたちのテーマとは部分的にしか関わらないが、実際には重大な意味をもっている問題に言及しておきたい。それは、新たな科学技術を導入したり、それまで一般に用いられていた科学技術を禁止したりする際、そこから直接生じる社会的リスクも存在するという問題である。つまり、環境の因果関係の連鎖を通じて引き起こされるのではなく、社会の内部的事情から直接生じ、しかも厳密に見積もることのできないさまざまな帰結と影響である。[25] そうした決定を行うことで新たに付け加わるリスクをどう評価するのかというまさにその点で、またしても主観的要素が大きくものを言ってしまうのである。あるいはつぎのように言ってもよいかもしれない。ありそうにもない《ウンヴァアシャインリッヒ》反応が起こってしまう可能性が高い《ヴァシャインリッヒ》ということである。
「理性的」という言葉がもはや合意可能とか合意しなければならないといったことしか意味しないならば、以上のような諸問題に直面して、「理性的な」解決とはいったい何を意味しうるのだろうか。理性の構造は、社会内部の諸問題と密接に結びついていたし、社会的了解に関わる諸問題を目指して展開されていた。そのことは、エコロジー問題においても、社会が全体としてどのように反応するかということが問題になる限り、無視することはできない。しかし肝心なのは、問題の核心は了解の内にあるのではなく、了解だけでは統制しきれないシステム／環境‐関係の内にあることである。それに対応して、政治的な合意形成という古典的モデルも役に立たない。私的な決定こそが問題の解決をもたらすのであってそれ以外ではありえないと考えたがる自由主義的理論も、国民が何を望んでいるのかがつねにすでにわかっているつもりになっている集団主義的理論も、説得的な答えは提供してくれないのである。

とはいえ、通常の法学者は、そうした問題はまさに「政治的に決定されなければならない」という声を聞いて一安心しようとするであろう。「当事者たちによる規制」ということも推奨されているが、これもこうした声の一変種にすぎない。合法と不法というコードによって排除された第三の値、つまり目下のところ合法でも不法でもないものが、法システムにおいて今や政治として現象しているのである。政治的決定を法学的に正当化することで、排除された第三項がシステムに再導入されるのである。かくして法システムは、政治体制と民主主義的な正当化について、つぎのような幻想に陥ることになる。すなわち、法よりも政治の方が問題をよりよく処理することができるだろうという幻想であり、恣意性を免れない問題への対処の仕方に関する決定はいっさいそこでやってもらって、しかる後に法規範として再輸入することができるだろうという幻想である。論理的には排除した第三項を取り込むことになるこのような考え方を称賛する人もいるかもしれないが[26]、結局はつぎのような事態を招くことになるだけである。すなわち、一方で政治システムは法を自らの政策を実現するためのたんなる道具と見なすようになり[27]、他方、法システムにおいては、道路交通の右側通行／左側通行のように、単純に確定されなければならないだけで、特に法に固有のやり方で決定されるわけではない決定がますます増えるという事態である。

環境法だけとは言わないにせよ、特に環境法で目立ってきているこうした恣意的要素を、さらにくわしく分析してみるならば、直ちにつぎのことを示すことができるであろう。すなわち、恣意的要素に関しては、「事柄の本性」なるものに立ち返ることもできなければ、理性的かつ公正に考える者全員による基本合意のようなものに立ち返ることもできないということである。このことは、先に挙げた三つの決定問題のすべてに当てはまる。境界値を決定しなければならないわけだが、まさに自然の内にそのための確実な拠り所が見つからない。つまり、そのためには環境問題はあまりに複合的であり、あまりに相互依存的であり、あまりにそのつどの状態に左右されやすく、あまりに予測困難であり、熱力学的に開いたシステムの「散逸構造」によってあまりに規定され、安定状態の突然の変化（「カタストロフィー」）や類似の形態変化によってあまりに規定されているのである。リスク受容に関しては、すでに決定理論の研究が示しているように、どの程度までのリスクならば受容するのかはそれぞれの主観によってあまりに幅があり、何を一致したリスク評価とするのかという点でさえ、合意を得ることは困難である。最後に、環境によって媒介される因果関係の連鎖の範囲が広大で見通せないことで、価値に関するあらゆる合意は擦り切れつつある。誰に対しても互恵的であれという古くからの規則、つまり「君がわたしにしてくれたようにわたしも君に」という規則も、定言命法もうまく機能しなくなり、歴史的に振り返ってみるならば、いずれも純粋に社会内的格率であったということが認識されつつある。同じことは、少なくとも仮説的合意を得るための規則だけは定めようという、遅ればせの理性法的試みや手続き的合意にも当てはまるし、つぎのような規範、すなわちその規範を承認すれば当然要請されることになる振舞い方に人びとが強制されることなくしたがうならば、合意が得られるであろうとされる規範にも当てはまる。[28] これらすべてが前提していることは、問題の根源は総じて社会の中にあり、それゆえ社会的次元において解決できるということである。しかし、社会的問題の発生に社会の環境が関わることで、問題の性質は根本的に変わるのである。達成しうるのは、せいぜい一種の防衛に関する合意である。すなわち自分自身が防衛のコストを負担する必要がない間は、起こりうるあらゆる被害を遠ざけておこうということについての抽象的な合意である。そしてこの間、車が道路を猛スピードで走り回り、人びとはタバコの煙で肺を一杯にし、借金をし、大胆にも結婚をし、脱税のようなタイプであれヘルズ・エンジェルス［一九四八年にアメリカのカリフォルニア州で結成されたオートバイ・クラブで世界中に支部がある。売春や麻薬の密売など非合法活動を行っていると見なされている――訳者］のようなタイプであれさまざまな犯罪を犯している。(29) まるでリスクのない生活や個人的な好みにとことんこだわらないような生活には何の価値もないということを証明しようとしているかのようである。

こうした事情のもとでは、政治的活動や社会的連帯や公正な問題解決が必要だと訴えてみたところで、具体性に欠け何の成果ももたらさない。環境を考慮すべしという規則を法的に義務づけてみても、せいぜいこれらの訴えを別の概念に翻訳することで――そもそもそれが可能としての話だが――法に組み込むことができるだけであろう。法の教義に関する学習過程の進行はゆっくりであり、個々の事例の経験が概念や原則にまで凝縮され、それに応じて法がしかるべく再編成されるまでには、何世紀とまでは言わないまでも何十年という歳月を要するのである。ちなみに、学習過程は、どんな動機にもとづいてであれ裁判が行われることを前提とするが、環境法が関わる裁判は、環境法関係の規則の密度や文献の量を考えると、それほど頻繁に行われるとは考えにくい。(30) 法は官僚的な処理のために作られるのであり、恣意的規定と曖昧で無内容な言い回しの混ぜ合わせからできあがっていることを考えると、まさにそのためにあるように思われる。それに応じて、司法の営みはじつに多種多様な領域の事柄と関わりながら展開されるのであり、それらさまざまな領域を包括するカテゴリーが形成されることになるのか、さらには法律固有の論証パターンや根拠づけパターンの形成にまで至るのかは、いまだ定かではない。さしあたり観察されるのは、法システムは環境法の欠落に対して規則の大幅な増大と繁雑化によって対応しているという事態である。政治システムと法システムとの境界において、両者の共同作業によって大潮のごとく規範が増大するという新たな現象が起こっており、政治システムは、法的規制の削減と増加とを同時に目指すということを嘘でも主張し、やるしかないという状況にある。

最後にもう一点指摘したいのは、いかに法を徹底し、課題を達成し、違反を効果的に防止するかということに関わる問題である。一方でこの点に関する研究では、課題の達成が不十分であるという一般的な苦情を、じつに細々としたわかり切った障害に解消するということが行われている。[31] しかし、より重要なのは、環境問題に対する関心が高まった結果、どうも法に馴染まない新たな課題達成の形態が求められているのかもしれないということである。そうした新たな形態は、従来の見解や経験の見直しをもたらすかもしれないが、今のところ従来の制度を歪めかねないものとしてのみ認識されている。一方で、公法の実現のために「私的に」努力するという形態がそうしたものと見なされうる。そうした形態は、個人の権利面での保障を欠いたまま実行されなければならないのであり、公的機関の関与を不可避とするような情報を自ら入手することが求められる。[32] 他方で、最近では強制力をもった法が、行政にとってはさまざまな分野で交渉のための立場として役立っている。そうした立場に立って交渉することで、一面では強制できない譲歩を引き出すことが可能になり、他面では強制における厳格さを放棄して自ら合法性の疑わしいグレーゾーン内に目標を設定することが可能となる。[33] 伝統的な法構造から逸脱したこれら二つの形態は、もしも私的に法にしたがう者たちが、協定を解消させたり、そうした合意には法的に問題があることを鋭く指摘したりすれば、相互に衝突することは明らかである。強制技術のこれら二つの新たな形態は、「チェック・アンド・バランス」によって均衡状態に達することもありうるかもしれないし、今後、裁判所がそのための基準を定めていくということもありうるかもしれない。だが、さしあたり確認しうるのは、行政に対してより大きな自由裁量の余地が容認されるという傾向のみである。[34] こうした点で、規範内容という次元にとどまらず、それ以上にエコロジーのコミュニケーションが法システムの古典的構造を歪めることと、どのように歪めるかが、観察できるであろう。

12章

学術

　ひょっとするとわたしたちは問う相手を間違えていたのかもしれない。つまり、分化した社会システムにおいて、環境の問題を管轄するのは、経済でもなければ法でもなく、学術や政治なのかもしれない。ただ、政治は政治でつねに学術に期待を寄せ、研究や技術開発を促進するための計画を立てたりするので、まずは学術の共鳴能力の方から検討することにしよう。

　自然諸科学は本当に有意義な成果をもたらしうるのかという問いを立てて、それを批判的に吟味したり概括的な判断を下したりということは、ここではできない。それよりも、これまでどおり、あくまでもシステム論的問いを堅持し、改めて問うこととしたい。すなわち、機能システムが特殊なコードにもとづいて分化・自立化し、それに応じてコード化とプログラム化が区別される場合、そのシステムの共鳴能力はどのように決定されているのか、と。

学術のコードにおいて問題になるのは、真か真でないかの区別である。[1] また、研究プログラムは、通常、理論と呼ばれる。そして、コード化とプログラム化の分化、真理値の分化、諸理論の分化は、またしても当然予期される帰結をもたらす。すなわち、諸々の知の統一および合理的連関を表す形式としてのヒエラルヒーは放棄され、そうした古い知のヒエラルヒーに代わって学術システムがさまざまな専門分野へ、さらには下位区分された諸学科へと分化するという事態が登場する。[2] それによって、システムの統一性との関係でそれぞれの知を位置づけるということはいっさいできなくなる。さまざまな専門分野の営みは、緩やかで、拡張可能で、理論的に（つまり、研究プログラム的に）統合不能な結びつきの中で行われるようになるが、そうした結びつきは、分割や下位区分、あるいは新たな分野の形成など、必要に応じてさらに発展していく。それとともに知の統一性をどう考えればよいのか、知の可能性の条件は何か、といった反省要求が強まるが、答えは容易に見出せず、やがて学術システムの新たな反省理論、すなわち認識論の誕生へと至る。そして、日常的な知と科学的認識とを区別すべきだという考えが浸透すればするほど、つまり両者を分かつシステム境界に注目して学術システムの統一性が反省されるようになればなるほど、学術システムの反省理論はますます精緻化され科学論として発展していくことになる。真か真でないかの区別の統一の意味について何らかの情報が得られうるとすれば（九一頁、図2の?の箇所を見よ）、それはここにおいてである。

しかし、よくあるヒューマニスティックな科学批判が矛先を向けるのは、むしろプログラムの次元である。たとえば、フッサールの印象深い後期の著作では、数学的な理想化、生活世界からの隔絶、意識の主観的で意味創造的な働きとのつながりの喪失といったことが問題とされている。[3] そうした批判によれば、特殊ヨーロッパ的な学術の歴史的発展は、結局は意味喪失に至るとされる。こうした議論においては、コードの統一、つまり真と非真との区別の統一について問いが提起されることもなければ答えられることもない。にもかかわらず、「意味喪失」（まさにこれが意味をもつことは疑いを容れない。さもなければ、あれほど多くの本がこのテーマについて書かれることはありえなかったはずである）については、さまざまな機能システムの分化・自立化によって、とりわけここでは学術研究のための機能システムの分化・自立化によって、翻訳可能である。そうした試みを行う者は、コードの統一を、結局はそのコードを使用するシステムの統一に結びつけて理解すればよかろうと考えがちである。[4] 個別のコード化は当該システムの分化・自立化を可能とし、いったん分化・自立化が起これば、今度はシステムがコードを固定し、制度化し、実際的な有効性を検証することが可能になるのである。

しかしながら、このような回答は、学術コードに固有の特徴に向けてもっと具体化されないならば、あまりに形式的である。この点に関しては、さしあたりつぎの二つのテーゼを提起したい。

1. 学術的な真／非真というコードは、体験《エアレーベン》のコミュニケーション的処理、すなわちコミュニケーションの当事者個人に帰属させることのできない選択の、コミュニケーション的処理のためのものである。個人的特性や生活状況に由来する影響は、それらが有意義な真理あるいは非真理の発見につながらない限り、それら以外の「偶然的事象」同様、攪乱的ノイズと見なされ、除去される。(5) 歴史的に見れば、このことがとりわけ意味するのは、昔の知識学の重要な一部であった誤謬の原因説明が脱人間学化するということである。つまり、原罪だの有限な認識能力だのイデオロギーによる粉飾だのといった含意から解放され、誤謬の原因は学術システムそのものの構造のうちに、つまり理論と方法のうちに求められるようになるということである。誤謬は今や、コミュニケーションのプログラム化における失敗、しかもしばしば有意義な成果をもたらす失敗なのであり、コード化された作動によって発見され、除去しうるものなのである。(6) また、コードはつねに普遍的であり続ける。つまり、体験可能なもののいっさいに対して適用可能であり、もちろん行為に対しても可能である。しかし、何らかの行為を遂行させたり生じさせたりしようとするコミュニケーションには役立たないし、たとえたんに奨励するだけのコミュニケーションであっても同様である。つまり、行為の選択には役立たないのである。こうした点に注目すれば、真／非真を、つぎのようなシンボリックに一般化されたコミュニケーシヨン・メディアと捉えることも可能である。すなわち、同じ意味をもつ体験というありそうにもないことの再生産に役立つことに特化し、行為の制御の方は他のメディアに委ねる、そうしたメディアである。[7] このようにコードに適合する体験にのみ関わるということこそが、学術のコードを道徳や宗教から分かつ決定的な点である。宗教とはたんなる神の体験ではないのであり、神の体験という点ではむしろつねに疑念を抱かせる。人は奇跡を請い願わなければならないのである。[8]

2. 学術的な真／非真というコードは、新たな学術的認識を獲得するためにある。[9] 印刷が可能になって以降、たんに知識を記録し、保持し、見つけ出すだけであれば、大した努力は要らなくなった。いずれにせよ特別なコミュニケーション・メディアのコードが関わらなければならないような、普通ではありそうにもない業績というわけではまったくない。それだけに、新しい知識が生み出されるためには、非常識的であるということだけで誤っているに違いないなどと嫌疑をかけたりしないことがますます必要となるのである。それを可能とするのは、新しいことを好むという、文化史的には普通ではない傾向である。まさに好奇心（curiositas）を尊重するということだが、もちろんこれはこれで条件づけられ、一定の方法にしたがうものにしなければならない。ということはつまり、その限界を自分自身のうちに見出すのであって（共鳴！）、もはや対象のうちに見出すのではないということである。[10] あらゆるものが考察の対象になりうる。それに応じて学術的分析は問題の解決に役立つのではなく、問題の増殖をもたらす。というのも、学術的分析は、解決された問題あるいは解決の見込みのある問題から出発して、さらなる問いを追究するからである。

上記二つの特性記述によって、近代の学術の重要な特性を説明し分類することができる。つまり、

3. 学術の活動は、理論と方法の分化にもとづいて行われる。理論（すなわち研究プログラムの成果としての研究プログラム）とは学術活動の内部的成果を外部化するものであり、それゆえ誰もが体験可能な現実世界に関係づけるものである。そして方法とはコードの適用を導くものであり、それゆえ学術活動の成果に真か非真のいずれかの値を割り振ることを可能とするものである。[11] この場合、決定理論やゲーム理論や統計学の高度に合理的な検証手続きであろうとも、つねに暫定的な確実性しか提供することはできない。[12] これもまた理論と方法の区別の反映である。以上のことからわかるように、理論が学術システムの開放性を表すのに対して方法は第三の値を認めないことでシステムの閉鎖性を表している。ただし、この両者の区別自体は、つねにシステムの内部でのみ意味をもつのであり、したがってシステム固有の作動に関係するだけである。

4. こうした条件のもとで学術システムが作動するようになって二、三世紀が経つと、それによってどんな帰結が生じるのかということもはっきりしてきた。それは理想化とか数学化とか抽

象化などと記述されている事態であるが、そうした指摘では不十分である。起こったことは分解能力と再結合能力の増大であり、分析と総合の産物としての新たな知識の形成である。その際、分析の方が主導的役割を果たすことになる。というのも、目に見える世界を分子や原子というさらに分析可能な単位へ分解したり、生命の遺伝子構造や人間／役割／行為／行為要素という一連の単位へと分解したりするたびに、とてつもなく膨大な再結合の可能性が明らかになるからである。その膨大な可能性たるや学術自体も手に負えないほどである。[13] 社会科学に関して言えば、パーソンズの一般行為システム論がそうした事態の代表例である。

5. こうした発展によって、古典的な認識論の問題設定とはまったく独立に、構造化された複合性をともなった事態の観察、記述、説明という問題が、方法や理論を進歩させようとする努力の中核をなすようになった。[14]「ブラック・ボックス」という考えに始まって作動と観察の徹底した区別や自己言及的閉鎖システムの理論、自己観察／自己記述の独自の論理学、さらにそれらを踏まえた介入理論に至るまで、研究は現実の抵抗に出会い、自己反省を迫られることとなったが、その焦点が構造化された複合性であった。複合性を、システムのわからなさの尺度としても、あるいは理論的に統合されてはいないさまざまな記述の必要性を表すものとしても理解することは、当然の成り行きであった。[15] 学術それ自体は、観察を行っている諸システムを観察するシステムとして理解されなければならなくなった（第5章参照）。それによって同時に理解されたことは、学術もまた、他のシステム同様、自己の構造に依拠して観察を行うシステムに他ならないということである。学術は、自らがつぎのような複合的なシステムであることを見出したのである。すなわち、環境を通じて自ら引き起こした攪乱を拠り所に、自己の計算を新たに計算するシステムである(16)。

6. 構造化された複合性の問題は、もしそれが解決されれば、すべてを知ることへの道が開かれるような究極の問題というわけではない。すべてを知ることは、事実として不可能であるだけでなく、論理的にも不可能である(神学的に不可能、とは言わないが)。なぜなら、それは自分自身を含まなければならないからである。それに対応することだが、自らの複合性に依拠して自己の振る舞い方を定めようとするシステムは、いっそう複合的になるだけである。そうしたシステムは、「複合性を縮減する」ために何らかの作動を行うが、さらに、それが起こっていることを、またどのように起こっているかを観察し、記述するための別の作動が必要になる。それによって、もともとの複合性とそれ以外のことを包摂するさらなる複合性が生み出されることになるのである。エコロジカルな危機に対する社会の共鳴というわたしたちのテーマが学術のテーマになるべきだとすれば、こうした事態が生じることは避けられない。というのも、その場合、学術に求められるのは、社会全体を記述することであり、したがって学術自身をも社会の部分システムとして記述することが求められるからである。記述の記述の記述——限りなく続く。終わりがあるとすれば、学術自身がすべてのシステムに対して仮定すること、すなわち固有の振動数によって制限された共鳴という仮定――場合によってはバイナリーコードによって制限された共鳴という仮定――を学術自身にもあてはめる学術の自己記述においてであろう。沼地にはまったミュンヒハウゼン［が自分の髪の毛をつかんで自分を引き上げようとしたようなもの―訳者］であるが、他のシステムがどのようにやっているのかを見ることは可能となるのである。

以上のようなコードとそれに応じた縮減によってさまざまなテーマ、とりわけ環境問題に取り組む学術システムもまた、その開放性と学習能力を、オートポイエティックな自己再生産の閉鎖性に負っている。つまり、学術システムもまた、自ら構造化した共鳴に制限されているのである。さもなければ、さまざまな情報を学術的に意味あるものと認識し、それらを真あるいは真でないと判定し、さらには理論的連関に組む込むことでそれら単独ではもちえなかったであろう意味を与える、などといったことはできないはずである。

このような制約を認識するための一つの方法は、学術がもともとパラドクスに、つまり決定不能性に由来することに注目してみることである。たとえば、あらゆる理論は比較を促す。そして、より異質なものが比較できるようになればなるほど、理論としての性能は高いということになる。その限りで、学術とは、等しくないものを等しいものとして扱う可能性を探究するものなのである。

理論はこのパラドクスとともに営まれるにもかかわらず、理論がこのパラドクスを解消し、それを通常の研究へと変換するのである。

あるいは、学術は現実の分解と再結合を促進するが、これもまた一つのパラドクスである。すなわち、分解が進めば進むほど再結合はますます困難になり、ますます多方面にわたって影響を及ぼし、ますます「カタストロフィー」を引き起こしやすくなるのである。たとえば原子内部の諸関係を扱う物理学や現代の遺伝学、あるいは人間の振る舞いは社会化過程の産物であり、その過程上の階層に応じた制約は取り払われなければならないといった想定を思い浮かべてみていただきたい。分解と再結合は一体となって推し進められるが、この一体性＝統一こそが比較と同様、新しい知が登場するための、つまり知の獲得のための、条件なのである。そして、そうした条件のもとでは、けっして望んでいるわけではない事態、すなわち統制不能な再結合の蓋然性が高まるという事態が同時に生じてしまうことを、望んでしまうことを避けることはできないのである。

そして、もう一つの際立った、ただしどちらかと言えば古典的なパラドクスは、「他の事情が同じならば」という想定のパラドクスである。この想定は、研究の対象を他から切り離して扱いうるための条件であるが、モデル形成に関する諸前提同様、誤りであることがわかっていながらなされる想定である。(17) 誤った想定を通してのみ、真なる成果が獲得されうるのである。(18)

たった今言及した問題は、エコロジー研究にとって決定的意義を有するので、その点を少し論じておきたい。エコロジー研究では通常エコ・システムという言い方がなされる。しかし、この概念が適切なものでありうるのは、外部との境界を示すことができるときのみである。だが、それは不可能なことである。[19] また、この場合のシステムを境界によってではなく、自己統制によって定義してみても、役には立たない。[20] というのも、自己統制はシステム境界を前提とするからである。そこで、システムとしての前提条件が満たされていないことを認め、エコロジー問題はまさに一つの包括的なシステムの内部の問題ではないというふうにエコロジー問題を定義しても、まだ何とかやっていける手立ては残っている。それは、(ほぼ完全な)分離可能性というサイモン/アンドウの定理に依拠することである。[21] これによって、エコロジー研究の制約に関する、より明確な展望を得ることができる。すなわち、この定理によれば、比較的短い期間であれば、研究対象として他から切り離された部分に対する環境の影響を無視してもよく、長めの期間であっても研究対象の構成単位の内部関係に対する環境の影響は無視してもよいのだが、構成単位の成長や構成単位と環境とのそれ以外の関係についてはそうはいかないということになる。つまり、学術システム内部の問題によって煩わされないですむように、ほぼ完全な分離可能性から出発することができる場合でさえ、つまり相当程度はっきりとした環境との区別を想定する場合でさえ、研究の地平につきまとう事象ならびに時間に関する制約のことを考慮するよう、この定理は要求するのである。この定理は、方法論的には、構造化された複合性の不透明さという問題に対応するものであり、科学論的には、真理は真ではないことにもとづいてのみ獲得されうるというパラドクスのヴァリエーションである。と同時に、先に一つの包括的なシステムの内部の問題ではないと抽象的に定式化したエコロジー問題が、どのように具体的な研究構想へと変換されるのか、そしてそのように変換されることで学術システムの中でどのように共鳴を生み出すのかということを、この定理はよく示している。

以上のきわめて抽象的な解説でも、わたしたちの目的にとっては十分はっきりと学術研究の共鳴能力の特性とその限界を示している。学術研究は、そのほとんど無限とも言える分解可能性によって、かつてなかったほど果てしない可能性を社会にもたらした。学術研究はいわばガラスのような世界を生み出すのである。それは、どこに結晶化しようと、それ自身をそれ自身の内部に映し出すとともに、その透明性を他のものを見ることへと転換する、そんな世界である。想像力はかきたてられ、新たな組み合わせが考えうるようになる。ただし、考えうるのは技術的人工物だけでなく、それの望まざる、もしかすると破滅的ですらある副次的効果も考えうるようになる。ありうるもののすべては、そして現にあるもののすべても、選択である。そして、選択であることで初めて合理的かどうかが問題になりうるのである。ただし問題は、天文学的な数の異なった組み合わせの可能性の中から一つを選択しなければならないとき、この合理性がいかにして合理的でありうるのかということである。これは、フッサールが嘆いた理想化し数量化する数学の世界像とは違うし、ハーバーマスが嘆く技術的道具性の世界像とも違う。それは、内に向かってみても外に向かってみても拠り所となるようなものが何もない世界である。つまり、自分自身を支えとするしかない世界なのだが、支えとなりうるもののすべてが同時に変更可能でもあるような世界であり、社会に方向づけを与えることには役立たない世界である。そして、もしもこれまでの研究の発展から将来を推測することが許されるならば、今後さらに研究が進めば、こうした世界像が、たとえば自然法則のような確固たるものや操作可能なものへと徐々に収斂するのではなく、研究が取り組むあらゆる点で、こうした世界像が新たに生産されるであろう。それによって、最終的に根拠づけられた合理性なるものは達成不能となる。(22) わたしたちにできるのは、せいぜい合理性の概念を修正し、こうした事態に適応させることだけである。

もちろん、以上のような世界像に反する議論はいくらでもある。副次的影響に対する道徳的責任を追及することもできるし、何かをなすべき必要性を強調することもできる。あるいは、以上のような世界像にもかかわらず、わたしたちは「生活世界においては」今なおしっかりと足で立っているではないかということを指摘することもできる。しかし、これらはいわば反発心にもとづく反応、つまり防衛のための意味づけ《ゼマンティク》であって、もしコミュニケーションを通じて流通すれば、まさにそういうものとして観察されるであろうし、もしそのように観察されればその時点で砕け散ってしまうような代物である。

もっとも全体としての社会は、明らかに上記のような学術的世界像を受け入れるつもりもなければ、そんなことは可能でもない。そのような世界像は、たんに研究が含意することにすぎず、あくまでも含意にとどまり続ける。学術が実際に輸出するのは選択意識と技術である。選択意識とは、まだ決まっていない再結合の可能性との関係での選択意識であり、技術とはすでに決まっている、実現可能な再結合のことである。このように選択意識と技術が輸出されることで、他のシステムにとっては、利用できるものとできないものとを選別するという課題が生じる。学術的には可能なことのうち、実現されるのはほんの一部であって、たいていのものは、経済的にであれ法的にであれ政治的にであれ、実現できない。とはいえ、他でもありうること《コンティンゲンツ》の衝撃が伝わることで、他のシステムは自ら生み出した問題に加えて、技術的に可能なことを望まないことも可能でなければならないという問題を抱え込むことになる。こうした状況においては、技術的に可能なものを拒否する能力がますます重要になる。そうした能力は、エコロジカルな危機の原因を作らないようにするために必要になることもあれば、弊害を除去する対策を選択する際にも必要になりうる。ただし、実際に起きやすいのは、経済においては採算性という経済的観点のもとで、法律においては現行法の基準にしたがって、政治においてはその時々の政治的情勢判断によって、この能力が用いられたり用いられなかったりすることである。

13章 政治

ここまで経済、法、学術という三つの機能システムを分析してきたが、それによって明らかになったことは、これらすべてのケースで、それぞれのコードによって閉じられたオートポイエティックな自己再生産がシステムの開放性の条件であるということであり、したがって共鳴能力とその限界の条件であるということである。社会がこのような機能システムへと分化し、各機能システムが自立化したことで、それぞれの可能性の地平が広がったことは、各システムに一致して認められることである。しかし同時に、個々のシステムにおいて、生じうる共鳴の限界がどこにあるのかということも、かなりはっきりしたはずである。まったく同様のことが政治システムにも当てはまる。

今日においても古い伝統にしたがって政治に特別な位置づけを与える主張がなされる。かつてはプラトンとアリストテレスに由来する考えの影響を受けて、社会そのものが政治的に構成されたシステム、つまり市民社会（societas civilis）と理解されていた。こうした理解においては、政治的統率は完全な共同体（communitas perfecta）であるための不可欠な構造条件であった。政治の機能は、社会の分化構造において特別なシステム上の位置と結びつけられていた。身体の比喩においては、政治の機能が頭あるいは心と同一視されたし、別の表象では、頂点あるいは中心という位置を占めていた。今日においても、社会の統合や、他では解決できない諸問題の解決が、もっぱら政治に期待されている。一例だけ挙げれば、ジャン・ビヒラーはかつてと同様、政治が社会の中心だと見なしている。だが、その中心に関する独自の定義は、すでにそれだけで、社会の中心という想定を疑わしめるに十分である。「社会システムの中心とは、最大の力を最大の感受性と結合する活動である(1)」。

そういう位置づけもかつては説得力をもっていたが、それは社会システムの構造的分化の支配的形態がまさにそういう位置づけを可能にするものだったからである。つまり、階層的分化との関係で「頂点」という言い方が可能であったし、それと併存していた中心と周辺への分化との関係では「中心」という言い方も可能であった。後者の分化は、一方では都市と農村との区別によって、他方ではヨーロッパとその植民地との地域的分化によって、次第に明確になっていった分化である。

だが、こうした前提が変わってしまったのである。すなわち、今や社会的分化の第一義的構造は、さまざまな機能システムの区別に結びついているのであって、現代においてもなお世界社会は相当程度、階層的に、あるいは中心／周辺的に分化しているにせよ、それもまた、各機能システムの活動の結果なのである。世界社会の政治システムが、戦争の危険性がつねにつきまとうにもかかわらず、それぞれの国家へと地域的に分割され固定化しているのは、それなりの政治的理由があるからであるし、中心と周辺への分化、つまり高度に発達した地域とこれから発展を必要とする地域との分化を強いているのは経済的理由なのである。

このように機能的に分化した現実に適応しない政治理論は、政治の可能性に関して過大評価と諦念との間を行ったり来たりすることになるであろうし、それに応じて過大な約束をしたり、失望を与えたりすることで読者の気を引こうとするであろう。政治それ自体も、政治にもできないことがあるということを認めないのであれば、同じディレンマに陥る。政治が、事態を適切に処理すべしという期待を一身に背負っているかのように見えるのは、もっぱら政治に訴えることに対して何の制限も設けないからである。だからこそ期待と失望とが再生産されるのだが、なぜそのような政治が生き延びられるのかといえば、期待と失望との再生産が繰り返されるテーマをつぎからつぎとじつに素早く取り替えることができるからである。エコロジー問題が政治にもち込まれることは、こうした期待と失望の間で人びとを振り回す効果をさらに強めることになるかもしれない。というのも、エコロジー問題においては、きわめて多くのことを政治がなさねばならないということと、実際にはわずかなことしかできないということとが、じつにはっきりしてしまうからである。かくして政治システムは、別の政府を試してみたり、別の政党を試してみたり、場合によっては政治体制を変えてみたりということを、つねに繰り返すことになるのである。じつはこのような観察によって、わたしたちはすでに政治の特殊な共鳴能力とその限界を分析するという作業の真っ只中にいるのである。

　実際には政治システムも特定のコードによって分化・自立化したのであり、それによって固有の作動様式における閉鎖性と、環境への言及と政治プログラムの変更とによる開放性とを獲得したのである。コードは、政治権力が国家へと一元化されることで与えられている。今や権力が政治的であるのは、それが集団的拘束力を有する決定を擁護するために用いられうる場合に限られ、誰にその権限があり誰にないのかという問いは、誰が国家の役職に就いているかという問いを意味するようになった。経済における貨幣経済と貨幣の使用の場合と同じように、これによって、昔の言葉遣いとは違って政治的なものの意味するもの《ゼマンティク》が大幅に制限されることになった[2]。国家の役職上の決定へと収斂することで、政治は統一としてではなく、差異として確立される。つまり、公的権力がそこにおいて行使されるとともに、誰が、どのような問題で、どれだけの政治的影響力をもつのかを規制することになる地位を、占めるか占めないかが問題なのである。ただし、国家が行う決定だけが政治だというわけではない。そこに至る以前の全領域が、国家が行う決定の何らかの前提——プログラム、組織形態、各地位への人の配置であれ、あるいは国家の決定にもとづく個別具体的な決定であれ——に対して影響をおよぼそうとする限りで政治的なのである。つまり、国家における地位構造が政治のコードとしての役割を果たすにしても、あくまでも政治の全領域にとっての統一的コードなのである。そして、このコードは、総量一定の原理と一方か他方かの二者択一を確定する。つまり、人は、議会、政府、行政機構内の地位を占めるか占めないかのいずれかでしかありえないのであり、これによって政治は、一定の政治的グループが議会の過半数を制しているか否か、大統領や首相あるいは政府の要職を占めているか否かに応じて政府与党か野党のいずれかになるというふうにコード化される。たとえば「緑の人びと」のように、政治的運動がこの二者択一にしたがわず、政府側と野党側の両方で同時に活動しようとすれば、それはシステムの構造条件を理解していないということであり、そうした運動が成果を収めるということは、結局はさまざまな困難をもたらすことになるだけである。

政治というこの機能領域においても、コードが抽象的であることが、プログラムの流動化と適応に貢献する。国家の職務のすべてがいっぺんに適切な人びとによって占められるということはありえない。たとえば、由緒正しい王家の人びとによって占められ、その意味で正統的に占有されるなどということはない。ある人がある官職に就いているという事態は、たまたまそうなった《コンティンゲント》ということとであり、誰かが官職に就くということは人物とプログラムが選択されたということである。したがって、その選択は繰り返し検証にさらされる。選挙と組閣とは、一定期間コードとプログラムとを一致させることに役立つ。つまり、人物的にも実務的にも、選好されたプログラムを確実に遂行してくれるように思える人びとに、政府を委ねることを可能にするのである。ただし、あくまでもコードとプログラムとの構造的分離が前提である。ということはつまり、別のプログラムにも選択される可能性があるということである。

これによって達成された政治の複合性をもっともよく認識しうるのは、歴史的比較のために国家理由の理論へと立ち戻ってみるときである。すでに一六〇〇年頃にも「国家の統治」という言い方がなされていた(3)。しかし、国家の概念において、国家機構と役職を占めること、とりわけ領主による指導的役職の占有とが、はっきりと区別されていなかった。それゆえ、国家理由の必要性は統治一般の必要性によって正当化されてはいたが、真のねらいは自分たちが統治者であり続けることを人びとに納得させることであった。換言すれば、支配を意味する概念と国家を意味する概念とが、まだ分離していなかったということであり、それゆえ「国家とは私なり」と言うことができた。したがって、指導的役職のコード機能、つまりその役職を誰かが占めているということは他者がその役職を占めていないということを意味するという事実が、プログラム機能に対して区別されていなかったのである。つまり、誰によって、どのような問題に関するどのようなプログラムにしたがって、適切に統治されるのかという問いと区別することができなかったということである。これらの問いが分離してはじめて、選挙において表明されるそのときどきの人民の意志に基準としての機能が与えられるようになるのである。その代わり、役職を担っているというコード上の値は、真というコード上の値、あるいは財産ないし貨幣を所有しているというコード上の値と同様、もはや基準ではない。したがって、政府の要職に就いている者は、今日においては、概念的に厳密な意味で、もはや権威を有してはいないのである。つまり、役職の担い手として適切に振る舞うだろうという推定を他者に要求することはもはやできないのである。

公式の記述によれば、こうした事態は、あたかも人民の意志があらかじめ指示する目的を達成するための手段として、政治権力と官僚制「装置」が、役職の担い手に委ねられているかのようである。こうした記述は、マックス・ヴェーバーもなお受け入れていたが、すでに中世において、そのときどきで変わりうる《コンティンゲント》人民の意志の遂行ではなく、完全な共同体（communitas perfecta）の実現が問題だったという違いはあるものの、同じように考えられていた。そうした理論から導き出される帰結、たとえば「委譲された権限は委譲されない」といった問題は、今日においても憲法学者を煩わせている。しかしながら、目的／手段という図式は、権限の委譲という図式同様、あまりにも単純すぎる構造記述である（特定の観察者にとってはそのように単純であってよいし、あるいは単純でなければならない、ということは否定しないが）。だから、わたしたちはこれらの図式を、コード化とプログラム化の分化というテーゼで置き換える。役職に就いている者が政治的権力を行使するというコードは、この政治的権力がつねに特定の誰かの手中にあることを保証する。つまり、政治的権力はそれ固有の条件にしたがう限りであらゆる社会的権力に対して用いられるということによって、分化・自立化した政治システムのオートポイエーシスは継続されるのである。同時に、これによっていかなる状況においても、誰が政治的権力を握っているのか（あるいは、誰が政治的権力の名において行為しているのか）、誰がそうでないのかが明らかである。そして、その区別があることで、別の統治プログラムの提案とともに野党勢力が組織されうるのである。もしこの条件が満たされなければ、つまり野党の存在が許されなければ（あるいは、非公然の形でしか許容されないならば）、社会システムの政治的階層化が起こるという代償を払うことになろう。それは政治の分化・自立化を制限することになる。つまり、政治はコードを通じてではなく組織を通じて作動することになるが、それがエコロジー政策にとってよりよい出発点を提供することはないであろう。

ところで、コード化とプログラム化が分化するとは言っても、もちろん両者の間に関連がないわけではない。そもそも役職の担い手となること、つまりプラスのコード値を取ることを、そのこと自身のために、あるいはそれによって得られる収入のために、追求することはできないということからして、関連はすでに成立している。(4) 役職に就こうとする者は、どのように政治的権力を行使するつもりなのか、その際、何を正しい行動と見なすのか、表明できなければならないのである。分離したコードとプログラムとをこのように架橋するために、第二のコード化が普及するようになった。すなわち、その中身はじつにさまざまでありうるのだが、フランス革命以来、復古的（保守的）政治と進歩的政治との区別が存在するようになった。しかし、このコード化は、現実の社会変動のダイナミズムとほとんどつながりをもちえず、したがってどこまでも「イデオロギー的」であり続けることは、すでにはっきりしている。それゆえ、最近ではこの区別に代えて、国家の役割をより制限的に考える立場とより広く考える立場との区別を用いようとする傾向がはっきりと現れている。(5) このようにして、一方でコードのバイナリー構造がコピーされると同時に、他方で何を正しいと見なすのかという問題にとっての選択判断のための観点が示唆されるのである。

これまでの話はすべて、政治システムの共鳴能力というわたしたちのテーマにとっては、前置きにすぎない。それが示しているのは、政治システムの作動もまた、分化・自立化した機能システムの一般的作動様式にしたがうということである。(6) したがって、政治システムに社会における特別の位置づけを与えること、たとえば一種の指導的役割とか環境問題の解決に対する一括責任とかを負わせることは、ほとんど意味がない。政治システムもまた、自己のオートポイエーシスの外では活動できないのである。つまり自己のコードから外れて、あるいは自己のプログラムなしでは、活動できない。もしそんな事態が起こったとしたら、そのような行為は政治とは見なされないであろうし、政治との接続も不可能であろう。人びとはそれを必ずや何か別のものとして認識するはずである。たとえば社会運動としてかもしれないし、犯罪としてかもしれないし、あるいは若者の未熟さとしてかもしれないし、はたまた奇抜な流行現象やアカデミックな現実離れした議論としてかもしれない。つまり、政治もまた、それ固有の振動数の範囲内でのみ共鳴可能だということである。もしそうでなければ、そもそもシステムではありえない。政治システムは、実行可能な政治のみを実行するのであり、しかもその実行可能性の条件はシステム自身の内部で統制され、場合によっては変更されなければならないのである。ぜひ銘記してほしいのは、ここで問題になっているのは他のすべての場合と同様、自然法則的な制約でもなければアプリオリに定まっている不可能性の条件でもなく、オートポイエティックな自律性と機能的な分化・自立化とから生じる帰結だということである。

政治的共鳴が生じるのは、何と言っても本来の主権者たる「世論」が、議員たちの再選の可能性に影響を与えそうな動きを示すことによってである。法律違反事件やスキャンダル等々も、このようにして政治に反映する。(7) しかしながら、世論と並んで忘れてならないのは、人物の選択もまた、政治がさまざまなテーマにどれくらい敏感に反応するかを左右しうるということである。政治家や政党の幹部たちの中にはエコロジー問題により多く関心を抱く者もいれば、それほど関心を抱かない者もいるだろうし、より積極的に関わろうとする者もいれば、あまり関わろうとしない者もいるだろうということである。しかもこのことは、すべての政党にわたって言えることだし、官僚たちにさえ当てはまる。こうしたシステムのセンサーのことを考えれば、政治システムの共鳴能力を拡張する可能性を追求することが、政策プログラムの重要な柱になりうるであろう。ただし、共鳴(Resonanz)と、くどくどと理屈を並べ立てること(Räsonanz)とを取り違えてはならない。さもなければ、「緑の」諸党派とともに生じたような効果が生じてしまう。すなわち、彼らが主張する原理原則に関しては彼らはまったく正しいのだが、問題は彼らの話にじっくりと耳を傾けられる人はまれだということである。

政治的共鳴に関する変更不能の制限は、とりわけつぎの点に存する。すなわち、システム固有のメディアたる政治権力は、物理的強制力を統制下に置くことによってその効力が保証されているが[8]、そのような政治権力は高度に複合化した社会ではごくわずかしか行使の可能性がないということである。エコロジー問題の解決のために、そのような権力をあからさまに行使するなどということは、ほとんど不可能である。考えてもみていただきたい。全体としての社会とその環境との関係を改善するために直接人びとを強制しようとしたところで、いったい誰にどういう行動を強制すればよいのやら。さらに政治権力には独特の制限がある。それは、政治権力が究極的には物理的暴力による威嚇に、つまり恐怖に依拠しているので、政治権力は不安を禁ずることもできなければ防ぐこともできないという制限である[9]。暴力に対してであれば暴力を用いて戦うこともできるのだが、不安に対して不安によって戦うことはできない。むしろ不安に対して不安をもって対処しようとするならば、政治そのものの内部に独特のディレンマが生まれる。つまり、過度の不安が事態を悪化させかねないということに対する不安を、政策的に強調するならば、そのこと自体が政治的要因として政治に跳ね返ってくるのである。このことは、政治が共鳴しうる範囲が広がることを意味しない。その反対である。不安に対処する可能性はわずかしかないのである。それゆえ、「緑の」政治が、こうした不安を基盤として活動している限り、エコロジー問題に対して合理的な態度をとろうとせず、自分たちが心配する対象を直接何とかしようとするのは偶然ではない。そうした態度は結局、何でも反対という政策に通じる。原子力エネルギーをいっさい使わない、コンクリートの滑走路をいっさい作らない、一本も木を切り倒さない、一軒も家屋を取り壊さない、等々。こうなると、政治システムの限界は、物事の進行にストップをかけることしかできないという形で現象することになる。しかも、ストップをかけることを正当化するためにもち出されるのは「原理原則」のみであり、結果に対して責任をとることは問題にならないのである。このことがとりわけ意味することは、環境政党が、自分たちだって統治者としての責任能力があるのだということを、政治的コード化の文脈で示そうとするならば、相当苦労するだろうということである。というのも、その場合には、政治システムの普遍性と開放性を正しく評価できなければならないからである。つまり、システム内に登場するすべての問題に対して、基本的な方向性を示すプログラムを発展させていくことができなければならないのである。

しかし、あらゆる問題に対応しようとする政治であっても、それが用いることのできる手段は本質的に二つに限定されているように見える。それは法システムと経済システムへの干渉を要求する手段である。政治は、現行の法秩序に適合するという条件を満たす限りで、法律を制定することができるし、支出した場合に生じる支払い無能力をどこかに転嫁できる限りで、お金を支出することができる。別の言い方をすれば、新しい法律に対して承認を得るためにも権力を用いることができるし、反対給付なしでお金を調達するために権力を用いることもできるのである。いずれの可能性も、法システムまたは経済システムが自ら生み出すことができるであろう秩序の可能性を拡大する。しかし、いずれの可能性にとっても、法システムと経済システムが機能し続けることと、それぞれのメディアを再生できることとが、大前提である。法律を制定したり、お金を徴収したりということが可能であるためには、法システムも経済システムもそれぞれ十分な法的構成要素と十分な資本主義的構成要素を備えていなければならない。いずれの場合も問題になっているのはゼロサム・ゲームや権力行使と抵抗といった問題ではなく、システムの性能アップのための可能性の条件なのである。法システムがシステムであるのは、法律関係のさまざまなコミュニケーションを調整し、相互関係を通じて正当化することができる場合だけである。なぜなら、法律に関係するコミュニケーションであっても、その場限りでのコミュニケーションで、状況が変わるとともにそのコミュニケーションも消えるようであれば、それは法とは見なされず、利害の主張としてしか認識しえないからである。経済システムがシステムであるのは、支払いによって支払いを産出することができる場合だけである。なぜなら、もしそうでなければ、貨幣の受け取りは停止し、それとともに経済のオートポイエーシスも途絶えてしまうからである。政治の道具として法や貨幣を利用する際は、それがどのようなものであれ、こうした制約に直面する。もっとも、いかなる場合にこれらの制約を踏み越えてしまったことになるのかを認識することは難しく、たいていは後で振り返ってみて初めてわかるものである。そして、政治は権力を用いることができ、強制力をもって威嚇することができるがゆえに、法と貨幣の政治的利用は、こうした制約を踏み越えることができるし、そうしたことが起こるということを例証する事例もいくらでもある。しかしながら、長期的に見れば、それは政治そのものの道具化という代償を払うことになるのであり、まさに環境政策こそは長期的な見通しを必要とするのである。(10)

もう一つ別の制約は、政治的権力のコード化が領土国家という限界内でのみ成立し(11)、いずれにしろ今のところは、エコロジー問題の各国政治への変換を規制するための有効な国際法が存在しないことから生じる。この制約はほとんど批判しようがない。なぜなら、エコロジー政策はつねに他の利害や観点との比較検討を通じて決定されなければならないので、その政策の決定と、政治的責任を明確にし選挙で審判を仰ぐ仕組みと結びつけることには意味があるからである。もちろん、こうした仕組みに不都合なところがあることは、つぎの点からも明らかである。すなわち、社会がその環境におよぼす影響は、一定の地域内に限定されえないことが多いことである。異常に多いエネルギー消費をやめようとしないアメリカ合衆国、核廃棄物の最終貯蔵施設を自国領土のできるだけ辺境にもっていくこと、厳しい法的義務から逃れるために、環境政策を放棄することで「有利な立地条件」を提供する諸国に生産拠点を移転すること、排出ガスの規制に関する不一致。これらはほんの一部の例に過ぎないが、社会の政治的共鳴が領土主権によっていかに制限されているかということを示している。

ところで、政治的共鳴が独自の論理に服するのは、空間との関連においてのみではない。同様のことは時間との関連でも生ずる。しかも、政治にとってのきわめて重要な制約が、時間との独特な関わりから生ずるのである。一方で、選挙をきっかけに短期間で政治方針が変わることを覚悟しなければならない。そして、政治的プログラムにおいてエコロジー重視を掲げたり経済重視を掲げたりすることは、選挙民に投票を呼びかけるという点で望ましいことなのだが、方針転換がなされた場合の影響はいっそう大きなものとなるであろう。それは、長期的な観点に立ったエコロジー政策という、つねに要求されることとは相反することである。しかし、少なくとも所与としてのそのときどきの状況にもとづいてエコロジー優先の政策と経済優先の政策との間で方針転換が起こりうることは、つねに頭に入れておかなければならないだろう。他方で、政治によって導入された規制は、いったん施行されると、手直しが必要になってもなかなか変更されないことがしばしばである。つまり、前提がすでに崩れているのではということがだいぶ前から疑われ、それがもたらす弊害もだいぶ前からわかっている場合であっても、現行の規則や制度を改めて検討の対象としたり、いったん成立した妥協をご破算にしたりすることは、なかなか困難であり政治的に得策でないこともしばしばである。現行制度と同じくらい望ましい状態がもう一度成立するのかどうかは、誰も前もって知ることはできないからである。こうした観点からすれば、環境財に対して「政治的代価」を支払うよう勧めることはなかなかできないであろう。現に住宅市場や農産物市場に代価を割り当てて、それが失敗だったということがあるだけに、慎重にならざるをえないはずである。

このように、少なからざる問題が、一方であまりに早すぎる方針転換にさらされ、他方であまりに遅すぎる転換を甘受せざるをえないことになる。いずれにしても個々の政治的テーマは、一まとめにすることのできないじつにさまざまな時間地平を有するのである（それはそれで一つの慰めでもあるのだが）。加えて、政治の時間構造が他のシステムの必要と調和することはほとんどなく、ましてやエコロジカルな環境における変化と調和することはさらに少ない。たとえば「森林の枯渇」に直面すれば、自動車の排気ガスに関する新たな基準作りが政治的に急務だと見なす人もいるであろう。しかし、それは政治が取り組む多くの課題のうちの一つにすぎず、しかも政治がますます多くの人びとの協力と合意形成に依存するようになればなるほど、取り組みがどんどん遅れたり、予期せぬ新たな障害が現れたり、だいぶ前から時代遅れになっている規制が存続することになったりといった可能性がいっそう高まるのである。

以上のような事情を踏まえれば、この章で論じてきたようなタイプの競争民主主義が、そもそも環境に関する諸テーマを、論争を通じて政治の中にもち込むことができるのだろうか、という疑念が提示されてきたことはもっともなことである。[12]問われれば誰もがエコロジー問題は大事だと思っていると答え、自分も何かするつもりだと言うであろうし、このテーマ自体、じつに華々しい経歴のもち主である。にもかかわらずである。多くのことがなされたとは感じられないのである。政治家たちは、何かしなければならないということについては直ちに意見の一致をみた。しかし、どうやら、積極的に対策を講じても選挙で得票を減らす心配をせずにすむくらいまで問題が深刻になるのを待っている、というのが実態のようである。じつは、これまでさまざまな困難をもたらしていたのは、環境に関する諸テーマを政党間の競争にもち込むことそれ自体なのである。つまり、一方の政党が他方の政党よりも、経済を犠牲にしてでも（ということは働き口が減ることもありうるということ）長期にわたる環境プログラムの実現を重視し、そのような他党との違いを強調して選挙に臨む、という意味での違いを生み出すことである。しかし、そのような振舞いは、自らを「国民政党」と呼び、選挙での得票率がほんの数パーセント変化しただけで大騒ぎをする政党にとっては、まだまだあまりにリスキーのようである。とはいえ、そうした事態が変わる可能性は十分あるし、問題の深刻さが過度に強調されがちな環境関連の諸テーマが、旧来の社会福祉関連の諸テーマをますます押しのけるようになる可能性も十分ある。共鳴が限られた範囲でしか起きないということはこれからもつねに意識しておかなければならないだろうが、だからといって、競争民主主義と、政権につく可能性がつねに開かれていることによる政治のコード化が、エコロジーの諸テーマにおいてはうまく機能しないと決まっているわけではさらさらないのである。

14章 宗教

環境問題に関する討論には神学者も招待される。彼らに何か隠れた動機や利害があるわけではないし、討論する能力も十分あるし、とにかく一生懸命であることは間違いない。しかし、エコロジーに関する討論への彼らの貢献となると、内容が乏しいどころではない。一般に彼らは、特別宗教との関連がなくても思いつくし考えられることのみを繰り返すだけである。具体的なイメージや言葉、警告や呼びかけのうちに隠れているのは、一般的な立場であって、それは現実の問題に面と向き合うものではない。たとえば、技術と科学と経済関係が単独で圧倒的な支配権を握るようなことがあってはならず、与えられた自然の中で人間の文化を形成するための補助手段であるべきである、といった文章を目にしたりする。(1) このように言う者は、じつはこのように言わないこともまた可能なのである。このような言い方では不十分である。こうした言明をさらに神学的に言い換え、神と結びつけたところで、何の役にも立たない。

以上のことを踏まえたとき、宗教システムの共鳴能力はどのような具合だろうか。このシステムの作動は、どのようなコードとどのようなプログラムにしたがっているのだろうか。このシステムの共鳴は、どのような構造によって可能となり、したがって制限されているのだろうか。

宗教上の問題においては、他のどの領域よりもずっと早くから(それゆえに厄介でもあるのだが)コード化とプログラム化の分化が定着していたようである。非常に早い段階の宗教では、聖なるもの自体がパラドクスであった。つまり、熱狂的な崇拝の対象であると同時に畏怖の対象であり、人を魅了して引きつけると同時に人を突き放すものでもあった。そうした聖なるものとの接し方は、儀式やタブー化、可視的な象徴としての複製、あるいは神話物語りといった硬直的な(しかし実際に利用できる)形式によって呪縛されていた。こうした事情を背景として踏まえることによってのみ、宗教の道徳的コード化が果たす役割を理解することができる。つまり、これによって歓喜と不安の併存という事態が、善い行いと非難すべき行いという道徳コードと結びつけられ、それによって脱パラドクス化されるのである。今や善い行いを行った場合のみ、神の側にあって幸せな気分でいることができ、悪い行いを行った場合のみ、神を恐れなければならないのである。それに応じて、救済されるのか断罪されるのかという見通しも立つようになる。神自身は善なる神であり、人間には理解できない仕方で悪を脱しているか、さもなければ人間には理解できない目的のために悪を利用する。同様に、宇宙《コスモス》も善い原理を有しており、その原理が善いと悪いの区別を自ら解き放つ。

しかし、このような脱パラドクス化のヒエラルヒー的形式は、かなり早い時期から疑問や懐疑を呼び起こしてきた。たとえばヨブのような宗教の観察者は、宗教システムにとって必然的と思われていたことを、突然、他でもありうることと見なし、「なぜ」と問うことができた。こうしたパラドクスに気づいてしまったことで、宗教の反省は、すでに初期段階から大いに悩まされることになった。そして、宗教システムを導く反省は、宗教はたんに道徳的二分法のためだけに、つまり善い行いと悪い行いとの区別に仰々しくお墨付きを与えるためだけにあるのではないということを認めざるをえなかった。かくして、宗教のコード化は、道徳とは一線を画することになった。道徳的問題が何の役割も果たさなかったというのではない。その反対である。しかし、だからこそ宗教は、善い行いと悪い行いの区別のみに頼ることはできないのである。たしかに一時的には、天国と地獄の区別のような道徳的宇宙論によって、宗教が覆い尽くされることもあったが、人間の道徳的選別はやはり宗教の本来の関心事ではなかったし、そうなることもなかった。特に中世末期になると、それはむしろ、神が立ち向かわなければならない（マリアの執り成しによってだが）悪魔の仕業と見なされるようになった。たしかに善悪を判定するなどというのは不遜なことであり、まさに悪魔にそのかされて罪を犯すことであった。だからこそ、道徳は悪魔が作り出したものであるという認識がかなり早い時期からどこかで成立していたのである。

このように、宗教のコード化は道徳と同じというわけにはいかなかったが、かといって道徳から切り離すこともできなかった（悪魔もまた宗教によって条件づけられた能力《ポテンツ》である）。しかし、宗教の究極的な区別は、内在と超越という区別である。[2] ここでいう超越とは、今日では、別の世界とか、到達不能なほどの高みあるいは深みにある世界の別の領域などと考えられることはほとんどなくなり、一種の第二の意味として、つまり世界についての何ものも欠落させることのない完全な第二の把握と考えられている。そこにおいては、自己言及が他者言及として、複合性が単純性として（ヴァレリー）、欺くことが欺きえないこととして、意味をもつ。

ここでもまたすべてのコード化について言えることが当てはまる。すなわち、社会の中で自ずと定まっている現実がつねにすでに与えられているわけだが、その現実の背後に一つの想定が置かれることで、現実が二重化されるのである。現実は一つの区別によって同定されるのであり、つまりはこの区別の枠内で指し示されるのである。この差異の統一こそが（超越そのものが、では決してない）宗教のコードである。このコードに対しては、じつにさまざまな意味づけ《ゼマンティク》が存在し、それによって宗教システムはいくつもの異なった宗教へと分化することになる。たとえば、天と地の区別の創造を通じて神自身は世界から遠ざかるとされる創造神話。あるいは、神聖なもの／世俗的なものという区別の導入。これによって、自然の脱神聖化が、宗教の特定化の条件となり、かくして宗教的に解消しえないものとして確定する。あるいは、信仰を通じて歴史的に立証された、イエスは救世主である、という想定。あるいは、中世末期から近世初頭にかけての、道徳的選言による第二のコード化。それによれば、罪人が悔恨と恩寵によって救済される可能性があるのに対して、正しき者が、まさに自らを正しいと見なすことで、つまずくとされる。(3) このように内在と超越という純粋な区別は、じつにさまざまな仕方で意味づけが与えられることになるが、まさにその意味づけという点で、それを説得力あるものと思わせる諸条件が進化するという過程にさらされることになる。それゆえ、まさに現在そう思われているように社会が新しい状況に至った場合、ただちに宗教のコード化が疑われるようになるわけではなく、まずは宇宙論や神学によるコードの意味づけの方が批判的な吟味にさらされることになるのである。それによって同時に、コード化とプログラム化とのシンボリックな媒介も疑問に付されることになる。

図3は問題の概要を示すものだが(九一頁の図2参照)、これからわかるように、宗教システムの場合は他の機能システムの場合とは違う場所に未解決の問題がある。

さまざまな機能システムに分化した近代社会は、コード化とプログラム化のいっそうの分化を推し進めるということが正しいとすれば、宗教にとって問題が生じるのは、コードの統一の反省においてというよりは、システムのプログラムの統一の反省、つまりシステムの目標や作動の適切さの条件の反省においてである。この点で宗教システムは、正義や豊かさや知ることのような機能的にすでに分化・確立した適切さの定式と競合することになる。正義や豊かさや知ることといった点での進歩を人びとが期待し始めるようになるにつれて、つまり一七、一八世紀になると、宗教の適切さのプログラム自体が問題となった。救済と劫罰、天国と地獄、神の愛と神への畏れといった、いまだに道徳的に意味づけられていた区別は次第に重要性を失っていった。地獄が完全に説得力を失う一方で、「神」から「啓示宗教」への思想的歩みや、超越へと至る道筋を聖書の諸規則に即して定めることは、いずれも教義上の問題であり、しかも人が教義を信じるのは教義を信じるときのみであるという洞察が強まった。[4] かくして、一方でコードを道徳的に基礎づけることと、他方での教義における他でもありうる意識の強化との区別が曖昧になった。両者は相互に条件づけあい強化しあう。システムの統一、すなわちコード化とプログラム化とのつながりは、もはや教義としては勧められないようなやり方で、かろうじて保たれうるだけであった。

図3

	コード	プログラム
統一	神	啓示
作動	内在／超越	聖書の規則

こうした変化とともに、宗教的意味づけによって支えられていた宇宙論も退場することになった。すでに大昔の伝統においても、自然を直接宗教的に意味づけることはなくなっていた。なぜなら、それを放棄することによってのみ、宗教がそれ以外の世界から区別される特別な存在として社会の

中で形を整えることが可能となったからである。すでに言及したように、自然の脱神聖化が宗教の特定化の条件なのである。近代初頭になると、この自然の脱神聖化は、それが依拠する意義づけの枠組みを変更して推し進められた。すなわち、自然の脱神聖化は、もはや宗教的必要を第一義とするのではなく、科学的あるいは経済的必要を第一義として推し進められるようになったのである。そして、宗教はその過程に異を唱えることはできなかった。なぜなら、宗教もまた、いわば同じテキストを使って教えを説かなければならなかったからである。

さしあたり試みられたのは、宗教的区別そのものを美化し、この世の乱雑で苦渋に満ちた好ましからざる秩序というパラドクスを解消することだった。神のメッセージの暗号化や神の変容といった想定を放棄してしまえば、秩序はパラドクスとして現れる。「この世における無秩序は見かけにすぎない。この上もなく無秩序と見えるところこそ、本当の秩序ははるかにすばらしいのであり、ただわたしたちの目には、それだけいっそう見えにくいだけなのである。(5)」内在/超越の区別は、顕在的/潜在的の区別へと弱められ、神の「示唆［指さし］」(特別な天命）は「見えざる手」となる。その際、顕在的構造は潜在的構造よりも逸脱に対して敏感であるということが大いに利用される。つまり、顕在的/潜在的という宗教コードの変異形とともに、顕在的構造においては逸脱は起きうるものだし逸脱に対して敏感なものであるといった議論もまた当然のごとく行われるようになり、そのようにしてさしあたり宗教は救われることになった。

楽観主義的に前進する社会は、自ら生み出した諸問題が引き起こす動揺を、このようにして押さえることができた。[6] しかし、現在直面している未来の不確実性を思えば、目には見えないがすばらしい世界の秩序が存在しているはずだなどと思ってみたところで、大した気休めにもならないであろう。弁神論の問い、すなわち、神はこれらすべてをどのように許し給うのか——なぜ原子を完全にコントロールできるように創造されなかったのか、なぜ化学肥料を容認されるのか、なぜコンツェルンの支配者たちが好き勝手に振る舞い支配することをお許しになるのか——と問うたところで、これまた大した助けにはならない。そもそも神がいかに正当かと問うこと自体、現実の問題からずれてしまっているのであり、いずれにしろ真に取り組むべき問題に取り組むことにはならない。問題なのは、コードからプログラムを導出することはできないということである。そのため、いかなるコード化においても、コードとプログラムの橋渡しのための何らかの意味づけ《ゼマンティク》が必要となる。たとえば、理論形成の理論（科学論）、立法の正統化のための理論、資本主義または社会主義の経済的優位性に関する理論、等である。まさにこの点で、現在の宗教システムはこれらに対応するものを提供できずにいる。しかも、これらすべての橋渡しの意味づけに対して懐疑を抱くのは当然であり、現に懐疑が表明されていることを思えば、いかなるものであれ橋渡しの意味づけを提供しようとすることに対しては慎重にならざるをえないのである。

こうした事態が変わらない限り——そもそも変わりようがあるのだろうか——、宗教であれ、宗教の名において語る神学であれ、社会が環境の危機に共鳴することに対して貢献することはほとんどできない。もちろん森林の枯渇や大気汚染、原子力の危険性や人体に対する過剰医療に対して、誰もが言うように宗教も批判的見解を表明するであろうが、それはそれらの問題がまさに問題として明らかになった後でのことであろうし、純粋に宗教的な問題の捉え方によって決定的な影響をおよぼすということもありそうにない。結局、あらかじめ社会全体に問題意識が広まっていることに宗教は依存しているのである。そして、それがいったいどういう意味をもつのかということを確かめたい事柄や、まさにエコロジー問題との関係で他にやりようがないがゆえに長期的には環境にどのような影響をおよぼすのかわからないというリスクを抱えたまま実験したり対処したりせざるをえない事柄に対して、神学がやっていることといえば、警鐘を鳴らし人びとを不安にすることであり、さもなければ沈黙することである。厳しい言い方をすれば、神学は人びとに提供すべき宗教をじつはもちあわせていないのである。(7) 今日の宗教は、社会的な問題状況に対する一種の寄生者――排除された第三項のシステムへの復帰というミシェル・セールが言っている意味での寄生者(8)――として発展していると言いたくなるくらいである。換言すれば、宗教は、他のあらゆるコードのバイナリー構造と第三項の排除からその生命の糧を得ているということである。つまり、それらのコードに対して統一性に関する定式を提供し、それによって排除された第三項の包含を可能とするがゆえに、生命の糧を得ているということである。しかし、これは他方でつぎのことを意味するのではないだろうか。すなわち、宗教は適切な作動に関するプログラムについては他の社会的機能システムに委ねざるをえず、独自のプログラムを提示するにしても、せいぜい出来の悪いものを――たとえば、原理主義的、具体主義的、奇跡論的、終末論的なものを、あるいは「新たな神話」という形で――提供できるだけなのではないのかということである。

こう問うとき、わたしたちは一覧表を見るかのように、改めて、エコロジカルな危機に対して社会はいかに共鳴できるのかという問題の全体に向き合うことになる。共鳴は、構造的制約によってのみ、複合性の縮減によってのみ、選択的なコード化とプログラム化によってのみ生み出されるのであり、したがって不十分な共鳴しか生み出されえないのである。宗教は、少なくとも目下のところ、独自の縮減を放棄し、それによって独自の共鳴をも放棄することで、結局、事態はまさにそのとおりであることを確証しているように思われる。ところで、仮にそのように確証することが、いつものことながら、人間世界の有限性に関する宗教特有の描き方だというならば、キリスト教にとって特に大事なのは、イエスが身をもって示した、神がわたしたちを見守っているという確信を堅持することなのではないだろうか。

だが、そこから環境倫理を導き出すことはできないし、環境政策上のさまざまな要請に神学上の高い位置づけを与えることが可能となるわけでもない。しかし、エコロジカルな関連でも社会的な関連でも、信仰に心底確信を抱き救済を希求することが不可能となるような限界状況が存在するということを思い浮かべることならば可能であろう。少なくともそうした事態がつねにありうるということを宗教によって根拠づけることならば、可能かもしれない。

15章 教育

教育システムに大きな期待を寄せる人もいるであろう。現に青少年たちの間ではエコロジー問題に対する関心がかなり高い。彼らのこうした関心を、教育機関、とりわけ小中高校と大学での教育活動がうまく捉えて、徐々に環境に対する人びとの意識と態度が社会全体で変わっていくように発展させることはできないものだろうか。もちろんわたしたちはもはや一八世紀の教育学の楽観的な想定を共有しておらず、教育によってこれから二、三世代のうちに人間性を抜本的に変革することができるだろうなどとは考えてはいない。それに、エコロジーへの関心をもち出すことは、階級対立を覆い隠す策略であり、貧困、不正、戦争といった真に重要な問題から人びとの目を逸らすものだという声も聞かれる。(1) しかし、これらすべてを正当に考慮した上でも、社会がその環境との関わり方を調整することのできる場がもしどこかにあるとすれば、それは学校であろうという意見を抱くことは、やはりありうるであろう。

しかしながら、教育システムもまた、数ある機能システムのうちの一つにすぎない。教育システムが行うのは、教育者の教育を別にすれば、他の機能システムにおいて役立つ態度や能力の育成である。また、教育システムは世論の変動に応じて働きかけを行う。それは世論よりはゆっくり作用するかもしれないし、いっそう持続的に作用するかもしれないが、さしあたり他のシステムにおける実践とうまく接続するという保証はない。しかしそれでも、価格的に可能なもの、あるいは規範的に可能なものというフィルターを通してしまうと重大な問題が矮小化されてしまうこと、そして数え切れない個々のケースにおいて環境への影響を考慮することが重要であることを考えると、教育の意義を高く見積もる人がいるのもやむをえないかもしれない。また、いかなる機能システムであれ唯一正しい決定を絶えず生み出し続けるなどということはありえず、しかも選択可能な解決策が多数存在するならば、エコロジカルな影響連関を考慮するかどうか、またいかに考慮するかという点が重視されるようになるのも当然のことかもしれない。しかしながら、こうした問題が教育システム内でのコミュニケーションによって扱われるべきだとして、それはいかにして可能なのだろうか。たとえ教育システムであっても、厳格な制限にもとづいてのみ共鳴可能という点では他の機能システムと何ら変わらないのである。

たしかに教育システムは、コミュニケーションの処理に関わることを第一義とするわけではなく、人間の変革こそがその機能であるが、それでもやはり他の機能システムと並行した発展が見られる。すなわち、教育システムにおいても、その分化・自立化に応じてコード化とプログラム化の構造的分化が生じた。もちろん、その分化の仕方は宗教の場合以上にわかりにくいし、宗教の場合に神学的文献がほとんど頼りにならないのと同様、教育システムの場合も教育学的な文献をあてにすることはできない。いずれも、もっぱらプログラムに関わることばかりを論じているからである。

教育システムのコード化はその選別機能と結びついている。二値性という人工的特性こそはコードの一大特徴であるが、その二値性が存在するのはこの選別機能においてのみである。良い結果が出るか悪い結果が出るかのいずれかであり、褒められるか叱られるかであり、人よりも良い成績をとるか悪い成績をとるかであり、進級させてもらえるかもらえないかであり、上級コースや上級学校へ進むことを許可されるかされないかであり、最終的には修了証書を得られるか得られないかのいずれかである。こうした二値性は、時折、等級という形をとることで見えなくなることもあるが、それでも等級が比較に用いられれば、やはりより良いかより悪い（時間的に同一人物に関してであれ、社会的に他者との関係においてであれ）という意味での二値性として機能するのである。

教育システムのコードは、キャリアを形成する必要から、つまり選択的出来事の連鎖を形成する必要から生まれる。それぞれの選択的出来事は自己選択と他者選択との相互作用によって生起し、継続して起こる出来事にとっては可能性の条件および構造的制約という意味をもつことになる。(2) わたしたちは、学校への入学を許可された場合のみ、成績を得るのであり、成績は学校の課程内での進級を左右する。もし優秀な成績で職業教育を修了すれば、それは就職にとって多大な意味をもつし、就職はその後のキャリアを決定的に左右する。蛇足ながら、いかなる場合にも、自発的であると非自発的であるとを問わず、要求を満たさないことは、やはりキャリア上の価値を——もちろん否定的な価値を——もつ。「ドロップアウトした人」は、キャリアゼロを選択したということになるのかもしれないが、そのことがキャリア上の意味をもってしまうことを避けることはできない。なぜなら、とにもかくにもキャリアは存在してしまっており、それが典型的な包摂のための手段、つまりいくつものシステムにわたって人びとをさまざまな地位に割り振るための典型的な手段だからである。

これに対し、教育システムのプログラムの方は学習されるべき内容に関わっている。あるいは教育活動の成果として期待される個々人の状態ないし能力をプログラムは記述している。プログラムを通じて、教育システムは社会のさまざまな要請と結びつくのであり、エコロジーに関する重要な知識と結びつきうるのもこの構造的次元においてである。その場合には、フリードリッヒ・バルバロッサは何年に生まれて何年に死んだかということを覚えるかわりに、TA Luft（空気を清浄に保つための技術マニュアル）によればタリウムの限界許容値はいくらかといったことを覚えることになるだろうし、上級コースを優秀な成績で修了したとすれば、なぜその値に決まったのか、どのようにして決まったのか、もしその値を超えたら何が起こりうるのか、もしその値の変更を主張するとすればどのような論拠が必要となるのかといったことも覚えることになろう。

しかし、バルバロッサであれタリウムであれ、これらの事物は教育システムの選別コードと関わることで、いわば第二の存在をもつ。すなわち、それらは正しく記憶されるか誤って記憶されるかまったく記憶されないかのいずれかである。もちろんドイツの歴史やセメント工場の生産能力の増強が認可されるかどうかといったことにとってもバルバロッサやタリウムは重要ではあるが、それ以上に教育システムはそれらの事物に依存している。いったん教育システムに組み込まれれば、それらの事物は——正しく覚えていようと間違って覚えていようとまったく覚えていなかろうと——キャリア上の価値をもってしまうのである。教育システムが分化・自立化してしまえば、キャリアの存在は不可避である。そして、このキャリアのコード化は、任意のテーマを取り上げて扱うことができる。したがって、プログラムや教育目標、教育学の夢物語が変わっても、コード化は存続することができるし、存続しなければならないのである。しかしまさにそれゆえに、正しいあるいは適切な《リヒティッヒ》何かをもたらすというプログラムの役割をコード化が果たすことはできない。コード化は形式的な別様でありうる可能性《コンティンゲンツ》を生み出すだけであり、それをあらゆるプログラムに押し付けるだけである。ただし、キャリアのコード化においては知識そのものの別様でありうる可能性——たとえばバルバロッサなる人物はそもそも生まれていなかったに違いないとか、TA Luftは別様に規定することができたであろう等——は問題にならず、あくまでも教育システムの分化・自立化が生み出した別様でありうる可能性が問題なのである。教育システムにおける選別という文脈では、評価の対象となりうるものであるならばどんなことでも相互に結びつけることが可能である。たとえば、評定の平均値は、それに接続しうる事柄を前もって構造化することになるが、その評定平均値においてはバルバロッサもタリウムも一緒くたである。

以上のような想定から出発するなら、教育システムにおいてもコード化とプログラム化を分離し再び結合するという傾向が生じることは、ほとんど説明の必要のないことであろう。一方で、教育者という職業的立場からすれば、選別という課題の遂行、つまり試験と評価に関わることは、むしろ教育本来の課題の遂行を阻害し困難にするがゆえに、楽しくない副次的仕事である。他方で、他のシステムにおけるのと同様、教育システムにおいてもまたバイナリーコードの魅力は否定しようがなく、コードの値の割り振りを可能とするためにプログラムが選択され使用される。授業における生徒は、一定程度——それがどれくらいかはいずれ慎重な調査によって明らかにされるべきだろうが——「トリヴィアル・マシーン」(「チューリング・マシーン」と対比される)として扱われる。つまり、質問や与えられた課題などのインプットに対して、唯一の正しいアウトプットを産出することになっているマシーンである（その際、ありうべき応答として一定の幅を認めたとしても、原理的には同じことである）。こうした扱いにおいて特に重要なのは、試されるシステムのそのときどきの状態——たとえば、生徒はやる気があるのか、注意深く話を聞いていたのか、そもそも関心があるのか——が、試す側にとってはどうでもよいという点である。[3] 生徒たちがトリヴィアル・マシーンとして扱われれば扱われるほど、コード化とプログラム化の統合の可能性は高まるのである。教師という職業の前提およびその活動に関するこのような記述に腹を立てて抗議する教育者がいるとすれば、それが少なくとも意味しているのは、その人は、どちらかと言えば職人的に生徒と接している先生よりは、コード化とプログラム化の区別を深刻に受け止めているということである。しかし、そうだとすればますますつぎの問いに答えることが求められることになろう。すなわち、生徒たちを「木偶坊《でくのぼう》」扱いせずチューリング特性を認めてやりたいと思うにしても、自己言及的マシーンの活動の特性をどのようにして確定しうるのかという問いである。

キャリア構造は、学校内での選別の基礎になるだけでなく学校外での選別の基礎にもなり、それが社会的軋轢を生むことになるが、上に述べたようなコード化の優位から出発するなら、そのような社会的軋轢を当のキャリア構造が改めて学校内に取り込むことと、どのように取り込むかということも同時に理解されよう。そのような軋轢は「成績ストレス」と記録されるかもしれないし、あるいはまた学業成績をもとに将来望み通りの就職ができるかどうかが不確かであるがゆえの忍び寄る無気力と希望喪失と記録されるかもしれない。就職の見通しが不確かな場合、特別良い成績をとらなければ将来の見込みはないが、かといって良い成績をとったからといって本当に望み通りの就職ができるかどうかわからないということがはっきりするならば、一生懸命勉強すべしという要求と無気力とは同時に高まるであろう。選別コードを通じてシステム内に生まれたそのような態度をプログラムの次元でうまく補正できるのか、たとえば生徒の関心と教育計画とをより良く調和させることでうまく補正できるのかは、まさに大問題である。もちろんこれは最終的には経験的に確かめられるべき問題ではあるが、コード化とプログラム化の分離と再結合という理論的想定からは、どちらかと言えばうまく補正することは困難であろうと推測される。コード化されたシステムにおいては、教育計画や学習計画は、コードの値を公正かつ適切に配分することを可能とするようなものでなければならない。だが、そうした構造的要請は、トリヴィアルではない自己言及的「マシーン」の主張、すなわち自己の関心と精神状態にもとづいてのみ教え導かれるという主張とは、なかなか両立困難である。

以上の素描は、学級での教育に関する数多くの構造問題のうちのたった一つに関するものであり[4]、しかも最低限の大まかな記述にとどまらざるをえなかったが、それでもつぎのことはすでに明らかであろう。すなわち、教育システムもまた固有の構造問題と作動上のディレンマから自由ではなく、それどころかそれらによって相当負担を強いられているということであり、それゆえエコロジカルな感受性を高めるべきだからといって、そのために簡単にプログラムを変更できる余地などほとんどないということである。確かに他のシステムに比べたら、端的に指示すること――バルバロッサではなくタリウムを、といった具合に――は容易である。しかし、現実をリアルに見据えるならば、それだけではさまざまな社会《ソチアール》システムが、エコロジカルな諸問題に対して合理的な関係を結ぶようにはならないということを、いずれ認めざるをえないであろう。いや、それどころか、もう一つの環境汚染、環境汚染のいわば反照形態とでも呼ぶべき汚染が生み出されるということさえ考えられなくはない。つまり、物質だけでなく、観念もまた誤った場所にあるという事態である。

なぜなら、教育システムが直接働きかけるのは、社会《ゲゼルシャフト》システムの特殊な環境、すなわち人間の身体と心の状態に対してだけだからである。そこから社会システム内に何らかの影響が生み出されるべきだとすれば、この環境の方から改めて社会に対して働きかけが可能でなければならない。つまり、コミュニケーションへと接続されなければならないということである。したがって、強化されたエコロジーのコミュニケーションを広める上で、おそらく最大の可能性をもっているのは教育システムであろうが、これには共鳴の二つの限界を突破することができれば、という前提条件がつく。教育システムそれ自体の限界と、教育を通じて新しい態度、価値観、問題の感受性を注入しようとしている、社会の他のすべての機能システムの限界の二つである。

この二つの限界を突破できる可能性を現実に即して冷静に見積もることは困難であろう。こうした可能性は、現在の危機的状況においては、しっかりコード化されプログラム化され組織化された日常生活においてよりも、いわば安全を担保するものとしてより大きな意義を獲得しがちである(5)。しかし、教育改革が成功するかどうかは、コード化されたコミュニケーションが、その参加者が他の参加者の意見と見なしているものにも対応できるかどうか、またどこまで対応できるのか、ということに大きく左右されるであろう。さらに、教育がもたらしたもう一つの影響、すなわち世論というメディア内に生じた世代効果と価値転換も、少なくとも視野に入れておかなければならないであろう。さまざまな社会運動は、そうした世代効果や価値転換を拠り所に合意の形成は可能と考えて展開されている。しかし、そうした社会運動は、機能システムの中に反響を引き起こすことはできず、機能システムからはノイズとしか見なされえないのだが、そのことについては第18章で改めて論じる。

16章 機能的分化

これまでのいくつかの章で、エコロジー問題が近代社会の機能システムの中に共鳴を引き起こすことと、どのように引き起こすかということについて、具体例を挙げて説明してきた。しかし、それぞれの機能システムの分析にかまけて、全体社会《ゲゼルシャフト》の統一性のことを忘れてしまうなどということは、社会学者には許されない。そもそも各機能システムが比較可能であることと、それらの分化・自立化の構造に一定程度の一致が見られること――わたしたちが注目してきたのはコードとプログラムの分化だが、それは多くの観点のうちの一つにすぎない――は、すでに全体社会の統一性を指し示している。すなわち、全体システムの統一性は、その作動の種類と分化形式のタイプのうちに存するのである。社会の進化が、唯一の種類の作動、つまり意味的コミュニケーションと、内的なシステム形成における他の形式に対する機能的分化の優位とに収斂することとがはっきりすればするほど、それに応じた構造がいっそう明確に形成されるようになる。とすれば、社会が自分自身をその学術システムにおいて——ここでは社会学において——記述するために用いる概念的および理論的道具一式もまた、いっさいの時代錯誤を振り払って、そうした事態に対応したものに変わらなければならない。

特にはっきり認識しなければならないことは、ヒエラルヒーや権限委譲の理論、あるいは分権化・脱中心化の理論は、相変わらず頂点ないし中心を議論の出発点としており、今日の事態を適切に捉えることはできないということである。それらの理論は、コミュニケーションの流れが特定の回路にしたがって進むことを前提としているが、そのような事態は今日では存在しないし作り出すこともできない。さらに、国家と経済の関係を中央集権化と分権化・脱中心化のパターンにしたがって記述し、その上でそれぞれの政治的選択に応じて分権的決定の長所を称賛したりその短所に警鐘を鳴らしたりしようとする試みも、やはり現実に対応していない。実際のところは、経済システムは、貨幣メカニズムによって高度に中央集権化されていると同時に決定は高度に分権化されているシステムであり、対して政治システムは、多かれ少なかれ中央集権的に国家機構を組織化しているが、国家機構に対する政治的影響力に関してはまったく別のさまざまなパターン——たとえば社会運動のパターン――にしたがって対処しているのである。したがって、両システムは、それぞれのコミュニケーション・メディアに応じて中央集権化と分権化とを組み合わせて両面を高度化しようとする、そのやり方の点で異なっているにすぎない。ただし、両システムの相互依存関係は、中央集権化と分権化のパターンにしたがって捉えることはできない。

　したがって、近代社会の統一性は、コミュニケーション回路のネットワーク、しかも制御中枢と信号の受け手からなるネットワークの組織化という点にあると理解するならば、それは無駄な努力である。そのように理解する場合には、善良な意図が実現しないのはどこかで何かが妨害のための操作を行っているからだという思い込みを直ちに抱くことになるであろうし(1)、そうした事態が生じるのは資本主義、官僚制、あるいは複合性のせいだといった、どちらかというと神話的な説明で終わるのが関の山である。これに対して、システム分化の理論に依拠するならば、それぞれの部分システムが、全体システムの統一性に対する新たな表現以外の何ものでもないということが直ちに理解されよう(2)。いかなる部分システムの形成も、全体システムの統一性をシステムと環境という独特な差異へ、つまり部分システムと全体システム内の環境との差異へ、分解する。それによって生じる境界線を拠り所として、各部分システムは全体システムを反省することができるのである。もちろん反省はそれぞれの部分システムに特有のやり方で行われ、しかもそれぞれのやり方は、他の部分システム形成の可能性を排除するものではない。たとえば、政治システムは――もしそれが分化・自立化しているならば——社会を合意と強制力行使の関係と捉え、そのような条件との自己の関係を最適化しようとすることができる。この場合、合意と強制は一方では特殊な作動であり、同時に政治という部分システムにとってはけっして完全に見通すことのできない社会的諸条件と、これまた見通すことのできないシステムが引き起こす影響とに対する一括表現であり、それらの地平である。

したがって、各機能システムは、それぞれの環境ともども、社会を再構成するのである。それゆえ、それぞれの固有の環境に対して開かれている場合かつその限りで、各機能システムが、自らを社会であると想定することは、システム自身にとってはけっしておかしなことではない。各機能システムは、各自のオートポイエーシスの閉鎖性によって、社会システムの一つの機能を担う。同時に、それが必ず社会システムの中で行われる——社会は自らをたった一つの機能に特化することはできないので——ということを、環境の諸条件および環境の変動に対する開放性によって認識しているのである。したがって、パラドクスの作動化が問題なのである。機能システムは、システムと環境との区別として捉えられるならば、社会であり、同時に社会でない。その作動は閉じられていると同時に開かれている。機能システムは、自らが現実と見なすものについて、たとえ作動のために必要な幻想という意味においてであれ、他の可能性を認めない。機能システムは、そのコードを二つの値からなるものにし、第三の値を排除する。排除された第三の値は、不透明で予期せぬことがよく起こる環境の中に隠れてしまうのである。このようにして社会は、統一であると同時に差異として再生産される。もちろん、「多にして一」というパラドクスが、これで最終的になくなってしまうわけではない。このパラドクスは、不透明性や幻想という形で、あるいは攪乱と防御の必要性という形で、システムに戻ってくる。改めて宗教システムの選択的コード化の定式を用いれば、超越が内在の内に戻ってくるようなものである。

こうしたシステム論的分析は、近代社会における市場や民主主義といった制度の意義と好まれる理由とを明らかにする。市場や民主主義に関する記述は、閉鎖性と開放性の統一、機能の論理と感受性の統一を、象徴的に表現するものなのである。もちろん市場は（かつて従兄弟の家の隅窓から見ることができたような[3]）市場ではないし、民主主義は、とうの昔から人民による支配を意味しなくなっている。市場や民主主義に関する記述によって行われているのは、究極的にはパラドクスである事態の意味論的《ゼマンティッシュ》な暗号化である。それによって、これらの概念の意味とそこに幻想的要素が含まれていることが理解できるし、それらに対応する理論の弱点も理解できるし、近代社会の自己記述にはその当初から、つまり一八世紀以来、つねに一種の自己批判がつきまとってきたことも理解できるのである。

近代社会の秩序の統一性は、それが進化を通じて、つまりさまざまな可能性を絶えず調整することを通じて、成立したということだけで、すでに必然的に与えられている。しかし、それによっていっさいの可能な世界の中から最善の世界が選択されることが保証されるわけでもなければ、何らかの意味での「進歩」が保証されるわけでもない。進化をもたらす選択を通じて成立するのは、さしあたりきわめてありそうにもない高度に複合的な秩序である。進化は、ありそうにもない秩序を、十分ありえそうでそれなりに機能する秩序に変換するのである。負のエントロピーとか複合性といった概念が意味するのもまさにこのことである。しかしそれは、もともとありそうもない秩序であるという性質が消滅してしまうとか、前史としてもはやどうでもよくなってしまうといったことを意味するわけではない。ありそうもないという性質もまた一緒に変換されるのであり、ヘーゲルの有名な意味で「止揚」されるのである。つまりそれは、構造の内にしっかり組み込まれた止揚不能なリスクとして存続し続けるのである。

すでに階層化した社会は、自らの構造決定によって生じた諸問題に対処しなければならなかった。たとえば、世襲身分と新たな功績との間につねに葛藤があるとか、階層社会では同じ身分同士で結婚しなければならないにもかかわらず、必ずしもその原則を貫き通すことはできなかったといった問題であり、何よりも希少資源の利用、特に土地所有を中央集権的に規制することから生じるいっさいの問題などであった。しかしながら、近代社会と比較すれば、これらの問題はそれほど深刻な危機を引き起こすような問題ではなく、多くの場合、歴史的に安定した解決策を見つけ出すことができた。機能的分化が主となる社会への移行によって状況は一変した。すなわち、そうした社会の構造は、それ以前よりも高いリスクと、より先鋭化した諸問題をともなっていたのである。社会システムが自らエコロジカルな危機に陥ることは、必ずしもその際初めて生じた問題というわけではないが、それでも今日、その深刻さが劇的に高まっている問題であることは間違いない。

機能的分化とともに、代替過程を通じての柔軟な適応という原則は、部分システムの特殊化という原則へと変化した。それによって、それ以前よりも多くの機能的等価物を考え出し、実現することが可能となったが、もちろんそれは、それぞれの部分システムの機能およびそのコード化の枠内においてのみという限定つきであった。高度な柔軟性には、限定条件に固有の硬直性という代償がともなっていたのである。すべてのものは別様でもありうるものとして現れるようになるが、別様でもありうるという可能性が現実化するためには、特定のシステムに準拠していなければならないのである。あらゆるバイナリーコードは、世界に普遍的に妥当することを主張するが、それはあくまでもそれぞれのパースペクティヴにとってのみの妥当性である。たとえば、いっさいは真か非真のいずれかでありうるが、それはあくまでも学術システムの特定の理論プログラムによるならば、まさに真か非真のいずれかでしかありえないということである。それが意味することで特に重要なのは、いかなる機能システムも他の機能システムの代理を務めることはできないということである。代替できないことは言うまでもなく、一部負担を軽減してやることすらもできない。政治は経済にとって代わることはできないし、経済は学術に、学術は法あるいは宗教に、宗教は政治に、とって代わることはできない。その他考えうるあらゆるシステム同士の関係においても同様である。

もちろんこうした構造的障壁は、それを何とか乗り越えようとする試みまで押し止めることができるわけではないが、そうした試みには、脱分化、つまりは機能的分化・自立化の恩恵を放棄するという代償が必ずともなう。そのことは、経済の生産部門の政治化をともなう社会主義の実験や、政治、経済、法の「イスラム化」の傾向において見ることができる。そうした試みは、今挙げた面以外では、きわめて部分的にしか遂行されず、たとえば貨幣に手をつけることはなく（せいぜい投下資本と価格による純粋に経済的な計算に手をつけるだけ）、世界社会というシステムの免疫反応によって押し止められてしまう。

機能システムが相互に代替不能であることは構造的に避けられないことであるが、このことは多種多様な相互依存関係までも排除するわけではない。繁栄する経済は同時に政治にとってもありがたいことであるし、その逆もしかりである。もちろんこれは、経済が政治の機能を果たす、つまり集団的拘束力を有する決定をもたらすことができる（どのような採算性を考慮して？）ということを意味するわけではない。機能の代替不能性（これは、代替は機能によって規制されるということでもある）は、むしろますます増大する相互依存によって補償されるのである。機能システムはまさに相互にとって代わることができないがゆえに、お互いに促進しあうこともあれば負担をかけあうこともあるのである。まさに代替不能性こそが、一方のシステムから他方のシステムへと絶えず問題をずらすことを必然化するのである。まさにそれによって、独立性と依存性の両方が同時に高まるという事態が生じるのであり、その高まった独立性と依存性の両面を作動面および構造面でバランスさせようとすることで、個々のシステムは、巨大で制御不能な複合性を備えたシステムへと膨張することになる。

同じ事態は、社会システムの構造的代理機能性の解消と再組織化が進むことと特徴づけることも可能である。多機能な制度が提供していた確実性は、システムがさまざまな機能のために用いられることが可能で、しかも「あれもこれも」できるようにプログラム化されていたことによって成り立っていたが、そうした確実性は放棄される。そのことは、家族および道徳の社会的重要性が縮小したところに、とりわけはっきりと見てとれる。そうした確実性の代わりに新たな代理機能性が創造されるのだが、それはまさに機能的パースペクティヴの分化・自立化と「他の事情が同じなら」という留保条件にもとづく代理機能性である。ただし、この新たな代理機能性においては、機能システム同士の相互依存や、一つのシステムの変化が他のシステムに与える社会的影響などは考慮されていない。この点で、今や時間が重要となる。すなわち、一つのシステムの変化が引き起こす社会的影響はいくらか時間が経ってから現れ、それに対して他のシステムは、もともとの原因に遡ってどうこうできるわけではなく、やはり各システム特有の手段を新たに講ずることで対処するしかないのである。かくして複合性は時間と関わるようになる。(4) 確実性に関する想定も時間と関わるようになる。未来には希望と不安が、そしていずれにしても今とは違っているだろうという予期が、付きまとうようになるのである。また、生じた「影響」が「問題」と見なされるようになるまでの時間はますます短くなり、構造的な予防措置（たとえば、十分な流動性のためとか、いつでも発動できる立法のための予防措置）は、何らかの問題解決がまた新たな問題をもたらすということがいつでも起こりうるということを想定して講じられるようになる。

代替可能性の放棄とは、原則的には、代理機能性の放棄、つまり何重もの防御の放棄として理解されなければならない。周知のように代理機能性の放棄は、システムが攪乱と環境の「ノイズ」から学習する可能性を低める。(5) そこから、機能的に分化したシステムは、一方で環境の変化を大いに引き起こすにもかかわらず、より単純なシステムに比べて環境の変化にあまりうまく対応できないと推測する人もいるかもしれない。しかし、それはせいぜい真実の一面にすぎない。なぜなら、機能的分化は同時に、各部分システムの抽象的なコード化と機能の特定化によって、この部分システムという次元では、高度な感受性と学習能力を可能とするからである。つまり、わたしたちはシステム形成の複数の次元を同時に視野に入れておかねばならないのであり、事態は少々込み入っている。全体社会システムが代理機能性を放棄した分、部分システムの次元でその代償を得るということであり、しかも代償を得るのはまさに部分システムのみという点こそが問題なのである。

かつては家族、道徳、宗教的宇宙論などのそれぞれが複数の機能を果たしていたが、それらに代わって新たな社会編成が登場したということである。そこにおいては代替能力と回復能力が高度に組織化されているが、それはあくまでもそれぞれの特定の機能との関係においてのみであり、しかも他の機能との関係でどのような影響を与えることになるのかは考慮しないという代償を払うものであった。まさにそれゆえに、何らかの適応のための変化が生じれば、それは、依存性と独立性との複雑な関係にも影響を与えることになる。そうした影響の一部は、思いもよらなかった不都合を生じさせ、他の一部は吸収される。こうした事態を思えば、異なった社会構成の性能について素朴な判断を下したり単純に比較したりすることは問題にならない。

機能的分化がもたらすもう一つの変化は、あらゆる機能システムの構造の次元において、別様でもありうるという性質が際立つようになることである。自然法から実定法への移行、政府の民主的な交代、理論の妥当性の仮説的性格、配偶者を自由に選べること、そして何と言っても、「市場の決定」(誰が、あるいは何を、決定するにせよ)と見なされ、ますます批判にさらされているいっさいの事柄を思い浮かべてみていただきたい。その帰結は、それまで自然と見なされていた事柄の多くが、決定されたこととして描かれるようになり、根拠づけを求められるようになることである。かくして、新たな「犯されていない次元」(ホフスタッター)、理性を保証し啓蒙の批判に耐えうるアプリオリに対するニーズが発生する。あるいは、そうしたものが得られなければ最終的には「価値」に対するニーズが発生する。(6) 価値は義務ではないにもかかわらずあたかも義務のように見なされるという独特な性質をもっているが、そうした価値の性質は、別様でもありうることに対して人びとが居心地の悪さを感じていることと、構造の批判や統計分析を通じてますます多くの事態が決定によってもたらされたものとして強調されるようになってきた事実と、明らかに相関関係がある。それどころか、誰かが決定したということを確認できない場合でさえ（たとえば、事故による死亡者数とか、失業率の上昇など）、問題のある状態を是正するために、決定が要請されるのである。そして、決定を要請するということは、暗黙のうちにであれ明示的にであれ、価値を拠り所にするということである。このように、構造が別様でもありうることは、価値の秩序を生み出す。しかも、その結果として具体的にどのような影響を生み出すことになるのかということをいっさい考慮することなく、したがって価値秩序が想定するような状態が本当に達成できるのかということをいっさい考慮することなく、価値秩序は生まれるのである。

エコロジーのコミュニケーションは、このような価値のインフレーションを一段と昂進させるであろうということに気づく人もいるだろう。というのも、環境の変化の原因は社会自身にあると見なさざるをえないとすれば、その原因を、修正すべきであった何らかの決定に求めるというのは、自然な流れだからである。排出ガス中の有害物質の割合についての決定とか、さまざまな資源の全消費量についての決定とか、どのような影響が出るのかいまだにはわからない新種のテクノロジーについての決定、等々である。そのような原因の求め方は、単純化する因果帰属に、つまり明瞭にすると同時に隠蔽する因果帰属にもとづいているということは、すでに第3章で指摘しておいた。しかし、そう言ったところで、そのような原因の求め方が行われ、コミュニケーションされるという事態が妨げられるわけではない。そして、そうした事態は、たとえ他の効果はもたらさなくとも、少なくとも価値を浮上させるという効果はもたらすのである。(7)

そうした場合、自由や平等の価値の他に、きれいな空気と水、樹木と動物たちなども価値のカタログに入れてもよいだろうと考える人がいるかもしれない。それに、そもそもリストしか問題にならないのなら、いくらでもリストに載せる項目を増やすことは可能であろう。パンダ、タミール人、女性……。しかしながら、長期的かつ根本的に考えれば、これはあまりにも単純な回答であろう。価値というコミュニケーション・メディアがインフレーションを起こす——パーソンズの考え(8)——ことがなぜ問題かと言えば、それが社会システムの自己観察と自己記述に影響をおよぼすからなのである。

社会システムの現在の記述は、典型的には構造の決定から生じる諸問題に準拠してなされており、それゆえ価値を喚起し「危機」を見出す傾向がある。一九世紀の最初の三分の二における市民的-社会主義的理論の成熟段階とは違って、有害な事態は長期にわたって続くと見なされ、しかも有害な事態の根拠が価値に求められ、さらに有害な事態は何らかの行動を起こすべしという漠然とした義務をわたしたちに課していると見なされる。いずれにしても、精神あるいは物質が完成へと向かう途中で回り道をしているのだとは、もはや考えられてはいない。有害な事態は進化の不可避の帰結なのであり、本書で提起している理論によれば、社会のシステム分化という原理、およびそれによってありそうもないことがありそうになったことの帰結なのである。

このことと対応することだが、社会システムにつねに付きまとう社会システムの批判的自己観察と自己記述は、道徳的判断を放棄しなければならない。さもなければ、道徳的な判断を行うことで、セクト主義的なオフサイドを犯すことになるだけである。(9) それに代わって登場するのが、顕在的／潜在的（意識的／無意識的、意図的／非意図的）という図式である。部分システムの分化・自立化および各システムの特定化のために用いたり、比較の観点や目標の定式などに翻訳したりできるのは、顕在的な機能だけである。したがって、つぎのような差異の図式を用いる批判が形成される。すなわち、差異のもう一方の側、反対側をも同時に照らし出す差異の図式である。こうした批判によれば、直接的な目標達成の努力は、素朴すぎる努力ということになり、啓蒙を直接達成しようとすることでさえ、裏をかかれてうまくいかない。(10) いわば社会の前に鏡が立てられていて、それをいくらのぞいても裏側まで見ることはできませんよと言われているようなものである。というのも、潜在的なものがその機能を果たすことができるのは、まさに潜在的にのみだからである。したがって、社会学もまた「啓蒙」を推し進めはするが、同時にそれがうまくいかないことも説明するのである。(11) このような意味で、イデオロギー、無意識、潜在的な構造と機能、あるいは意図せざる副次的影響がテーマとなるが、この影の国の状態——プラトンの比喩と正反対であることに注意していただきたい——がどうなっているのかが明らかになるわけではないのである。したがって、わたしたちが認識できることも、社会はこのような区別を用いて自分自身についての啓蒙を行っているのだということだけである。

社会の統一性を社会の中に再導入する、あるいは少なくとも社会の中で表現するという問題は、したがって社会システムの批判的自己記述の形式にまで関わってくるのである。社会を、ヒステリックに興奮した主体の立場から、つまり外側から、判断し有罪判決を下そうとする試みは、どれも同じようにこの問題を暗示している。そうした試みが意味するのは、社会の統一性を、社会そのものの外部にある原理に求めるということ以外の何ものでもない(12)。これに対して、そのような試みのシステム論的分析には、つぎのような長所がある。すなわち、そのような試みがはらむ問題も、やはり近代社会の構造に遡ることで理解できる(だからといって、システム論的分析もまた社会の中で行われざるをえないという点では何も変わらない)という長所である。

システム内でシステムの統一性をシステムの作動の対象にしようとするいかなる試みも、原理的にパラドクスに突き当たる。なぜなら、このような作動は、自分自身を除外すると同時に内包しなければならないからである。社会が、中心/周辺あるいは身分序列にしたがって分化している限りは、少なくとも競争なしでシステムの統一性を「提示する《レプレゼンティーレン》」ことのできる場所を確定することはできた。つまり、中心であり、あるいはヒエラルヒーの頂点である。だが、こうした可能性は、機能的分化への移行とともになくなった。というのも、この移行とともに、社会の統一性の提示は多くの機能システムに委ねられるようになったからである。つまり、それぞれの機能システムが、それぞれの部分システム／環境の区別を通して社会の統一性を提示するようになったのである。しかも、それぞれの提示像は競合関係にあり、その競合関係にあるそれぞれの提示像をさらに一段上から提示するような上位の立場は存在しないのである。もちろん、このこともまた観察され記述されうるが、それでも今や社会の統一性とは、このような各機能システムの差異以外の何ものでもないのであり、相互の自律性と代替不能性以外の何ものでもないのである。そして、社会の統一性とは、こうした構造から、独立性と依存性との同時並行的な高度化が生み出されること以外の何ものでもないのである。言葉を換えれば、そうした構造によって成立した、進化上はきわめてありそうにもない複合性である。

17章

制限と増幅——過少な共鳴、過剰な共鳴

このような社会が、その環境との関係で生じた危機に対して、どの程度共鳴できるのかというテーマについて詳細な分析を行うためには、各機能システムの代替不能性の内に含意されている代理機能性の放棄に注目することがとりわけ必要である。そこから導き出されるのは、あらゆる攪乱は一つあるいは複数の機能システムへと回路づけられなければならないということである。環境汚染としてどのような事態が生じようと、いずれかのコードに即してしか有効に対処することはできないのである(もっとも、日食や地震によって不安になる場合のように、いずれのコードにも即することなく漠然と不安がったり興奮したりということがなくなるわけではない)。そして、一般シス

テム論、とりわけ生物学の研究に言及しながらすでに言われているように、代理機能性の放棄は、攪乱（ノイズ）に反応する能力の制限をもたらす。しかし他方で、まさに有機体において観察できるように、構造的制限こそが同時に共鳴能力を高めることになるのである。大幅な代理機能性の放棄によって成立した目や耳、神経システムや免疫システムは、それぞれが狭い、ただし進化の過程で試され済みの周波数の範囲でしか共鳴できない。しかし、そのように周波数の範囲が狭まった代わりに、その代償として組織化された学習能力を獲得するのである。

近代社会もまた、機能に定位する分化の原理を選択することで、まさにこの道を進みつつあるように思われる。まったく違う可能性はなかったのだろうかと問うことは無益である。同様に、わたしたちは「ポストモダン」に移行できないのだろうかとか、すでにこの移行を完了しつつあるのではないだろうかと問うことも無益である。現状の内には、そのような移行を支持する手掛かりはまったく見出すことができない。そのような想定は、どちらかと言えば、あまりに単純に組み立てられた理論から導き出された性急な結論にすぎない。有意味な問いでありうるのは、機能的特化の内に不可避的に含まれる代理機能性の放棄を、これまで以上にうまく利用できるかという問いだけである。わたしたちは、機能的分化の論理を、それがもたらす問題ともども、知らなければならないのであり、その場合のみ、各機能システムのコード化によって生じる共鳴の制限がどのような影響をおよぼすのかを評価することができるのである。一方で、コード化は、直接的な一対一関係をいっさい排除し、「必要な多様性」を備えることも不可能にする。コード化は大幅な縮減をもたらすのであり、しかもこれはあらゆるコード化、あらゆる機能システムについて言えることである。環境の変化が、自分自身と関わっている機能システムに共鳴を起こさせるのは、例外的な場合のみである。環境の変化は、例外的な場合のみ、各システムに特有のコミュニケーションが継続的に再生産されるための諸条件を攪乱し、その変更をもたらすのである。

他方で、このような縮減こそが、そもそも環境の変化がシステム内で気づかれ、対処されうるための前提である。コード化こそが、環境における出来事がシステム内で情報として現象するための、つまり何かとの関係で解釈されうるための、前提なのである。しかもバイナリーコード化は、この情報を、システム内で接続可能でしかも豊かな成果をもたらすような仕方で生じさせるのである。もちろん、そのような情報処理の連鎖は、もう一つの条件、すなわち各システムのプログラムによって媒介される。たとえば理論であり、法律であり、投資であり、政党政治的な調停の制度化などである。エコロジカルな問題状況は、コード化とプログラム化という二つのフィルターを通過することで、システム内での有意性を獲得するのであり、場合によっては大いに注意を引くことになるのである。事態は自ずとこのように進行するのであり、こうでしかありえない。

もちろん、以上のように事態が進行するからといって、全体システムとしての社会がどんな場合でもエコロジカルな危機を予防できるという保証が与えられるわけではないし、何らかの対処が可能だということさえ保証されるわけではない。その反対である。社会には、例外的にのみ反応する可能性しかないのである。そこから生じうる推論は、エコロジカルな危機に際して社会はあまりにわずかしか共鳴できないということである。このような帰結は、現在の世論が思っていることとも合致している。だからこそ、警鐘を鳴らし、もっと行動しなければいけないと人びとを鼓舞するコミュニケーションが——ただし、そのような要求を機能システムの言語に翻訳できているわけではもちろんない——社会全体を覆っているのである。しかし、社会はあまりにわずかしか共鳴できないというのは、問題の半分でしかない。あとの半分はこれよりも認識しづらく、現在はたいてい見逃されている。すなわちそれは、あまりに共鳴しすぎるという事態も起こりうるということであり、システムは、外部から破壊されることがなくても、内部の過剰な要求によって崩壊することもありうるということである。

つまり、共鳴可能性の問題は、それが分化したシステムに関わるがゆえに、あたかも「過少」と「過剰」が差し引き勘定できるかのような、たった一つの次元で問題になるのではない。むしろ二つのシステム境界を、すなわち社会システムの外的境界と内的境界とを、区別することが必要である。外的境界によって、社会はその固有のオートポイエーシスを、つまりコミュニケーションを、非コミュニケーション的な事態の高度な複合性から遮断する。固有の作動の次元においては、この境界をまたいでのインプットやアウトプットは存在しないということである。社会は、その環境とコミュニケーションすることはできず、その情報処理能力に応じて環境について、コミュニケーションすることができるだけである。その際、社会は何が自己にとっての情報であるかを自ら決めるのだが、コミュニケーションの選択と秩序化においては、刺激要因や攪乱要因によって影響を受けるし、とりわけ関与する人びとの意識過程によって影響を受ける。

社会内のシステム境界に関しては、事情はまったく異なる。この場合は、コミュニケーション的な相互依存関係が存在する。たとえば、経済成長率や失業者数、インフレーションやデフレーションの進展、等々の経済システムに関する集計データは、政治にとって何らかの意味をもつ。各機能システムが、固有のオートポイエーシスにもとづいて、つまり固有のコードとプログラムにもとづいて、分化・自立化している場合であっても、機能システムはコミュニケーションによって攪乱されうるのであり、その攪乱のされ方は社会全体とその環境との関係の場合とはまったく異なっている。したがって、各システムがそれぞれの固有のコードにしたがって作動している場合であっても、いや、まさにそうであるがゆえに、あるシステムにおける混乱が他のシステムに転移する可能性がきわめて高いのである。たとえば、科学的発見や技術的発明は、それが経済的に利用可能だということになれば、経済は好むと好まざるとにかかわらずそれらの影響を受けるし、必要な変更を加えれば、同様のことは政治と法の関係や学術と医療の関係についても言えるし、その他多くのケースにも妥当する。しかも、どの程度影響があるのか、どのくらいの割合で各システムが影響をおよぼし合うのかといったことを司ることができるような上位の審級は存在しない。それゆえ、一つのシステムにおける小さな変化が、共鳴を通じて他のシステムに巨大な変化を引き起こすということもありうるのである。たとえば、ある政治家の口座になにがしかの金が振り込まれたとしよう。毎日数千億ドルもの金が行き来していることを思えば、経済的にはまったく何の影響もない金額であったとしても、政治的にはスキャンダルになるのである。理論的には取るに足りない発見が、医学的にはきわめて悩ましい事態をもたらす場合もあるし、法システムそのものの内部では他の決定にほとんど影響を与えない法的決定が、政治の全領域を麻痺させることもありうる。たとえば、法が、医薬品産業や医者に対して、被害補償責任を負わせることで、情報開示や予防措置を義務づける場合、当の法が意図していたこととは直接関係もなければ、その法を決定する際に考慮の対象にもならなかったような影響が、医療に対しても経済に対しても生じうるのである。不安効果、不確かさ、動物実験の必要性の増大、コストの上昇、少しでも関係があるかもしれないと考えられうる限りあらゆる診断装置を日常的に稼働させること、などといった影響である。これらすべての事態を統制するような高次の理性は存在しない。なぜなら、各システムはそれぞれ固有のコードにしたがって共鳴を生じさせることができるだけだからであり、しかもコードに則った特定の作動を情報が引き起こしてしまえば、共鳴を起こすことはほとんど防ぎようがないからである。

さらに、各機能システムはそれぞれ固有の機能を果たす際、他の諸機能が他のどこかで充足されることに依存している。それゆえ、特定の機能遂行が滞った場合、個々の機能システムにとっては対処しきれない社会内環境の変化として、甚大な影響を各システムに生じさせる可能性があるし、そうなればそれはそれでまた他の機能システムに影響をおよぼすであろう。たとえば、労働争議権があるからといって、争議の当事者たちが自分たちの行動の法的帰結を予測することが可能となるような細則まで定めることは無理と——いかなる内部の検討にもとづいてであれ——法システムが判断した場合、それが経済に多大な影響を与えるかもしれないし、それによって今度は政治にも多大な影響を与えるかもしれないのである。法の内部で「釣り合いがとれていること」という原則が、システム同士の関係では不釣り合いな帰結をもたらすかもしれない。類似の理由から、政治的には正当と見なされた介入が、経済全体を混乱に陥れたり、政治の恒常的支援に依存するようにさせてしまったりということも、これまでしばしばあったし、同様のことはとりわけセンセーショナルなかたちで政治と法の関係において起こった。他方で、政府の安定性は経済が上向きか下向きかに左右されるが、ということは、そう簡単には政治が思うようにコントロールできるわけではなく、経済的には政治的な影響ほどはっきりと肯定的あるいは否定的な影響をおよぼすわけではない成り行きに、政府の安定性は左右されるということである。

以上のような理由から、社会の内的関係においては、外部環境との関係においてよりも、はるかに共鳴が起こりやすいと考えられる。機能システムは、特定の機能を高いレベルで達成するために分化・自立化し、コード化、プログラム化されているのであり、社会内環境に絶えず目を光らせ、そこからやってくる衝撃に備え、課された問題に立ち向かう。機能システムは内因的に不安定であり、簡単に刺激される。機能システムはきわめてありえそうにもない構造によって成り立っているが、それはすなわちリスクを内包しているということであり、そうしたリスクはちょっとしたことで現実化しうるのである。こうしたシステムが自分自身を記述する際、「均衡」という表現を使うとすれば、それは、これらのシステムが不安定性を自らの安定性の原理にしてきたということをも意味するのである。一八世紀のある著作者の言い方をまねるならば、天秤皿の片方に穀粒を一つ放り込むだけでシステムを攪乱するには十分なのである(1)。

各機能システムのオートポイエーシスの自律性と、システム相互の代替可能性の放棄こそが、バランスを欠いた反応が生じる根拠である。というのも、固有の機能を単独でかつ全面的に担っている各システムは、共鳴が起こる条件を自ら統制しているが、共鳴を引き起こす環境のきっかけの方は統制できないからである。バランスを欠いた反応が生じることに対しては、一般的法則があるわけではなさそうである。システム同士の関係のすべてにおいて生じるわけではないし、いくつかの関係においては他の関係におけるよりも生じやすいといった具合である。また、反応が起こってもよさそうと思われるところで――たとえば、離婚の結果に関する新たな法律と人びとの結婚に対する意識との関係――起こらなかったり、起こるとは思ってもみなかったところで突如起こったりする。こうした事態を観察し分析することはできるし、近代社会の構造的独自性と捉えて記述することもできるのだが、予測することは困難である。

こうしたことを踏まえて、社会システムが直面するエコロジー問題との関係で、近代社会の政治システムが占める特別の位置をより厳密に分析する必要があるし、とりわけ経験的に検証する必要があろう。政治システムの独自の手段は、集団的拘束力を有する決定を生み出すことである。したがって、その独自の手段は直接エコロジカルな影響をおよぼすわけではなく、あくまでも社会内的な影響をおよぼすだけである。つまり、コミュニケーションを容易にしたり抑圧したりする。同時に、このシステムは自分自身に対しては非常に敏感に反応し、拘束力のある決定によって社会の他のシステムに――もちろん統制はできないが――影響力を行使する。こうした事情から、政治がエコロジー問題に対処するための第一候補と見なされる可能性がきわめて高いわけである。しかし、政治システムがエコロジー問題に対して直接的には何もできないがゆえに、かえってエコロジカルなテーマに関するコミュニケーションが政治システムに根づき、どんどん広がっていく可能性が高くなるのである。そうなることを妨げる要素はシステム内にはない。純粋に政治という面だけで見るならば、法的制約や経済的制約、あるいは学術的制約に相当し、コミュニケーションを直ちに可能な事柄に限定するであろう制約がまったくないのである。政治システムは、散漫なおしゃべりを可能にし助長する。政治家が、エコロジカルな適応を訴えたり、その見通しを述べたり、約束したりする――新聞を開けばそうした記事をいくらでも読める――のを妨げるものは何もない。何と言っても政治家は経済的に考えたり行動したりするように義務づけられているわけではないのであり、したがって最終的には彼の主張を挫折させることになるであろうシステムの内部で作動しているわけではないのである。

政治的コミュニケーションにおいてつねに問題になるのは、いかなる政治プログラムによって政府と野党とが交代するのかしないのか、ということだけである。まさにそれがコードである。政治的コミュニケーションは、まったくの夢物語を語ったりすれば、それもまた選挙人によって観察されてしまうので、そんなことを語ることはできない。それゆえ、法および金に関してどのような決定を目指すのかを述べなければならないが、法システムと経済システムが政治に対して自由裁量の余地を与える限りでしか、そうした見通しを述べることはできない。しかし同時に、政治的コミュニケーションが幻想の効果に大いに頼っていることは経験的にきわめてはっきりしており、とりわけ駆け引きが行われる際、幻想が振りまかれる。

こうした事情を踏まえれば、つぎの点を頭に入れておくべきであろう。すなわち、エコロジー問題に対処するために必要不可欠なものが、いつであれどこであれ個々人の意識内と社会的コミュニケーション内に形成される場合、とりわけ政治はその出発点として、また伝動システムとして、利用されるということである。その際、政治システムは一種の瞬間湯沸かし器のように機能するかもしれないが、結局はエコロジカルな危機をきっかけとして社会内的共鳴の増幅をもたらし、それによって政治的には容易で好ましいが他のシステムの機能を攪乱するような解決策がとられる可能性を高めるだけである。そのような共鳴を起こすことは、きわめてありえそうにもない進化を遂げた社会システムの場合、どちらかと言えば破壊的影響をもたらす可能性が高い。それゆえ、政治的合理性に対する要求の中には、つぎのことも含められるべきである。すなわち、政治が影響力を行使した場合、どのようなしっぺがえしを招きかねないかということも一緒に考慮することである。

18章

全体像《レプレゼンタチオン》の提示と自己観察――「新しい社会運動」

社会がどのような原理にしたがって分化していようとも、システムの全体をシステム内で改めて描き出しそれを万人に認めさせることは、社会分化の原理と矛盾する。全体は、同時に全体の部分ではありえないのである。そのような試みは、せいぜい一つの差異を、つまりシステム内にシステムの全体像を提示してみせる部分とそれ以外の部分との差異を、生み出すだけであろう。統一性の描写は、差異の産出である。つまり、そのような意図自体がパラドキシカルで、自分自身と矛盾するのである。

とはいえ、伝統的社会は、以上のようなパラドクスとともに生きることができた。その内的分化の形式のタイプが、そのようなパラドクスとうまくやっていけるものだったのである。こうした社会は、高度文化へと進化していたのであれば、ヒエラルヒー的に、あるいは中心と周辺に、分化し、たいていは両原理の結合したものによって分化していた。こうした場合、全体像を全体の内部で提示する部分システムに関しては、少なくともライバルが存在しなかったのである。階層ヒエラルヒーの頂上、つまり最上位の階層だけが、あるいは、中心、つまり都市および都市的な政治－市民的生活様式だけが、問題だったのである。(1) ようやく中世においてこの二つ、つまり貴族的生活を営むことと都市的生活を営むこととの間に亀裂が生じ、それとともに後に機能的分化へと至る社会の変換過程がスタートした。

さらに、伝統的な高度文化は、全体像の提示を正当化するために宗教に依拠することができた。それはたんなる正統化（いつでも疑いうる）の一様式ではなかった。むしろ、パラドキシカルに生み出される差異をはっきり強調するために、全体の内部に全体像を提示する試みが宗教のコードを利用したということである。つまり、全体を全体の中に再導入し内部の一つの立脚点からシステムを支配しようとすることは、差異を生み出すわけだが、その差異を、そのような試みによって規定されるものと、そのような規定によっては規定されない彼岸との差異として粉飾して説明することができたのである。「人間世界を貫く分裂は、規定しえない究極的なものから生み出された。(2)」まさに人知を超えた彼岸が、此岸の秩序とは違うものとして、つまり差異として、必要とされたのである。しかし、やがて高度に複合的な機能システムが発達してくると、遅くとも一八世紀には、あらゆる「自然な」全体像の提示は僭称にもとづくこと、また宗教がそのような僭称を覆い隠すために利用されるならば、それは宗教の誤用であることが、はっきりした。このような啓蒙の進展には、階層的分化から機能的分化への移行が反映している。新しい秩序には、自然な優位も、全体システムによって特権化された立場も、いっさい存在せず、したがってシステムの内部には、環境に対するシステムそのものの統一性を描き出し万人に認めさせることができるような立場もまた、存在しない。

以上のことをすべて認めたとしても、いかなる社会も自己観察をやめることはできない。すべてのコミュニケーションが、主要な部分システムのいずれかのコミュニケーション・パターンにぴったりはまるようになされているわけではない。というのも、もしそうだとしても、つぎの瞬間にはまさにそのことについてコミュニケーションすることが可能だからである。社会の中で実現されるいかなる秩序であれ、いかなる分化形式であれ、やはり社会の中で観察され記述されうる。あらゆるバイナリーコードは、コード化される作動に対して第三の立場を排除するが、そうしたバイナリーコードがどのようにして社会を観察し記述することができるかといえば、まさに第三の立場をとることによってである。いかなる複合性の縮減も、複合性を保持する。実現されなかった他の選択肢は「潜在化」される(3)、つまりたんに思考可能なものに変換されるが、まさにそうすることで、いつでもコミュニケーションの中で話題にしうる状態に保持されるのである。

観察という概念は、ここではまったく形式的に、つぎのような作動を指すものとする。すなわち、自分以外の作動を何らかの区別の枠組み内で、「これであり、それではない」と指し示す作動である。観察が向かうのは、作動または作動の複合（システム）である。観察は自己の意味図式として何らかの区別を用いるが（たとえば、以前／以後、有益／有害、速い／遅い、システム／環境）、その区別は観察される作動のオートポイエーシスそのものにとっては必要でもなければ、まったく利用できない場合もある。観察は多様な可能的意味を用いるが、それは選択的表示によって観察を縮減するためである。それゆえ、作動の次元では、オートポイエティックな作動と、このような理論――つまり作動と観察とを区別する理論――を用いる科学的観察者による観察とは区別されなければならない。(4) これに対して、システムの次元では、少なくとも意味を用いて作動するシステム――つまり意識システムと社会《ゾチアール》システム――に対しては、それらが自己観察をやめることはありえないと想定しなければならない。したがって、分化の形式がその帰結ともどもはっきりしてくるや否や、ほぼ確実に、それらは社会そのものの中で観察され記述されることになる。これに関して問われるべきはただ一つ、すなわち、いかなる区別が用いられるのか、である。

社会の自己観察は社会内部での他者観察から区別されなければならない。当然ながらシステム分化は、一つの部分システムが他の部分システムを観察することも可能にするし、むしろそれこそがシステム分化がもたらす第一の帰結であろう。農民は貴族を観察し、遊牧民は都市住民を観察し、政治家は経済を、法律家は政治を観察する、等々。その際、観察するシステムは自分自身の区別を、特にバイナリーコードを、他のシステムに適用するが、観察されるシステム自体はその適用された区別にもとづいて観察しているわけではない。つまり、システムと環境との関係における普通の縮減技術と何も違わないのであり、それをシステム内部の部分システムとその環境という関係次元へ適用しただけである。これに対して社会の自己観察について語りうるのは、観察が、その対象に対して距離をとらずに、自分自身を同時に考察する場合だけである。

自己観察の伝統的な図式で、これまでのところ、凌ぐものがないのはもちろん、匹敵するものさえほとんどない図式といえば、原罪の教義であった。それは、心理的次元においてではないにせよ、コミュニケーションの次元では、道徳的な有罪判決を自らに下すことを強いるものであり、それによって道徳的批判の緩和をもたらすものでもあった。たとえば、誰かが懺悔に行くからといって、それだけで本当に罪を犯したのか断定することは誰にもできなかった。全員が懺悔に行かなければならなかったからである。すべての身分の者がこの原則にしたがわなければならなかったのであり、聖職者でさえ例外ではなかった。この原則は、階層に関係なく適用されたが、同時に、階層ごとに異なった罪の一覧と救済の危機とを描き出すことを可能とした。「汚《けが》れ」あるいは「親譲りの汚れ」といった言い方が、心との関連でなされた。やがて罪の責任が個々人に帰されるようになったことと、神の恩寵に与ることができるのかわからないことで、この図式が軽視されるようになると、ようやく宗教的道徳主義が広まることが可能となった。その世俗的影響は今日に至るまで感じとることができる。原罪に対する近代的な機能的等価物は、これまでのところ見当たらない。

一九世紀以来、社会の自己観察は、（この観察を観察すれば確認できるように）機能システムの分化・自立化がもたらした際立った帰結――とりわけ、それによって生まれた政治システムの「革命」の可能性と貨幣経済（資本主義）の帰結――と結びつくようになった。それは、それらの帰結の原因を因果論的に確定しようとし、帰属・帰責理論のあらゆる認識成果によれば解消不能である帰属争いをもたらした。[5] かくして社会の自己観察はイデオロギー化した。つまり、何らかの因果帰属を主張する際、価値的評価と特定の立場への加担に左右されるようになった。

このような特徴をもった自己観察と自己描写は、それ特有の意味づけ《ゼマンティク》の仕方を生み出したが、それはそれで、この間歴史化してきて、「ネオ」とか「ポスト」といった接頭語をつけてかろうじて語られ続けている。世の中の急激な変化に直面して、社会の自己記述も時間化され、ついにはたんなる「状況の定義」にまで収縮しつつある。「産業」「資本主義」「モダニティ」といったメルクマールは相変わらず使用されているが、もはやたんなる歴史的差異の特徴づけのためだけに用いられているにすぎない。もちろんそのような使われ方をするからといって、それらのメルクマールがより適切なものになるわけではない。にもかかわらず、それらのメルクマールはもはや的確ではないと主張されることで、それらのメルクマールは的確なのか的確でないのかという問い自体が、放棄されつつある。こうした事態が結局行き着くのは、かろうじて覆い隠されているだけのパラドクスである。すなわち、社会の実態はそうではないと思われている事態が社会の実態だというパラドクスである。そして、自己描写の時間化は、そうしたパラドクスがあるにもかかわらず、何か有意味な言明がなされたかのような幻想を抱かせるのに一役買っているのである。

このような方向性をあらかじめもっている議論においては、「理論不足」は当然で驚くことではない。新しい種類の社会運動と社会的異議申し立ては、表現の新たな形式を模索している。異議申し立ての対象となる問題の原因は社会そのものにあると見なしている点は相変わらずだが、テーマははっきりとエコロジカルな異議申し立ての方向にシフトしている。(6) 平和をテーマとする場合でさえ、武器使用が問題となる限り、やはりエコロジーの観点から論じられる。人間を殺傷するために自然を用いるなどというのはあってはならず、そういうことを目指す軍事政策は阻止されなければならないというのである。いずれにしても、暴力を用いる権利という古いテーマはもはや問題になっていない。

そうしたテーマに関して、かなり無秩序な共鳴が生まれているが、その原因は、ほとんどすべての機能システムとの関係で、意味的懐疑が生じてきたことである。人びとは日常生活における経験を通じて、そうした懐疑をつぎつぎと感じているのである。可能性の地平があまりに強力に拡張されたため、可能性が実現されなかったのは、何でもかんでも社会に原因があるに違いないと人びとは考える。意図は意図せざる結果をもたらし、良かれと思ってやったことが、悪しき副作用を引き起こす。合理性はますます倒錯したものに見えてきて、ついには――まずはコミュニケーションにおいて――不信と拒絶に直面する。そうした雰囲気がさまざまな経験を通じて醸成されていることに疑いの余地はない。しかし同時に、原因の帰属を厳密に行うことは困難である。ということは、評価の評価が問題になる場合はどんな場合でもイデオロギーは機能的に必要不可欠であるにもかかわらず、イデオロギーを生み出す元になる状況は、もはや存在しないということである。

　こうした傾向の特徴をもっともよく捉えられるのは、おそらく重要な機能システムのバイナリーコードとの関係で考察する場合であろう。人びとは、もつこと（所有）ともたないこと（非所有）との緊張を回避したいし、合法と不法の区別における冷徹さを人間に対する理解によって緩和したいのである。あるいは、社会の機能合理的なコード化に対抗して、環境の重要性を認めさせたいのである。要するに、いっさいのコード化に対して、排除された第三項の立場をとり、例によって、排除されながら包含された第三者として社会の中で生きたいと思っているのである。つまり寄生者として生きたいということである。(7)

　こうした人びとの観察を社会学的に観察する者にとって、これらいっさいは、結局のところ、機能的分化とその影響に対する異議申し立てであると考えるような理論は魅力的である。しかし、これが社会についての新しい自己観察の公分母だとしても、それに対応する自己描写——そうした自己観察の帰結をも確定できるような——はまだ存在しない。新しい社会運動には理論がない。その結果、自己の観察結果をその中に書き込む諸区別をしっかりチェックすることもできない。したがって、もっぱら見受けられるのは、じつに素朴で具体的な目標や要請の設定であり、それに応じた支持者と敵対者との区別であり、それに応じた道徳的評価である。それらによって次第に明確になりつつあるように思われるのは、つぎのような考えである。すなわち、たとえ今よりも小規模な生活環境で贅沢な消費をあきらめて生きることになろうとも（贅沢な消費をあきらめることは、いずれにせよほとんどの人の生活世界と一致しているので、かなりの程度合意可能であろう）、人は自ら望むように生きられるはずだ、という考えである。

マルクスは言うまでもないが、いわゆる初期社会主義者でさえ、すでに当時の状況においてもっとずっと多くの理論を提供していた。しかし他方で、社会を経済に還元するという過度の還元によって、理論の土台となる出発点は今日の議論よりも単純なもの（したがって理論的には堅持できない）であった。したがって、初期社会主義者との対比によって今日用の尺度を定めようとしたところで、うまくはいかないだろう。だが、こうした類の社会の自己観察が不十分な意味づけのまま作動することから生じる帰結は——またしてもセカンド・オーダーの観察の立場から——記録されるであろう。

もっとも重要な帰結は、上述のような観察が、異議申し立ての対象を自らの構想の内に取り込んで再構成できないことである。こうした観察にとっては、構想といっても拒否された価値設定にもとづくたんなる抵抗に止まったままである。それはまた、行動や抵抗を包摂する理論構成において獲得しうる意味論的および構造的安定性——この点でもまたマルクスが偉大な模範だが——など眼中にないということでもある。「緑の」運動には、われこそは正義なりといった道徳的思い上がりが観察されるが、そうした思い上がりは、じつはいつでも簡単にあきらめへと転換してしまう可能性をはらんでいて、それをただ表面的に覆い隠しているにすぎないのである。

問題はつぎの点にあるように思われる。すなわち、支配的な社会構造——「資本主義」であれ「機能的分化」であれ——を認めなければ、それに対して態度を定めることができないということである。しかし、態度決定は、もはや一九世紀におけるように簡単にできることではない。なぜなら、歴史的に差異が解消されるだろうという希望、つまり革命の希望は、もはや維持できないからである。弁証法／革命という理論構築物に対する機能的等価物は見当たらない。そのため、そもそも社会の批判的自己観察が社会の中でどのような機能を果たしうるのかということもはっきりしていない。これまでのところ、事態の悪化に関するアドルノやゲーレン風の投げやりな論評以上のことは見出せていない。だが、いつまでもそういう立場に連なって済ませるわけにはいかないであろう。

おそらく、近代社会の（意味論的な）自己描写の不足と、「社会運動」という（構造的）システム形式との間には、内的連関がある。社会の中で社会を描写するという立場をとる以上、運動は自らを社会から区別する。さらに、運動は、社会の中で社会に対して影響を与えようとするわけであり、あたかも社会の外側から働きかけるかのようである。こうしたパラドクスが、観察の立場を不安定なものにする。社会運動のダイナミズムは、そのことをはっきり自覚することなく、考慮に入れている。そうした運動が変革をもたらすことも十分ありうるし、何とか所与のものと折り合うような意味論的あるいは構造的成果を生み出すこともありえよう。しかし、「赤い人びと」（自由主義神学者、ハルナックの名言による）同様、「緑の人びと」も、官職に就いて細々としたことに対処しなければならないことがわかるやいなや、黒ずんでくるであろう。そうした見通しは、「保守的な」観察者を安心させるかもしれない。しかし、そのような見通しによって、つぎの肝心の問題がうやむやにされるべきではないだろう。すなわち、近代社会は自己観察のために、社会運動というまったく不十分な土台に依存しているのか、という問いである。

19章
不安、道徳、理論

オートポイエティックな作動の次元では、近代社会はその基礎的部分で機能的分化、コード化、プログラム化によってしっかり拘束されている。自己観察の次元では、そのことを認識し、批判的に評価することが可能である。しかし、このような社会は、自分自身を自分自身の中で提示する《レプレゼンティーレン》ことはできないので、大方の人びとの同意を、たとえ獲得はできないにせよ、前提することができるような規範的意味づけ《ジンゲーブンク》が欠落している。だから、自己観察は、預言者のように特定の立場から、大切なことを思い出させたり堕落を嘆いたりすることはできない。明らかにその代わりに、つまり規範と逸脱という区別の代わりとして選ばれるのが、不安に関するテーマである[1]。それは新しいスタイルの道徳をもたらす。すなわち、不安の緩和という共通の関心にもとづく道徳であり、規範からの逸脱を回避（あるいは中止したり後悔したり）さえすれば不安なく生きられると思い込めるような、規範にもとづく道徳ではもはやない。

こうした構造は、これまでの章で詳述してきたコード化とプログラム化の分化に密接に関連している。何が正しい《リヒティッヒ》かは、全社会的に各機能システムとの関係において決まるのであり、しかもそこにおいてはそれぞれのコードの値の分配を組織化する取り替え可能なプログラムという形で、何が正しいかが定められている。そして、不安が意味づけ《ジンゲーブンク》の機能的等価物になる。しかもしっかりとした機能的等価物である。というのも、不安は（恐れと違って）いずれの機能システムも対策を講じて取り除くことのできない代物だからである。パニックは禁じることができない——すでにシャフツベリーが知っていたことである[2]。不安は法律で規制することもできないし、学術的に論駁することもできない。リスクと安全性に関する諸問題の込み入った構造について、学術的な責任をもって解明しようという試み[3]も、不安に新たな油を注ぎ、新たな論拠を提供することにしかならない[4]。不安を金で買い取るなり一部を補償するなりといったことを試みることは可能である。しかし、そんな買い取りや一部補償に応じる者は、そうすることで、じつは不安などまったくもっていなかったということを示すにすぎない。不安という商品は、売買契約の成立とともに壊れてしまうわけである。宗教もまた、自らを不安からの解放ための手段として提供しようとしたりすれば、自分を安っぽく貶めるようなものであろう。宗教の歴史から容易にわかるように、宗教は不安を、ただ異なった意味領域に移すだけなのである。

要するに、不安は機能システムによっては統制できないということである。不安はあらゆる機能システムから守られているのである。より良好な機能遂行によっても、不安を取り除くことができるようになるわけではなく、かえってより多くの不安と結びつくことすらある。(5) その際、不安は本当に存在する必要はまったくない。不安のコミュニケーションは、つねに真正のコミュニケーションである。というのも、人は不安をもっていることを自分自身で証明することができ、他人はそれを反駁することができないからである。こうした点が、機能システムを外側から——しかしやはり社会の内部で——観察し記述しようとするコミュニケーションにとって、不安に関するテーマが魅力的な理由である。不安は、純粋理性のいかなる批判にも屈しない。不安は近代のアプリオリである。つまり経験的ではなく超越論的である。不安は、あらゆる原理がだめになったときでもだめにならない原理である。不安は、あらゆる再帰的テストに耐えて存続する「固有の振舞い」である。(6) だから、不安には、政治的および道徳的に大いなる未来が待っていると予想することも可能である。唯一幸いなことは、不安のレトリックには、おそらく本当の不安を生み出すことができないことである。(7) 不安は社会《ゾチアール》システムの攪乱要因に止まるということである。

多くの点で不安のレトリックは新しい現象ではない。たとえば、内外の敵に対して向けられるような政治的利用は、昔から知られていた。(8)しかし、エコロジー関係の新たなテーマは、不安の矛先を変えたのであり、味方／敵という図式の区別を、システム／環境というパースペクティヴの中へと移し入れたのである。戦争が、意図的にエコロジカルな大災害をもたらすものになるにしたがって、戦争に対する不安が、敵に対する不安を圧倒しつつある。ネイションとか階級とかイデオロギーといったことに関わる旧来の社会的分化は、戦争につながる可能性はあるものの、説得力を失いつつあり、地域的あるいは文化的なエスニシティ関連への関心というスケールダウンした傾向によって取って代わられつつある。そして、わたしたちの時代の「本来の」問題との関係で、新たな社会的連帯の必要が説かれ、しかも道徳的な強調をともなって要請されつつある。

新たな不安に関するテーマには、特に際立った新しい特徴がある。すなわち、不安を表明することに対してまったく不安をもっていなくてよいという点である。だからこそ新たな不安に関するテーマは広まりやすいのである。ある人が、「危機」の中にあって、あるいはエコロジー問題の進展や技術がもたらす問題等々を前にして、不安をもっているからといって、その人が否定的に見られることはない。なぜなら、問題になっているような危機的事態は、個人の能力でどうこうできるような問題ではないからである。それゆえ、アンケート調査をすれば、難なく不安が増大しているという結果が得られ、そうした結果が改めて公のコミュニケーションに送り返される。実際「あらわになった不安」の時代について語る者もいた。(9)不安は、普遍的である——いわゆる「一般意志」である――という主張を掲げることができるのである。

もう一点、注目されるのは、こうしたタイプの不安は、原理に関するレトリックの遺産から、反駁不能という特徴だけでなく、パラドキシカルな特性も受け継いだことである。すなわち、不安を取り除こうとすると、不安が増すのである。[10] まさに公的な政策が、あるいは事態を改善しようとつねに努力し続けることが、不安を増すように作用してしまうのである。たとえば、薬に添付される説明書がますます詳細になることや、食品化学の分野での徹底的な研究と報告などを思い浮かべてみていただきたい。後者は、結局、危険でないものはなく、すべては汚染されているという印象を与えることを回避できない。こうしたパラドキシカルな効果をもたらしてしまう心理的基盤として、つぎのような事実が考えられる。すなわち、滅多にありそうにもないリスクが過大に評価されるという事実であり、人は自由意志で引き受けたリスクに比べて、自由意志によらずにさらされることになったリスクを、より大きいと見なすという事実である。[11] 特に考慮に入れなければならないと思われるのは、不安に関するコミュニケーションは、不安に関するコミュニケーションを可能にし、その意味で自己誘発的に作用するということである。人は、不安に関して、いくらでもいろいろな見解を抱きうる。「ヒステリー」について語る人もいれば、「過少評価」について語る人もいる。そして、おそらくは両方の意見とも、それなりに正しいのである。

以上述べたことの全体からわかるのは、社会的に支配的な、機能と結びついたコミュニケーションだけでなく、不安と結びついたコミュニケーションもまた、あるものは大きく見せ、他のものはうやむやにする、そうした共鳴原理だということである。このような、あるものは大きく見せ、他のものはうやむやにするという区別の働きは、一定の目的をもって公的に用いられる不安のレトリックによって強化される。こうしたレトリックは、ともかくまずは不安を広める（不安は自ずと理解されるわけではない）という課題を引き受ける。その目的を達成するためには、不安のレトリックは、話題の対象を選択せざるをえない。[12] だから、今日では、多くの人が原子力の脅威に対して不安を抱いているのに、[13] 医学によって引き起こされる伝染病に対して不安を抱いている人はほとんどいない。また、他者の不安に対する不安は――少なくとも公的なコミュニケーションにおいては――まったく問題にならない。さらに、事態が悪い方に向かうことは強調するのに、多くの注目に値する進歩（たとえば食品化学）[14] に関しては口をつぐむという点でも、不安のレトリックは選択的である。公的なコミュニケーションにおいては、たいそう立派な議論が展開されることで、不安が自己主張の原理となる。不安をもつ者は、道徳的に正しいと見なされるのである。とりわけ、その不安が、他者を案ずる不安であり、かつ病的ではなく一般に認められたタイプの不安と見なされる場合は、なおさらである。

このように意味論的な輪郭ははっきりしているにもかかわらず、不安を取り除くためのシステムが分化・自立化することはない。また、不安のシンドロームに対して、公的に十分理解が示され、思いやり深く寛大な対応がなされているが、いったいどこまでがたんなる「多元的無知」の現象の問題なのか、あいかわらずはっきりしない[15]。仮に誰も本気で地下水の放射能汚染を恐れていないとしても、誰もが、誰かがそのことを恐れ、その問題を正当に評価するだろうと思い込んでいるかもしれないのである。しかし、不安は見せかけにすぎないなどということに、どうやって人は気づくことができるだろうか。

もちろん、社会的問題としては、心理的現実としての不安よりも、コミュニケーションにおいて語られる不安こそが重要である。不安がコミュニケーションされ、コミュニケーション過程において否定されえないならば、それは道徳的存在となる。つまり、道徳的存在となった不安は、心配することを義務とし、心配への同情をあてにすることと危険回避のための対策を要求することを権利とするのである。したがって、エコロジー問題を心配している人びとは、かつてのノアのように、たんに自分たちの方舟に、後の進化のために必要な材料を積み込むだけの人たちではない。彼らは、警鐘を鳴らす人びとになる――そのことが含意するあらゆる道徳的リスクをともないつつ[16]――のである。こうして、エコロジーのコミュニケーションは、不安を通じて道徳の担い手にもなり、もともと攻撃的な性質ゆえに論争は決着することはない。未来になってみて初めて、不安は正当なものだったのかがはっきりするのかもしれないが、その未来は、そのつどの現在において新たに構成されるのである。

不安に結びついた区別を宣伝する道徳に対して、理論的分析は難しい立場にある。事態の不確かさを不安の確かさへとすりかえてしまうので、不安は自分に自信のある原理であり、理論的基礎を必要としない。不安は理論を学術システムに属するものと見なし——もちろんそれは正当なことだが——、不安に共感するのかしないのかという観点から、諸理論を区別する。不安に依拠する道徳とレトリックの観察の立場は、かつての理性のアプリオリの後を継いで、明らかに自分に自信をもっているのである。

しかし他方で、そうした観察の立場から、どうやって社会システムとその環境との関係が十分に改善しうるのかは、明らかではない。不安もまた、共鳴を制限し、かつ増幅する。不安は、他のものに比べれば、社会による環境への大規模な介入を止めることに積極的であり、それによって社会の内部で予想もしていなかったような影響が出ることになっても我慢すべきだと考える。しかし、予想もしていなかったような社会内部の影響に対しても、環境問題同様に不安をもたなくてよいのだろうか。

観察することとは、区別し指し示すことだとすれば、区別する能力から出発すること、つまり区別を区別することが考えられうる。システムと環境というシステム論の区別は、それが首尾一貫して扱われるならば、まさにエコロジー問題を目指すものである。またこの区別は、「再導入」概念によって、合理性概念を定式化することを可能とする。[17] すなわち、システムは、システムと環境の差異をシステム内部に再導入し、したがって（自己の）同一性ではなく、差異に定位して作動するようになればなるほど、合理性を獲得するのである。こうした基準によれば、エコロジカルな合理性はつぎのような場合に達成されるということになるのかもしれない。すなわち、社会が環境に与える影響が、逆に社会自身に跳ね返ってきてさまざまな影響を引き起こすということを、社会が考慮することができる場合である。このような原則は、社会内の各機能システムにおいて、それぞれのシステム準拠に応じて書き換えることができるであろうが、その際、注意しなければならないのは、それぞれのシステム合理性が合わさって社会全体の合理性が得られるなどというふうに考えてはいけないということである。なぜなら、各機能システムは、ただ自己の合理性のみを追求するだけであり、自己以外の社会は環境として扱うからである。

以上のような考え方は慎重に扱わなければならないが、それには多くの理由がある。特に大きな理由は、以上のような考え方は、たんなる学術的な理論にすぎない、つまりその理論自身の自己描写にしたがえば、たった一つの機能システムに依存するものにすぎないということである。しかし、もしそのことも一緒に反省されるのであれば、上のような考え方は、社会システムの自己観察と自己描写に関する提案としては、学術的によく考えられたものと見なすことも可能である。(18) だからといって、不安に対する社会治療的救済効果をこの考え方に期待することはできない。理論の抽象的世界に陶酔して、差し迫った問題に対する気休めをそこに求めたりするなどは言語道断であろう。

しかし、システム論的分析を十分理解して用いさえすれば、そんな心配はないであろう。システム論的分析は、問題に対するパースペクティヴを抑圧するよりは、むしろそれを増加させるのである。そのことを疑う人は、本書のこれまでの説明をもう一度読み直すべきであろう。本書で詳論してきたことに、処方箋を期待することができない——たとえば、原子力発電所の停止とか、多数決ルールの変更をともなう憲法改正とかによって、現代社会のエコロジカルな状況が、本当の意味で合理的に改善されうるかのような——ことは明白である。それに対して、不安のレトリックが提供するオルターナティヴには独特の特徴がある。すなわち、確かに行動には移しやすいが、現実からはかけ離れているという特徴である。それらのオルターナティヴは、ほとんど無責任と言ってもよいくらい、社会の相互依存関係や影響の媒介関係をうやむやにしているのである。

上記二つの立場は、わたしたちの社会システムの自己観察としてありうる有力な立場であることは、認めなければならない。そして、できれば両者がコミュニケーションを通じて、相互に有益な関係をもつことができるかもしれないという希望を抱けるようであってほしいものである。

20章

エコロジーのコミュニケーションの合理性について

「エコロジーのコミュニケーション」というテーマに関してさまざまな考察がなされることで、わたしたちの社会が直面している環境問題の解決に、このコミュニケーションがどのように貢献することができるのかが明らかになるだろうと期待していた人は、おそらくがっかりしていることであろう。本書で取り組んできたのは、社会が環境問題にどのように反応するかを明らかにすることであって、社会が環境との関係の改善を望むならば、どうように反応すべきか、あるいは反応しなければならないか、ではない。そういう処方箋ならば、比較的容易に手に入れられる。そういう処方箋は、結局、消費する資源を減らしましょう、大気中に放出するガスを減らしましょう、生まれてくる子どもを減らしましょう、といった具合に要請することになるだけである。そのような問題の立て方をする者は、社会を無視して請求書を作成しているにすぎない。あるいは、社会を、教え諭したり注意したりすることが必要な一人の行為者のように見なしているのである（そして、そのことは、社会はこうすべきだとは言わず、人びとはこうすべきだという言い方をすることで、隠蔽されてしまう）。

わたしたちはもう一つの点でも控え目な態度を堅持してきた。すなわち、批判に関してである。通常の理解では、批判を行うということは、どうすれば事態が良くなるのかを知っているということを前提にしており、その上で現実がそうならないことを非難するのである。確かに、フランクフルト学派の反省された理解においては、この「すでに知っている」という想定は事実上放棄されているが、代わって主体という幻想が抱かれている。あるいは、ハーバーマス以降はつぎのような想定が取って代わっている。すなわち、社会はコミュニケーション的な討議によって、社会の構成員たる諸主体を「内面的に」関与させるとともに集団的アイデンティティとも結合するように、社会それ自身のアイデンティティを規定できるという想定である。妥当請求に対する根拠を洞察することで、コミュニケーションの当事者たちを納得させるというやり方で、集団的アイデンティティが得られるのだそうである。しかもそれは、そのときどきの個々の行為、状況、根拠に関して言えるだけでなく、アイデンティティに関しても言えるのは明らかだというのである。主体的アイデンティティと集団的アイデンティティとのこの一致が、アイデンティティが理性的なものであるという確信を与えてくれるのに、アイデンティティをシステムのたんなる自己記述と捉えようとする者は、この一致を捉え損ねているそうである。システム論は「近代社会には、理性的なアイデンティティを形成する可能性がまったくない」と主張しているそうで、そのような理論には「批判の拠り所となるものがいっさいない」のだそうである。(1) しかし、近代《モデルネ》がこのように特徴づけられるのであれば、これが意味しているのは、近代というプロジェクトが完成されたならばそれがシステム論によって継続されることはないというだけのことにすぎない。それはまったくそのとおりである。このような近代の意味《ゼマンティク》づけの仕方に対する批判が言わんとすることは、このような大志にもとづいて近代社会を捉えようとしても決して十分には捉えられないし、せいぜい失敗としか捉えようがないということである。これに関してもっともわかりやすい点だけ指摘しておけば、今日の社会は近代のプロジェクトを十分真剣に受け止めず、妥当請求と根拠について十分討議してこなかったからエコロジカルな危機に陥った、などとは考えにくいことである。

しかしながら、中心のない社会はそれ自身の合理性を確かめようがなく、機能システムという部分システムの合理性に自らを委ねざるをえないというハーバーマスの指摘は、注目に値する。これに反対し抗議する人びとがいるということを考慮に入れたとしても、やはりこのことは正しい。なぜなら、そうした抗議もまた部分的現象でしかありえず、全体の中で全体であることも、全体の中で全体を提示することも、できないからである。そうした抗議がもたらすのはせいぜい人心を蝕む不信であり、そこに独自の合理性はない。そうした不信が広がれば、他の人びとはそれに対応しなければならなくなるだけの話である。システム論の見方からすれば、たとえどこかに理性的に討論する諸個人がいてお互いの妥当請求について理解し合おうとするとしても、事態は何も変わらない。そもそも他者は承認に値しない理由から手続きにしたがわず、まして提案された合意案にしたがうこともなかろうということから出発せざるをえないのに、何が良いことであるかの決定は、理性的に討論する諸個人に委ねましょうなどという話にどうしてなるのであろうか。

したがって、システムの合理性に関する問いに対しては（したがってまたエコロジーのコミュニケーションの合理性に関する問いに対しても）、さしあたり問いの立て方の変更によって答えるべきであろう(2)。そもそもいかなるものであれ分化した統一体を想定すれば、そこには必ずパラドクスがはらまれることになる。なぜなら、全体の統一性は部分の外部や上部に存在するわけではないが、だからといって部分の総体と同一かといえばそうではなく、それと同一であると同時に同一ではないというのが実態だからである。しかも、このパラドクスを次元の区別やタイプの序列化によって解消することはできない（できるとしてもきわめて特殊な目的のためだけである）ということも知られている(3)。それに、近代社会では、その一部分が、自分が全体である、あるいは全体の同一性を提示すると主張しても、必ずそれは観察と異論にさらされるということも少し考えてみればわかることである。というのも、社会構造的な理由から、もはや競合を免れる立場——たとえばヒエラルヒーの頂点とか、周辺に対する中心など——は存在しないからである。したがって、合理性を追求するいかなる努力にもこのような制約条件がつきまとうということに習熟せず、たとえ従来の努力には距離をとったとしてもなお直接合理性を獲得できると信じるならば、それは不適切であり、かえって現実から遠ざかり失望することになろう。

このような理解によって、環境は社会の中にパートナーをもっているとか、それどころかわたしこそがそのパートナーであるといった観念は否定されることになる。そのような観念は、結局は全体を全体の中で特権的に提示するという想定を新たな装いのもとで繰り返すことになるだけである。なぜなら、特定の単一の環境は特定の単一のシステムの相関項であり、システムの統一性にもとづいて統一的なものと見なされうるにすぎないからである。どれほど熱意と責任意識があろうとも、何人も上述のような特権的立場を得ることはできない。社会は統一体としてしか環境に反応することはできないが、社会の統一性とはまさに分化した統一性なのである。その上、社会の機能システムのどれ一つとして一つの組織のように成り立っているものはなく、したがって決定能力を有しているわけでもないので、組織的な協力・調整もなしえないのである。

こうした困難に加えて、さらにもう一つ、先の章でコード化とプログラム化の区別によって特徴づけ明らかにした問題が存在する。各機能システムの統一性は、それぞれの機能システムにのみ妥当するバイナリーコードに則って各機能システムが作動しているという点にある。各機能システムの統一性とはそれぞれのバイナリーコードの差異のことなのである。そして、この差異は、システムから、自分自身を「正しい・適切な《リヒティッヒ》」側に位置づける可能性を奪うものであった。これによって、目的論的な合理性は（したがってまた、行為の合理性も）成り立たなくなる。目的論的な合理性によって、システムは自分が真理、合法、権力、富、教養、神の御心にかなう生き方を達成あるいは獲得しようと努力しているのだと称することができ、それによって、少なくとも意図からすれば、自らを合理的と見なすことが可能となるが、そのような合理性は成り立たないのである。それに代わって、つぎのような成熟した問いにこそ答えるべきであろう。すなわち、そのようなコードの主導的差異の統一性は実質的に何を意味するのか、差異の合理性はいったいどこに存するのか、という問いである。そのようなシステムにおいて何が「正しい・適切な」こととして現れようと、それは予めコード化された情報の産出と処理に結びついており、またその意義も、予めのコード化によって成立し構造化された他でもありうること《コンティンゲンツ》との関係で獲得される。ということは、予め与えられた図式にしたがって、第三の可能性を排除しつつ、正反対でもありうるものだけが正しく適切でありうるということである。そして、この図式は特定の機能システムごとに別々のものが前提されなければならないのだから、個々のシステムにとって正しく適切であることから直接、全体社会の合理性を推定することはできない。

以上によって事態が適切に記述されたとすれば、全体社会の合理性の問題はまったく新しいやり方で取り扱われなければならないことになる。相も変わらず合理性を理性の自己言及の内に位置づける者は――たとえそれがハーバーマスが言うような、討議によって見出される理性的なものの自己言及であろうと[4]――、以下の議論が合理性に関する議論だとは思えないであろう。もっとも、伝統的な考え方にしたがう者であっても、以下の点を踏まえたとき、社会の合理性がどう考えられるべきなのかということを、まったく考えることができないということはないであろう。すなわち、(1) 自己言及という概念をすべての経験的なオートポイエティックなシステムに転用する。したがって、(2) 自己言及から合理性を導出することは放棄しなければならない。それゆえまた、(3) 合理性はもはや理性の自己言及の内に与えられるものと見なすことはできず、(4) あらゆる合理性追求の努力は、差異化することとのパラドクスと、各機能システムにおける差異のコード化とに対応することが求められる。[5] 以上を踏まえたとき、社会の合理性はどう考えられるべきであろうか。

当然のことながら、社会の合理性は、個々の機能システムが合理的と見なすもの (学術のそれであれ) の内にもなければ、それらを全体的な思慮に欠けるとして全面的に拒否することの内にもない。社会の合理性は、いわば特定の立場に関係なく考えられるものでなければならないのである。つまり、さまざまに異なった形で実現されうる区別として考えられなければならない。そのための構想として十分一般的で、いずれにしろ今のところこれを凌駕するものがないのが、機能的分析方法の一般化である。つまり、機能的分析方法を、差異を生み出す方法と理解するのである。この方法が厳密に学術的なものでありうるかどうかについてはさまざまな議論があり、当然、何らかの制約を課す条件づけが必要である（たとえば、システム論のような特定の理論による条件づけや、数学などの形式的要求による条件づけなど）。しかし、だからこそかえって、準拠問題から出発してそれに対処するための機能的に等価な可能性を探求するという機能的分析の一般規則を、普遍化可能な原理と見なすことができるのである。この原理も統一性を受け入れはするが、あくまでも問題としての統一性である。つまり、その統一性によって生み出される差異ゆえに受け入れるのである。実際に目の前に見出されるもののすべてを、このように機能的に等価な可能性という観点から検討することにはじつにさまざまな困難がともなうが、それでもこのような探究方針を、たとえ学術的な保証を欠くにしても、つまり独創的なやり方を模索しながらであれ、他の機能システムにおいて実践することに関しては、多くの可能性が見出されるであろう。

　これまであった各機能システムの反省理論は、これによって統一性から差異へと、その焦点を転換することになるであろうし、従来とは違うやり方で情報を獲得する能力を獲得するであろう。従来、機能システムの反省は、たとえそれが理論という形をとる場合であっても、正しい・適切《リヒティッヒカイト》という値に準拠してなされ、そこにシステムの統一性を求めてきた。しかし、これらの反省理論をその機能に注目して比較し、社会システムの機能的分化に由来すると思われる家族的類似性を確認してみるだけでも、これら反省理論の規範的、価値評価的自信をぐらつかせることになる新たな状況が生まれる。機能に注目して改めて分析してみようと思うのであれば、そもそもシステムの内部でシステムが自己を記述することの機能を問うことから出発すべきであろう。そうすれば、直ちにつぎのことに気づくであろう。すなわち、いかなる自己記述も、その自己記述が記述するシステムを単純化してモデル化すること、したがって複合性を縮減すること、したがって差異を、つまり自分自身を記述する当のシステムとその自己記述との差異を、生み出すことである。そして、いかなる反省も、その反省の観察を生み出す。つまり反省の批判を生み出し、それはおそらくつぎのような意味で選択的に作用する。つまり、反省の反省、あるいは観察の観察という再帰的過程を通じて、いかなる反省・観察であれつねに無効宣言される可能性があるということだけは、いかなる反省・観察によっても否定しえないことであるといった意味づけの仕方が残るかもしれず、いわばそれが自己言及システムの「固有値」として析出されるかもしれないということである(6)。もちろん反省を重ねたところで機能システムの反省理論であることには変わりがないかもしれないが、それを主導する観点は、機能システムの中に環境に対する高度な開放性を達成することを目指す観点である。つまりは、各機能システムに全体社会が提示される観点だということである。

社会の合理性は、社会システムとその外的環境というエコロジカルな差異が社会の中に再導入され、主導的差異として利用されることを当然要求するであろう。しかし、そのための特権的場所や権限を有する組織などは存在しえず、したがってまたこのエコロジカルな差異をさらなる情報処理のために拘束力のある指針へと転換するような「体制」もありえないということから、わたしたちは出発しなければならない。仮にそのような場所が作り出されることがあるとしても、それは社会内に新たな差異が一つ誕生するだけのことである。つまり、その場所と、社会のそれ以外のすべてという差異である。そういう場所を作るという考えを、自己正当化するユートピアとして堅持することは可能だが、それは自己正当化する理性の焼き直しにすぎないのではないだろうか。機能的分化という条件下だけでなく、どのような形態の社会であろうとも、それを実現しようとすれば、分化した統一体のパラドクス、多なる一のパラドクスによって、必ずや挫折するであろう。合理性のトートロジー——正しい・適切という概念に適合するものが正しく適切である——は、思いがけずパラドクスに転換することになろう。すなわち、ありえないことが正しく適切であるというパラドクスである。なぜありえないことかと言えば、社会を統一体としてのみ前提し、差異としては前提していないからである。もっと素っ気ない言い方をすれば、そのようなユートピアを実現しようとすれば、予想されるさまざまな困難に直面するだろうということである。当然ながら、同じ問題は、社会内でのシステム形成のあらゆる次元で繰り返される。ただし、サブシステムの場合はヒエラルヒー的な組織化が可能かもしれず、それによってシステムと環境との区別をシステム内の指令へと転換することが可能かもしれない。

以上のような考察によっても、システム合理性という概念が損なわれたわけではない。この概念が表すのは、システムと環境の差異をシステム内に再導入する可能性である。つまり、システムの情報処理をシステムと環境の差異の統一によって統制する可能性である。システムと環境の差異の統一とは世界のことである。しかし、分化したシステムの内部では、この世界との関係は、包括的システムの外部との境界によって濾過されているだけでなく、それに加えてさまざまな内部の境界によっても濾過されている。マックス・ヴェーバーの言う「西洋の合理化」、つまり企業と行政の合理化の条件は、まさに内部の境界による濾過に関わっている。しかし、西洋の合理化を可能にするこのような条件は、同時につぎのことも意味する。すなわち、システム合理性は、世界の合理性であるとは、ますます言えなくなるということである。つまり、今や市場や世論のようなシステム内の環境に定位することが支配的になりつつあるが、それによってシステム合理性が実現しそうに見えれば見えるほど、それが同時に世界にとって合理的と言える可能性は小さくなり、全体社会にとってさえそうは言えなくなるということである。しかし、このことをいったん理解すれば、そこで問題になっているのは「鉄のような法則」ではなく、むしろますますありえそうもないほど高度化しつつある複合性の代償であるということも、同時に理解できるはずである。合理性を追求するあらゆる努力の前提は、なぜ合理性は達成できそうにもないものなのか、そして、そうであり続けるのかを、正しく理解することである。その前提が満たされるならば、個々のシステムの立場から、より合理的な、つまりより多くの環境を考慮した、問題解決策が獲得できるのか、できるとすればどのようにしてか、ということを考えるために、合理性のユートピアを指針とするというのも、あながち無駄ではないかもしれない。そして、現在すでに明らかなように、エコロジーのさまざまなテーマに関するコミュニケーションは、まさにそのような可能性を試しはじめているのである。

そのような可能性がどのように見積もられるにせよ、つぎの点ははっきりさせておかなければならない。すなわち、ここで提起された合理性概念は、けっしてシステムの状態を表すものではなく、したがってまた、達成すべき最終状態とか目標とか、それに類するものへと固定化されることはありえないということである。実体的な合理性や目的論的な合理性を問題にしているのではないのである。問題は統一ではなく、つねに差異である。あらゆる統一を差異に解消することが問題なのである。したがって人は問わずにはいられないであろう。区別を用いて指し示されるものとの関係で区別することとの合理性はいったいどこから生じるのか、と。システムと環境という究極的差異との結びつきから、というのがここで試みられている回答である。つまりは、エコロジカルな差異から、ということである。

21章 環境倫理

最後に、おそらく今日支配的と思われる期待に対して、若干の意見を述べておきたい。すなわち、エコロジーのコミュニケーションにおいても結局は倫理的問題こそが最大の問題であり、エコロジーのコミュニケーションはそこに自らの基礎づけを求めるべきだという期待である。現在の社会状況を考えれば意識変革が必要であり、新しい倫理、環境倫理が必要だというわけである。わたしたちは、こうした要請についてたびたび言及してきたが、それによって得るものはあまりなかった。わたしたちの探究が進んできたのはまったく別の方向である。傍注程度の意見を若干述べたところで、環境倫理の問題を十分解明することはできないので、まとめに代えて、システム論的 - 社会学的分析と倫理との違いを明らかにしておきたい。今後のコミュニケーションが、その差異に即して行われ、単純に倫理的要請や格率に即して行われることがないことを願っているからである。

さしあたり重要なのは、道徳と倫理とを区別することである（ご承知のとおり、一般的な言葉遣いでは、両者はほとんど区別されていない）。道徳とは、善いと悪い（あるいは、主観に引きつけて、善意と悪意）というバイナリーな図式によるコミュニケーションのコード化であると理解していただきたい。このコードは、コミュニケーションの言及対象となる振る舞いに対して、敬意または軽蔑の表明ないしそれらの表明の停止によって賞罰が与えられるときにはいつでも適用可能である。[1] したがって、道徳とは、敬意と軽蔑の割り振りの条件づけであると言うことも可能である。ただし、このようにいう場合の「道徳」とは人工的な集合概念である。というのも、条件づけのための観点の総体が、他のものからはっきりと区別され、いつでも提示できるようになっているなどということは、実際のコミュニケーションではまったく必要ないし、そもそも可能でもないからである。したがって、「道徳」という総称表現がつねに指し示しているのは、すでに道徳化したコミュニケーションである（そしてもちろん、道徳化されていないコミュニケーションも）。

「道徳」の観察にとっては、その対象領域においてパラドクスに直面することは不可避である。これは何も道徳だけに固有の問題ではない。とりわけ論理学の場合が有名だが、あらゆるバイナリーコード化は、そのコードを自分自身に適用すればパラドクスに陥る。社会学的分析は、経験的事態の内にそれを発見し、それによってパラドクスの実際的重要性を確証するのである。

一方で道徳は、そもそも論争を引き起こしやすい事態に由来するように思われる。つまり、道徳が誕生するのは、不確かさ、意見の不一致、争いなどが存在する場合であるが、それはこうした場合にのみ、敬意と軽蔑を賞罰として用いるきっかけが存在するからである。道徳が関わるのは健全な事例ではなく病的な常軌を逸した事例である、と言うこともあるいは可能かもしれない。これには、常識的義務を大幅に上回る働きや貢献を、あたかもそうすることを誰からも期待されているかのように行う人たちの場合も含まれる。そのような人たちは、英雄、殉教者、苦行者、徳の高い人などとして特別の敬意を受けることで別格扱いされなければならないのである。

他方で道徳は、抑圧されるにせよ公然となされるにせよ、紛争を引き起こす。物事に道徳的に深く関与する者は、そう簡単には引き下がれない。そこにはまさにその人の自尊心がかかっているからである。また、相手から道徳的に語りかけられていると思う者は、義務の罠にはまりやすい。だから、そういう人は慎重に抜け目なく振る舞わなければならない。ただし、きわめて限られてはいるが道徳が（そもそも病的事態に由来するものであるにもかかわらず）自明視されている事態は存在し、そういう場合は別である。いずれにせよ、こうした問題性から、意見が対立する場合は、瞬く間に紛争へと発展しやすい。しかもそれは、同様に争いを誘発しやすいモットー、道徳はたんに善を愛することを求めるだけでなく悪を憎みそれと戦うことをも求める、というモットーとは関係

なくである。(2)

以上のことから、論理的にも経験的にも道徳はパラドキシカルである、あるいは時間的現象として見れば、パラドキシカルに作用する、ということを十分考慮する必要がある。善いと悪いの区別の統一として道徳は善くも悪くも作用するのである。だから善いことが悪いこともあれば、悪いことが善いこともありうる。そのため、道徳の観察者は、どのように観察を続ければよいのか立往生してしまう。いずれせよ、彼は道徳に対して道徳的判断を下すことはできない。「換言すれば、いっさいは道徳的だが、道徳そのものは道徳的でない！」のである。(3)

道徳に対して道徳的判断を下すことができるのは倫理だけである。倫理はそれができると思っている。倫理（エートスとの結びつきを保った言葉遣いから切り離した、つまり近代においてのみ妥当する意味での）とは、道徳の反省理論と理解していただきたい。倫理の機能とは、道徳コードの統一、つまり善いと悪いの差異の統一を反省することなのである。道徳的差異がその統一の問題を提起する（そして、統一は自然なことと単純には見なされない）とき、倫理を生み出すのである。したがって倫理は、道徳の道徳的理論であろうとするならば、道徳的パラドクスを脱パラドクス化するという仕事に取り組まなければならない。ただし、それができるのは、自分が何をやっているかわかっていないときだけである。というのも、パラドクスの脱パラドクス化はもちろんそれ自身、パラドキシカルな試みだからである。それゆえ倫理は、根本的問題を隠蔽することを可能とする代替問題を提起しなければならない。一七世紀以来、社会道徳は、いわば「注意深く不注意に」振る舞うことを説いているようなものだが、倫理がそんなことに甘んずるわけにはいかないであろう。反省理論としての倫理は、差異の統一の原理を明らかにするという課題を過剰なほどに自分に課しているのである。そこで、倫理が代替問題として選んだのが、(善い)道徳の全領域を自ら解き放つような規則の統一——たとえば定言命法——である。

倫理的理論がどのように構築可能かという問題をここでこれ以上追究することはできないし、そうしようとも思わない。(4) わたしたちにとっては、つぎのような問題を明るみに出すことで十分である。すなわち、その問題を回避することの内に倫理の潜在的統一が存するような問題である。倫理が名指すこともそこに立ち戻ることもできない倫理の秘密、その奥義、そのあらゆる経験の源泉とは、道徳のコード化のパラドクスである。それゆえ、倫理はその機能からして、道徳に対して用心するよう呼びかけるという課題を担うことはできない。結局それは、ただでさえ悩ましい諸課題に悪戦苦闘している社会学に委ねられたままである。そして、それはまたしても観察の観察を、セカンド・オーダーの観察を、必要とするのである。

以上の考察はまったく一般的に妥当する。つまり、人間の人間による取り扱いから生じる問題に取り組む社会倫理の従来の経験にも妥当するし、ひょっとしたら誕生するかもしれない環境倫理にも妥当する。環境倫理も社会倫理同様、道徳的コード化を、つまりは道徳的共鳴を頼りにするであろうからである。しかし、環境倫理の観点が付け加わったとき、以上に概略を示したパラドクス問題およびパラドクス回避問題は先鋭化しないのかということは、観察しなければならないだろう。現在のところ、環境倫理の観点も取り入れた倫理が反省的形態をとって存在しているわけではないので、上述の問題が先鋭化するかどうかを判断することは困難である。少なくとも、一定のリスク問題は道徳だけでは扱い切れるものではなく、その点でいかなる倫理的反省も破綻するということは、何人も無視することはできない。ここではそのことを問題にしないが、それでも社会的問題と環境問題との不一致、システム論的に言えば、社会システムとその環境との不一致が、はっきりと現れてくるだろうという点は、考慮に入れておかなければならないだろう。道徳であれ倫理であれ、問題にするのは当然、つねに社会的《ゾチアール》規制である。しかし、だからこそつぎのことは自問してみるべきであろう。すなわち、社会的規制を、異質な分野にまで、つまり非社会的《ゾチアール》な問題の源泉にまで適用しようというならば、規制の条件と形式は変更される必要がないのか、という問題である。エコロジー問題も結局は社会的《ゾチアール》に生み出された問題であるとか、少なくともエコロジーのコミュニケーションにおいて関心を引いているのは社会的に生み出された問題としてのみである、などと言って、この問題が十分検討されないうちにお蔵入りさせてしまうならば、それは拙速というものであろう。システムと環境というエコロジカルな区別によって、まったく新しい複合性の次元が重要性をもつようになることは間違いない。そして、その新たな複合性が、ダブル・コンティンジェンシーという社会内の複合性と同じように、敬意ないし軽蔑表明の諸条件へと変換しうるのかと問うてみれば、それはどちらかと言えばありそうにないことのように思えるが、どうであろうか。

したがって、このような事情のもとでもパラドクスを禁じる倫理を展開できるのか、また道徳的責任をもってそれを実践できるのか、と問うてみる必要があろう。新たな問題状況を正当に評価する気があるならば、まさにパラドクスを承認することこそが倫理の進むべき道ではないのか、と考えてみることも必要かもしれない。問題状況がより複合的になれば、理論自体が備えるべき適切な複合性の前提も変わる。したがって、倫理の消化器官は、反芻動物のそれのように、複数の胃を備えなければならないということもありえないことではないであろう。そして、とりわけ必要なのはパラドクスに対する瘤胃であろう。

いずれにしても、そのような倫理が存在しない限り、エコロジーのコミュニケーションは自ら道徳に対して距離をとるように努めなければならないだろう。エコロジーのコミュニケーションは現在、環境倫理という方向指示によって誤って誘導されている。もちろんエコロジーのコミュニケーションは倫理の可能性をも試すことができるだろうし、おそらくはその新しい形態を生み出すための練習場を用意することもできるであろう。しかし、それがどこに用意されるにせよ、エコロジーのコミュニケーションにおいては社会そのものが問題視されるのである。その際、倫理が疑問視を免れ、非常用の錨として確固とした地盤=根拠ともども用意されるなどということがどうすれば可能なのか、到底理解しがたいことである。むしろ逆であろう。エコロジーのコミュニケーションの文脈において、環境倫理に特別の機能を与えうるとすれば、それは、道徳が問題になるときは用心のために立ち止まってみるという機能であろう。

用語集

このテキストでは一連の概念を独特の仕方で、しかもこれまで行ってきた複合的な理論的考察においてくわしく論じた意味合いで、使用している。そうした概念の使用をこのテキストの中で過不足ない程度に基礎づけるなどということはとても不可能なことなので、ここで、いくつかの概念の定義を、場合によっては若干の解説もまじえて、まとめて提示することにする。

エコロジー

本書では、システム形成のどのレベルであれ、システムと環境との分化がシステムの環境にどのような帰結をもたらすのかということを探究する学術的研究の総体をエコロジーと呼んでいる。この概念は何ら特別なシステム（「エコ・システム」）を前提していない。

オートポイエーシス

この概念はつぎのような（オートポイエティックな）システムに関係している。すなわち、システムを成り立たせているすべての要素単位を、まさにこの要素のネットワークを通じて再生産し、それによって自己を環境に対して境界づける——生命体という形態においてであれ、意識という形態においてであれ、あるいは（社会《ゾチアール》システムの場合であれば）コミュニケーションという形態においてであれ——そうしたシステムである。オートポイエーシスとは、こうしたシステムの再生産の様式である。

カップリング

この概念は、観察者がシステムと環境との区別を基礎とするとき観察可能な、システムと環境との相互依存関係を表している。システム自体がシステムと環境との区別にもとづいて自己観察を行うことができる限り、システム自身が観察者でもありうる。

観察

観察という概念は、オートポイエーシス概念が位置する抽象水準において定義されている。それは、つぎのようなひとまとまりの作動を指している。すなわち、何らかの区別を用いて、区別されたもののいずれか一方の側を指し示す、そうした作動である。そうした作動を行うものとしては、生命、意識、コミュニケーションをあげることができる。

共鳴

共鳴という概念で表現しようとしているのは、システムはそれ自身の構造にしたがってのみ環境内の出来事に反応できるということである。

コード

コードは一つのプラスの値と一つのマイナスの値とからなり、その一方を他方に変換することを可能とする。コードは、眼前の現実を二重化することによって成立し、それによって観察のための図式を提供する。その図式内では、観察されたもののすべては、偶発的《コンティンゲント》なものとして、つまり他でもありうるものとして、現れる。

コミュニケーション

本書でこの概念が意味するのは、たんに情報を「転送する」といった意味での伝達行為ではなく、つぎのような独自のオートポイエーシス的作動である。すなわち、情報、伝達、理解という三つの異なる選択をひとまとまりの創発的事象へと統合し、それによってさらなるコミュニケーションがそれに接続して起こることが可能となる、そうした作動である。

自己言及

これが意味するのは、自己自身を他者に関係づけ、それによって自己自身に関係づける作動である。他者を経由することのない純粋な自己言及というものがあるとすれば、それはトートロジーになってしまうであろう。現実の作動ないし現実のシステムは、このトートロジーの「展開」ないし脱トートロジー化に依拠している。なぜなら、現実の作動ないしシステムは、そうすることによってのみ、現実の環境の中でそれらが可能となるのはけっして任意ではありえない限られた仕方によってのみであるということを理解することができるからである。

社会《ゲゼルシャフト》

社会とはつぎのような社会《ゾチアール》システムのことである。すなわち、あらゆる意味的コミュニケーシヨンを包摂するとともに、先行するコミュニケーションに続けてコミュニケーションがなされるか、後続のコミュニケーションを意識してコミュニケーションがなされる（つまりオートポイエティックである）ときにつねに生み出される、そうした社会システムである。

社会《ゾチアール》システム

オートポイエティックなコミュニケーション連関が成立し、しかもその連関に適したコミュニケーションを一定の限度内に制限することで自己を環境に対して境界づけるとき、つねに社会システムが成立する。したがって、社会システムは人間からなるのでもなければ行為からなるのでもなく、コミュニケーションからなるのである。

代理機能性

代理機能性とは一般に、機能が多重に防御されていることを意味する。それゆえ、「過剰なもの」であるように見える。代理機能性の放棄とは、多機能の装置が特定機能の装置によって取って代わられることであるが、取って代わった特定機能の装置は、（オートポイエティックな）自己防御を頼りとするようになる。

脱パラドクス化

パラドクスの項を見よ。

提　示《レプレゼンタチオン》

厳密に法的な意味で用いる場合には法的に有効な代理が問題となるが、本書ではそうした意味ではなく、システムの統一性をシステムの一部が表現すること（同一性の表示 repraesentatio identitatis）を意味するものとして用いている。そういうものである限り提示はつねにパラドキシカルである。というのも、提示は統一性を表現しようとして差異を、つまりシステム内にシステムを提示する部分とそれ以外の部分という差異を生み出してしまうからである。

パラドクス

何らかの作動を可能とする条件が、同時にその作動を不可能にする条件でもあるとき、パラドクスが生じる。否定を自在に用いることができるあらゆる自己言及システムは、自己の作動を停止させてしまうパラドクスを生み出すため（たとえば、自己言及システムが自己を規定しうるのは、当該システムではないものを踏まえることによってのみなのだが、じつはこの「ではない」は当該システムの作動そのものであって、システムの外部にあるような何ものかではない）、自己言及システムは何らかの**脱パラドクス化**の可能性をあらかじめ用意するとともに、脱パラドクス化のために必要な作動を不可視化しなければならない。自己言及システムは、たとえば自己言及がはらむ再帰的な対称関係を、時間化するなりヒエラルヒー化するなりして、非対称化できなければならないのだが、その変換のためにはシステム自身の作動が必要だということは自覚せずに、そうできなければならない。

複合性

ある事態が非常に多くの要素から成り立っているために選択的にしかこれら要素が相互に関係しえない場合、その事態は複合的である。それゆえ、複合性は、作動においても観察においても関係の選択パターンを確定し、要素間の他の結合の可能性をたんなる可能性として暫定的に排除する(「潜在化する」)何らかの縮減方式をつねに前提にしている。

プログラム

プログラム概念はコード概念と関係し、かつて使用された概念(規範 kanon、標準 kriterion、尺度 regula)を継承するものとして、つぎのような条件を指し示している。すなわち、特定のコードのプラスないしマイナスの値を何らかの事態や出来事に適切に付与することを可能とする条件である。社会《ゾチアール》システムの場合、今述べたことは、真か偽か、合法か不法か、等々を決定する問題（したがって決定プログラムの問題）として扱われる。

分化、機能的分化

機能的分化の概念はこのテキストでは、システム内でのシステム形成との関係で用いられている。この概念は、全体システムが諸部分に分解することを必ずしも意味するわけではなく、システムと環境の差異がシステム内部で発生することを意味している。こうした分化は、サブシステムが全体システムにとっての一つの機能を充足することでその同一性を獲得すればするほど、機能的である。

原注

序文

(1) 講演の原稿は、同アカデミーの図書シリーズの一冊として、講演と同じタイトルで出版されている(RWAkW G278, Opladen 1985)。

1章　社会学的禁欲

(1) 「わたしは警鐘を鳴らすつもりで書いている」とJohn Passmoreは公言している。*Man's Responsibility for Nature: Ecological Problems and Western Traditions*, New York 1974, S.IX. 確かに彼は、多くのエコロジー関連の作家たちを代弁している。

(2) 概説として、Josef Müller, Umweltveränderungen durch den Menschen, in: Karl Heinz Kreeb, *Ökologie und menschliche Umwelt: Geschichte-Bedeutung-Zukunftsaspekte*, Stuttgart 1979, S. 8-69を参照せよ。

(3) つぎの文献の、問題領域を長々と列挙した後の最後の二章を見よ。Armand L. Mauss, *Social Problems as Social Movements*, Philadelphia 1975.

(4) Stephen Holmesは、自由主義の初期の歴史に関する未刊行の研究書で、こうした事態を「反意語変換」と表現している。

(5) 一八世紀に十全な環境概念が存在しなかったことについては、Georges Canguilhem, *La connais-*

sance de la vie, 2. Aufl., Paris 1965, S. 129ff. を参照せよ。また、Jürgen Feldhoff, Milieu, *Historisches Wörterbuch der Philosophie*, Bd. 5, Basel-Stuttgart 1980, Sp. 1393-1395 も参照せよ。特に、Leo Spitzer, *Milieu* and *Ambiance*: An Essay in Historical Semantics, *Philosophy and Phenomenological Research* 3 (1942), S. 1-42, 169-218 を参照せよ。

(6) たとえばつぎのものを参照せよ。Richard Hofstadter, *Social Darwinism in American Thought 1860-1915*, Philadelphia 1945; Emerich K. Francis, Darwins Evolutionstheorie und der Sozialdarwinismus, *Kölner Zeitschrift für Soziologie und Sozialpsychologie* 33 (1981), S. 209-228; Niles Eldrege/Ian Tattersall, *The Myths of Human Evolution*, New York 1982; Walter L. Bühl, Gibt es eine soziale Evolution? *Zeitschrift für Politik* 31 (1984), S. 302-332.

(7) 基本的考えを表明したものとしては Zu einer allgemeinen Systemlehre, *Biologia Generalis* 19 (1949), S. 114-129. とりわけ英語圏では大きな反響を呼んだ。Ludwig von Bertalanffy, *General System Theory: Foundations, Development, Applications*, London 1971 を見よ。また歴史的評価については、I. V. Blauberg/V. N. Sadovsky/E. G. Yudin, *Systems Theory: Philosophical and Methodological Problems*, Moskau 1977 も見よ。

(8) たとえば、Walter Buckley, *Sociology and Modern Systems Theory*, Englewood Cliffs, N. J. 1967; Kenneth F. Berrien, *General and Social Systems*, New Brunswick, N. J. 1968 を参照せよ。こうした動向を示す重要な論文集 Walter Buckley (Hrsg.), *Modern Systems Research for the Behavioral Scientist*, Chicago 1968 には社会学者はほとんど登場しない。社会学の理論史にくわしい人であれば、これには当時支配的であった構造機能主義パラダイムの影響が関係していることをご存じであろう。

構造機能主義の代表的論者であったタルコット・パーソンズは、もちろん一般システム理論から影響を受けはしたが、結局彼が到達した理論においては、環境はただシステム内の環境としてしか位置づけられていなかった。

(9) 特に Tom Burns/G. M. Stalker, *The Management of Innovation*, London 1961 と Paul R. Lawrence/Jay W. Lorsch, *Organization and Environment: Managing Differentiation and Innovation*, Boston 1967 以降、優れた研究が増えた。最近は教科書的なテキストも充実している。Howard E. Aldrich, *Organizations and Environments*, Englewood Cliffs, N. J. 1979 を参照せよ。

(10) ちなみに、同様のことは政治システムの理論についても言える。代表的なものとして、David Easton, *A Systems Analysis of Political Life*, New York 1965.

(11) Walter L. Bühl, Das ökologische Paradigma in der Soziologie, in: Harald Niemeyer (Hrsg.), *Soziale Beziehungsgeflechte: Festschrift für Hans Winkmann*, Berlin 1980, S. 97–122, あるいは ders., *Ökologische Knappheit: gesellschaftliche und technologische Bedingungen ihrer Bewältigung*, Göttingen 1981, S. 35 も従来の分析の「システムとしての深さ」のなさに直面してこの点を強調している。ただし、まったく異なった方向、すなわちエコシステムを問題にしうる可能性を目指している。

(12) Niklas Luhmann, *Soziale Systeme: Grundriß einer allgemeinen Theorie*, Frankfurt 1984 を参照せよ。

(13) Lynn White Jr., The Historical Roots of Our Ecological Crisis, *Science* 155 (1967), S. 1203–1207 を参照せよ。なお、これは批判的応答とともに、以下の文献に再録されている。Ian G. Barbour (Hrsg.), *Western Man and Environmental Ethics: Attitudes Toward Nature and Technology*,

Reading, Mass. 1973, S. 18-30.

(14) Günther Altner, Ist die Ausbeutung der Natur im christlichen Denken begründet? in: Hans Dietrich Engelhardt *et al*. (Hrsg.), *Umweltstrategie: Materialien und Analysen zu einer Umweltethik der Industriegesellschaft*, Gütersloh 1975, S. 33-47; Robin Attfield, Christian Attitudes to Nature, *Journal of the History of Ideas* 44 (1983), S. 369-386; ders., *The Ethics of Environmental Concern*, Oxford 1983 を参照せよ。

(15) 倫理的観点を上位に位置づけることに関する典型的論拠は、「科学的、技術的、経済的観点ばかりが排他的に優先されたがゆえに、先に述べたような危機を招いた」ことから生じるのだそうである。Heinhard Steiger, Begriff und Geltungsebenen des Umweltrechts, in: Jürgen Salzwedel (Hrsg.), *Grundzüge des Umweltrechts*, Berlin 1982, S. 1-20 (13). まるでそのような「排他的優先」が、かつて存在していたかのような書きぶりである。これに比べると、Hans Jonas, *Das Prinzip Verantwortung: Versuch einer Ethik für die technologische Zivilisation*, Frankfurt 1979 の分析はずっと緻密だが、歴史的分析において過度に対照性を強調している点で不満が残る。

(16) こうしたちぐはぐな議論は Louis Dumont にも見られる。*Essais sur l'individualisme: Une perspective anthropologique sur l' idéologie moderne*, Paris 1983, S. 203 を見よ。

(17) この点で、人びとの頭を大いに混乱させるのに一役買っているのが、エコロジカルな相互依存や「均衡」をも「システム」と呼んでしまう（エコシステム）話し方が広まっていることである。この言い方を徹底させるならば、必ずやエコロジー概念を切り詰めることになってしまうはずである。たとえば、Heinz Ellenberg, Ziele und Stand der Ökosystemforschung, in ders. (Hrsg.), *Ökosystem-*

forschung, Berlin 1973, S. 1-31 (1) によれば、「エコシステムとは、生物とその非有機的環境との秩序だった相互作用の仕組みである。これはもちろん開かれているが、一定程度自己統制する能力を備えている。……エコロジカルなシステムはつねに開かれている。つまり外部からの影響によって攪乱されるし、はっきりとした境界があるわけでもない。」Kreeb, *a.a.O.* (1979) も類似の言い方をしているし、支配的見解も同様である。しかしながら、どんな連関もすべてシステムであるというわけではない。ある連関が自らその環境に対して一線を画するときにのみ、システムと呼ぶべきである(Bühl, *a.a.O.* (1980), S. 121 と正反対である)。このような意味で、たとえば、地球という惑星の物理的システムについて語ることができる。この物理的システムには、人間の有機的身体、人間のコミュニケーションを成り立たせる音声の伝達、人間の耳に関するミクロ物理学、等々も含まれる。しかし、何をもってシステムと呼ぶかというのは確かにシステム論的な問題ではあるが、エコロジカルな問題ではない。(たんなるシステム論的な問題とは違う) エコロジカルな問題と言えるのは、差異にもかかわらず統一を問題にする、もっと言えば、差異を通じての統一を問題にする、そうした場合だけである。つまり、システムが自らを環境から切り離し、環境に対して自己を差異化し、その基礎の上に高度に選択的な環境との関わりを展開することでシステム/環境 - 連関が構造化されている、そうした事態を問題とする場合である。したがって、エコロジカルな問題は、システム論的な問題とそれ違うことになる(当然のことながら、一方のパースペクティヴにもとづく研究が、他方のパースペクティヴにもとづく研究にとって重要な意味をもつことがなくなるわけではない)。しかしながら、人間社会のエコロジーには無数のシステムが関わっていて(たとえば、生物として遺伝型が代々受け継がれていくという、それ自身閉じた遺伝学的システム)、しかもそれらのシステムと環境の統一が、

社会のエコロジーと、つまり社会のシステム／環境 - 関係と、一致するわけではない。今日「社会生物学」の名のもとで議論されている問い、すなわち、そもそも遺伝型の伝承は、社会というシステムおよびその環境にとって重要なことなのか、重要だとしてもどれほど重要なのか、という問いは、まだまだ決着のつかない問いである。

(18) これについてはSpitzer, *a.a.O.*, 特に第一部を参照せよ。

(19) 世界の自己観察と反省のためには、世界の中に境界線が引かれることが必要だと考える、こうしたタイプの理論は、ヴィトゲンシュタインの影響を受けた反省哲学やサイバネティクスの中に登場した。たとえばつぎのものを参照せよ。Gotthard Günther, Cybernetic Ontology and Transjunctional Operations, in ders., *Beiträge zur Grundlegung einer operationsfähigen Dialektik*, Bd. 1, Hamburg 1976, S. 249-328 (insb. S. 318f.). 社会学は、これまでのところ予言の自己成就ないし自己否定を認めるところまでしか至っていない。

2章　原因と責任？

(1) Guido Calabresi/Philip Bobbitt, *Tragical Choices*, New York 1978も、少し違った意味でではあるが、つまり希少性問題とそれの時間的な対処の仕方との関わりにおいてではあるが、悲劇的な決定について語っている。私見では、因果関係への介入が問題となる場合は、「悲劇的なこと」の古典的概念の方が適している。それによって、悲劇的であることの最終的な根拠は相変わらず、因果的な可能性が「あまりにわずか」しか存在しないことであることが理解できるからである。

(2) たとえば以下のものを参照せよ。Eckard Rehbinder, *Politische und rechtliche Probleme des*

Verursacherprinzips, Berlin 1973; Dieter Cansier, Die Förderung des umweltfreundlichen technischen Fortschritts durch die Anwendung des Verursacherprinzips, *Jahrbuch für Sozialwissenschaft* 29 (1978), S. 145-163; Robert Weimar, Zur Funktionalität der Umweltgesetzgebung im industriellen Wachstumsprozeß, in: *Festschrift Bruno Gleitze*, Berlin 1978, S. 511-526 (519ff.). こうした議論においては、法律家たちは相当程度、帰責に関する偏見に依拠している。彼らに初めて本来の問いが突きつけられるのは、たとえば誰に責任があるのかと問うことで法律効果が連鎖的に広がってしまうことをもっと制限すべきか、ということが問題になるときである。こうした問題は、刑罰を考慮に入れなければならない以上、当然避けては通れない。これに対して経済学者にとっては、原因者原則は規制の技術としては確かに単純明快ではあるが、負担の割り当てを最適化するように作用するわけではないということは、いずれにしろ明らかである。こうした留保が付くということもまた、ある意味では、いかなる帰責も単純化にもとづくということを確認しているようなものである。

（3）「できるだけ良質の環境を達成するためにはどうすればよいのか、またどのような手続きが経済的、行政技術的に有利な解決策に見えるか」という観点から、選抜は行われるという。Eckard Rehbinder, Allgemeines Umweltrecht, in: Jürgen Salzwedel (Hrsg.), *Grundzüge des Umweltrechts*, Berlin 1982, S. 81-115 (96f.) また、ders., *a.a.O.* (1973), S. 33f. も見よ。原因者とは、換言すれば、捕まえることのできる人のことである。

（4）ということは、たとえば、環境に関する被害の真の原因は「資本主義」と利潤動機の解放であると主張する議論は、単一の要因に原因を求めるあらゆる理論がそうであるように、正しくもあれば間違ってもいるということである。Gerhard Kade, Umwelt: Durch das Profitmotiv in die Katastrophe, in: Regina Molitor (Hrsg.), *Kontaktstudium Ökonomie und Gesellschaft*, Frankfurt 1972, S. 237-247 を参照せよ。また、つぎの文献所収の Gerhard Kade と Volker Ronge の論文も参照せよ。Manfred Glagow (Hrsg.), *Umweltgefährdung und Gesellschaftssystem*, München 1972. カール・マルクス自身の著作には、エコロジカルな分析にとっての出発点となるような多様な記述があることは、わざわざ指摘するまでもないことであろう。たとえばつぎのものを参照せよ。Peter A. Victor, Economics and the Challenge of Environmental Issues, in: Herman Daly (Hrsg.), *Economics, Ecology, Ethics: Essays Towards a Steady-State Economy*, San Francisco 1980, S. 194-204 (207ff.).

(5) この点に関してとりわけ明快なのは、Heinz von Foerster, Cybernetics of Cybernetics, in: Klaus Krippendorff (Hrsg.), *Communication and Control in Society*, New York 1979, S. 5-8.

(6) Walter Benjamin, Zur Kritik der Gewalt, in ders., *Gesammelte Schriften*, Bd. II. 1, Frankfurt 1977, S. 179-203 を参照せよ。

(7) たとえばエコロジカルな問題を希少性と分配の関係に還元するものとしてつぎのものを見よ。Horst Siebert, *Ökonomische Theorie der Umwelt*, Tübingen 1978.

3章　複合性と進化

(1) Stafford Beer, *Designing Freedom*, New York 1974, S. 7, 10, 95 から引用。

(2) 概念的により正確に言うならば、この差異に関しては「必要な多様性」は存在しないということである。換言すれば、いかなるシステムも、その環境の複合性を統制できるほど高度の複合性を自己の内に構築することはできないということである。もちろんこのことは、統制対象となる事態との関係で必要な多様性を備えたモデルや機械装置やシステムを立案することを、原理的に否定するものではない。

(3) Niklas Luhmann, *Soziale Systeme, a.a.O.*, S. 47f., 249ff. を参照せよ。

(4) 最近、ふたたび盛んに利用されるようなってきた理論的アプローチである。たとえばつぎのものを参照せよ。Gerhard E. Lenski, Social Structure in Evolutionary Perspective, in: Peter M. Blau (Hrsg.), *Approaches to the Study of Social Structure*, London 1976, S. 135-153; Philippe Van Parijs, *Evolutionary Explanation in the Social Sciences: An Emerging Paradigm*, London 1981; Bernhard Giesen/Christoph Lau, Zur Anwendung Darwinistischer Erklärungsstrategien in der Soziologie, *Kölner Zeitschrift für Soziologie und Sozialpsychologie* 33 (1981), S. 229-256; Michael Schmid, *Theorie sozialen Wandels*, Opladen 1982.

(5) 代表的なものとしてAndré Béjin, Différenciation, complexification, évolution des sociétés, *Communications* 22 (1974), S. 105-118.

(6) そもそも複合性という概念自体について同様のことが言えるであろう。たとえばつぎのものを参照せよ。Todd R. La Porte, Organized Social Complexity: Explication of a Concept, in ders. (Hrsg.), *Organized Social Complexity: Challenge to Politics and Policy*, Princeton, N.J. 1975, S. 3-39.

(7) こうした考え方に対しては、数年前から、熱力学的に開かれたシステムの自己組織化の理論や、自己言及的なシステム形成（オートポイエーシス）の理論の発展にともなって、一段と強い批判がなされている。たとえばつぎのものを参照せよ。Edgar Morin, *La Méthode*, Bd. 2, Paris 1980, S. 47ff.; Alfred Gierer, Socioeconomic Inequalities: Effects of Self-Enhancement, Depletion and Redistri-

bution, *Jahrbuch für Nationalökonomie und Statistik* 196 (1981), S. 309-331; Gerhard Roth, Conditions of Evolution and Adaptation in Organisms as Autopoietic Systems, in: D. Mossakowski/G. Roth (Hrsg.), *Environmental Adaptation and Evolution*, Stuttgart 1982, S. 37-48.

(8) この点に関しては、現在はおそらく懐疑的な見解が、少なくともきわめて慎重な見解が、支配的である。社会システムに関しては、たとえばつぎのものを参照せよ。Mark Granovetter, The Idea of "Avancement" in Theories of Social Evolution and Development, *American Journal of Sociology* 85 (1979), S. 489-515; Walter L. Bühl, Gibt es eine soziale Evolution? *Zeitschrift für Politik* 31 (1984), S. 302-332.

(9) 結局は、特殊化していないものの高度な発展の可能性をこそ保持すべきだという提言に帰着することになるありふれた見解として、たとえばつぎのものを参照せよ。E. D. Cope, *The Primary Factors of Organic Evolution*, Chicago 1896, S. 172f.; Elman R. Service, *The Law of Evolution and Culture*, Ann Arbor, Mich. 1960, S. 93ff.; また in: Elman R. Service: *Cultural Evolutionism: Theory in Practice*, New York 1971, S. 31ff.

4章　共鳴

(1) Humberto R. Maturana, *Erkennen: Die Organisation und Verkörperung von Wirklichkeit*, Braunschweig 1982, z. B. S. 20f., 150ff., 287ff.; Francisco Varela, L'auto-organisation: de l'apparence au mécanisme, in: Paul Dumouchel/Jean-Pierre Dupuy (Hrsg.), *L'auto-organisation: de la physique au politique*, Paris 1983, S. 147-164 (148) を参照せよ。

（2）この点に関してはつぎの著作の「意味」に関する章でくわしく述べている。Niklas Luhmann, *Soziale Systeme*, a.a.O., S. 92ff.

（3）「無規定性とは、もちろん必然的に、しっかりと定められた様式で規定可能であることを意味する」とフッサールは書いている。Ideen zu einer reinen Phänomenologie und phänomenologischen Philosophie Bd. 1, *Husserliana* Bd. III, Den Haag 1950, S. 100.

（4）Francisco J. Varela, *Principles of Biological Autonomy*, New York 1979; Maturana *a.a.O.*（1982）を参照せよ。

（5）このような考えのもとになった理論はじつにさまざまであり、全体を概観するのは困難である。第一に思い浮かぶのは新たな弁証法の伝統であり、とりわけヘーゲルである。またつぎのものも参照せよ。Ferdinand de Saussure, *Cours de Linguistique Générale*, 5. Aufl., Paris 1962; Alfred Korzybski, *Science and Sanity: An Introduction to Non-Aristotelian Systems and General Semantics*, 4. Aufl., Lakeville, Conn. 1958; George A. Kelly, *The Psychology of Personal Constructs*, 2 Bde., New York 1955.

（6）1章の注19を参照せよ。

（7）この点に関してはHelmut Willke, Zum Problem der Intervention in selbstreferentielle Systemen, *Zeitschrift für systemische Therapie* 2（1984）, S. 191-200も参照せよ。

（8）たとえばKorzybski, *a.a.O.*, S. 386ff. を参照せよ。

（9）まさにこれを否定しようとする全体主義的な議論（ゼマンティク）としてはつぎのものを参照せよ。Marcel Gauchet, L'expérience totalitaire et la pensée de la politique, *Esprit Juli/August* 1976, S.

3-28.

5章　観察の観察

（1）　Roy A. Rappaport, *Ecology, Meaning, and Religion*, Richmond, Cal. 1979, S. 97ff. を参照せよ。

（2）　Maturana *a.a.O.* (1982), 特に S. 36f. を参照せよ。マトゥラーナは、ファースト・オーダーの観察によって言及される他者（他者言及）を「ニッチ」と呼び、セカンド・オーダーの観察に対して観察されるシステムの他者言及として現れるもののみを環境と呼んでいる。本書では、この独特の言葉遣いにはしたがっていない。その意味するところは一義的で明快ではあるが、通常の言葉遣いとは異なった表現の仕方をつねに強いられることになってしまうからである。

（3）　この立場に立っているのが Heinz von Foerster のサイバネティクス理論である。*Observing Systems*, Seaside, Cal. 1981; *Sicht und Einsicht*, Braunschweig 1985 を見よ。

（4）　Douglas R. Hofstadter, *Gödel, Escher, Bach: An Eternal Golden Braid*, Hassocks, Sussex UK 1979; dt. Übers. Stuttgart 1985 の有名な議論。

（5）　Lars Löfgren, Some Foundational Views on General Systems and the Hempel Paradox, *International Journal of General System* 4 (1978), S. 243-253 (244) は問いの形で——それへの回答は（まだ）ないが——このように述べている。

（6）　特に On Constructing a Reality, in: Heinz von Foerster *a.a.O.* (1981), S. 288-309 と Objects: Tokens for (Eigen-) Behaviors *a.a.O.*, S. 274-285 を見よ。また John Richards/Ernst von Glasersfeld, Die Kontrolle von Wahrnehmung und die Konstruktion von Realität, *Delfin III* (1984), S. 3

-25 も参照せよ。

（7） 再度 Heinz von Foerster, *Cybernetics of Cybernetics, a.a.O.* を参照せよ。

（8） これに関しては Edward E. Jones/Richard E. Nisbett, The Actor and the Observer: Divergent Perceptions of the Causes of Behavior, in: Edward E. Jones *et al., Attribution: Perceiving the Causes of Behavior*, Morristown, N. J. 1971, S. 79–94 を見よ。「根本的な帰責の誤り」つまり状況要因の軽視に関する最近の研究を概観するものとしては、Lee Ross/Craig A. Anderson, Shortcomings in the Attribution Process, in: David Kahneman/Paul Slovic/Amos Tversky (Hrsg.), *Judgement under Uncertainty: Heuristics and Biases*, Cambridge, Engl. 1982, S. 129–152 (135f.). より包括的なものとしては Francesco Pardi, *L'osservabilità dell'agire sociale*, Milano 1985. 社会心理学は、このような洞察によって自分自身をも特徴づけたことに、即座に気づいた。すなわち、観察される行為者は、彼／彼女を観察する者とは異なった帰責原理にしたがっているということも考慮に含めることが求められる、そうした観察者として自分自身を特徴づけたのである。これに関しては Wulf-Uwe Meyer/Heinz-Dieter Schmalt, Die Attributionstheorie, in: D. Frey (Hrsg.), *Kognitive Theorien der Sozialpsychologie*, Bern 1978, S. 98–136 を参照せよ。また政治に特化した論文として注目に値する Walter Mischel, Toward a Cognitive Social Learning Reconceptualization of Personality, *Psychological Review* 80 (1973), S. 252–283 を見よ。

（9） Philippe Van Parijs, *Evolutionary Explanation in the Social Sciences: An Emerging Paradigm*, London 1981, S. 129ff. はこれを「疑うという原理」と呼び、これについて、この種の分析は疑ったところで解消するわけではない「厳然たる自己知」にぶつかることになる、と書き添えている。これもまたファースト・オーダーとセカンド・オーダーの観察の差異という一般的差異の一変種である。

(10) こうした考察にしたがってユルゲン・ハーバーマスの最近の著作、特に Jürgen Habermas, *Der philosophische Diskurs der Moderne*, Frankfurt 1985 を読んでみるならば、それらが近代社会の自己記述の批判の批判として見えてくるであろう。つまり、文献という批判の批判にとっての特殊な環境における一種のサード・オーダーのサイバネティクスである。この場合、ある著者が他の著者について(ヘーゲルがカントについて、ハイデガーがニーチェについて)表明した見解をあれこれ検討するという形でディスクルスを遂行することは、まったくもって当然の成り行きである。こうした記述の明晰さは見事なものではあるが、その明晰さは自己の理論が極端な縮減を行うことによって獲得されたのである。つまり、この理論は自分自身について啓蒙する理性につきまとうアポリアを無視し、ただたんにコミュニケーションにおいて吟味可能な妥当請求を提示することを要求するだけである。こうした単純化によって記述の記述の記述は際立った簡潔さを手に入れることになるが、同時に現実の社会の作動との間にはほとんど架橋できないほどの大きな溝ができてしまう。つまり、現実の社会の作動は間接的に照明が当てられるだけで、生活世界などと美化されてしまっている。

6章　社会的作動としてのコミュニケーション

(1) たとえば Eric Trist, Environment und Systems-Response Capability, *Futures* 12 (1980), S. 113-127 は、あまり得るところのない論述になってしまっている。

(2) *A.a.O.* (1983)

(3) Niklas Luhmann, Autopoiesis des Bewußtseins, *Soziale Welt* (im Druck) を参照せよ。

（4） これから、別の所でくわしく論じたコミュニケーション概念の「脱主体化」を支持するいくつかの帰結が導き出される。*Soziale Systeme, a.a.O.*, S. 191ff.を見よ。

7章　エコロジカルな知識と社会的コミュニケーション

（1） 少し古い文献の概観に役立つものとしてJune Helm, Ecological Approach in Anthropology, *American Journal of Sociology* 67 (1962), S. 630-639を参照せよ。さらに、Julian H. Steward, *Evolution and Ecology, Essays on Social Transformation*, Urbana, Ill. 1977; Roy A. Rappaport, *Ecology, Meaning, and Religion*, Richmond, Cal. 1979も参照せよ。ところで、わたしたちの比較にとって重要な、エコロジカルな自己制御はどのように行われるのかという問いは、一般に広まっている問題設定とは異なっている。一般に広まっている問題設定では、エコロジカルな諸条件は異なった進化を説明できるのか、できるとしてどこまで説明できるのかということが問題になる。つまり、さまざまな社会の中には進化して進歩するものもあれば、進化せず現状にとどまるものもあるが、そのいずれをも説明できるかということである。こうした類の理論は、今日多くの批判にさらされていると思っているようである。たとえばElman R. Service, *Primitive Social Organization: An Evolutionary Perspective*, New York 1962, S. 65f., 72ff.; Robert L. Winzeler, Ecology, Culture, Social Organization, and State Formation in Southeast Asia, *Current Anthropology* 17 (1976), S. 623-632を参照せよ。より複合的な説明モデル（文化的な情報処理を含む）を支持するものとしてKent V. Flannery, The Cultural Evolution of Civilizations, *Annual Review of Ecology and Systematics* 3 (1972), S. 399-426も参照せよ。こうした一連の議論も、社会を、作動において閉じていて、つまりどんな時でも自分自身に反応し、それによってのみ環境に開かれているシステムとして理解しなければならないということを確証することになるのかもしれない。

(2) Roy A. Rappaport, *Pigs for the Ancestors*, New Haven 1968を参照せよ。

(3) ふたたびニューギニアに関するものとしてFredrik Barth, *Ritual and Knowledge among the Baktaman of New Guinea*, Oslo 1975を参照せよ。

(4) 特にWalter J. Ong, *The Presence of the Word: Some Prolegomena for Cultural and Religious History*, New Haven 1967: ders., *Rhetoric, Romance, and Technology: Studies in the Interaction of Expression and Culture*, Ithaca N. Y. 1971: ders., *Interfaces of the Word: Studies in the Evolution of Consciousness and Culture*, Ithaca N. Y. 1977を参照せよ。

(5) De libero arbitrio, Ia 7ff., 特に10; 引用は以下による。*Ausgewählte Schriften* (Hrsg. von Werner Welzig) Bd. 4, Darmstadt 1969, S. 11ff.

(6) A. J. Festugière, *La révélation d'Hermes Trismégiste*, 4 Bde, Paris 1950–1954; Frances Yates, *Giardano Bruno and the Hermetic Tradition*, Chicago 1964を参照せよ。

(7) これについてはMichael Giesecke, Überlegungen zur sozialen Funktion und zur Struktur handschriftlicher Rezepte im Mittelalter, *Zeitschrift für Literaturwissenschaft und Linguistik* 51/52 (1983), S. 167-184を参照せよ。

(8) 部族の文化に関してRappaport *a.a.O.* (1979), S. 100f. はつぎのように書いている。「知識は崇拝の念に取って代わってわたしたちのエコシステムの諸関係の中での指導原理となることはけっしてできないのだから、認知されたモデルが未知で予測不能で統制できないものに対する崇拝の念を喚起することも、また認知されたモデルが経験的知識を体系化することも、状況に適合的である。」

(9) Thomas Wright, *The Passions of the Minde in Generall*, erweiterte Auflage, London 1630, Nachdruck Urbana Ill. 1971, S. 141 はそのように書いている。

(10) 以下のものも参照せよ。Niklas Luhmann, *Die Funktion der Religion*, Frankfurt 1977, S. 225ff.; Niklas Luhmann/Karl Eberhard Schorr, *Reflexionsprobleme im Erziehungssystem*, Stuttgart 1979, S. 24ff.; Niklas Luhmann, *Gesellschaftsstruktur und Semantik*, Bd. 1, Frankfurt 1980, S. 9ff.; ders., *Politische Theorie im Wohlfahrtsstaat*, München 1981, S. 19ff.; ders., Gesellschaftsstrukturelle Bedingungen und Folgeprobleme des naturwissenschaftlich-technischen Fortschritts, in: Reinhard Löw *et al*. (Hrsg.), *Fortschritt ohne Maß?*, München 1981, S. 113-131; ders., *The Differentation of Society*, New York 1982, S. 229ff.; ders., Anspruchsinflation im Krankheitssystem: Eine Stellungnahme aus gesellschaftstheoretischer Sicht, in: Philipp Herder-Dorneich/Alexander Schuller (Hrsg.), *Die Anspruchsspirale*, Stuttgart 1983, S. 168-175; ders., Die Wirtschaft der Gesellschaft als autopoietisches System, *Zeitschrift für Soziologie* 13 (1984), S. 308-327.

8章 バイナリーコード

(1) フッサールの概念に変更を加えてはいるが、たとえば Achille Ardigò, *Crisi di governabilità e mondi vitali*, Bologna 1980; Jürgen Habermas, *Theorie des kommunikativen Handelns*, Frankfurt 1981, Bd. 2, S. 171ff. を参照せよ。

(2) この点については13章の注5を参照せよ。

（3） 特に真理コードの進化に関してはNiklas Luhmann, Die Ausdifferenzierung von Erkenntnisgewinn: Zur Genese von Wissenschaft, in: Nico Stehr/Volker Meja（Hrsg.）, Wissenschaftssoziologie, Sonderheft 22/1980 der *Kölner Zeitschrift für Soziologie und Sozialpsychologie*, Opladen 1981, S. 102-139を参照せよ。

（4） これに関連するさきがけは、全体を二つで一組の表現によって特徴づける——「天国と地獄」「宮廷と田舎」のように——古代の慣習である。たとえば以下のものを参照せよ。Ernst Kemmer, *Die polare Ausdrucksweise in der griechischen Literatur*, Würzburg 1903; Adhémar Massart, L'emploi, en égyptien, de deux termes opposés pour exprimer la totalité, in: *Mélanges bibliques*, Paris 1957, S. 38-46; G. E. R. Lloyd, *Polarity and Analogy: Two Types of Argumentation in Early Greek Thought*, Cambridge, Engl. 1966; Louis Dumont, *Homo hierarchicus: The Caste System and its Implications*, London 1970, S. 42ff.

（5） *Le Parasite*, Paris 1980; dt. Übers. Frankfurt 1981.

（6） ちなみに古い社会構成における二元化の場合も、たいていは複数の二元化が提供され、状況に応じて用いられたり用いられなかったりした。こうした前提のもとでのみ、第三の可能性を排除し、複数の形式の混合をタブー化することが可能だったのである。広範にわたる研究から、たとえば以下のものを参照せよ。Edmund Leach, Anthropological Aspects of Language: Animal Categories and Verbal Abuse, in: Eric E. Lenneberg（Hrsg.）, *New Directions in the Study of Language*, Cambridge, Mass. 1964, S. 23-63; Mary Douglas, *Purity and Danger: An Analysis of the Concepts of Pollution and Taboo*, London 1966, 特にS. 162ff.; Victor Turner, *The Ritual Process: Structure and*

Anti-Structure, London 1969, S. 38ff.; Rodney Needham (Hrsg.), *Right and Left: Essays on Dual Symbolic Classification*, Chicago 1973.

(7) 法システムの分野でこうした事態を分析したものとして Niklas Luhmann, Die Theorie der Ordnung und die natürlichen Rechte, *Rechtshistorisches Journal* 3 (1984), S. 133-149を参照せよ。

(8) Platon *Lysis* 215 E.

(9) すでに三〇〇年以上も前につぎのように言われていた。「英国学士院は、発見することと同様、論駁されることもまた、いつでもほとんど受け入れるであろう。」Thomas Sprat, *The History of the Royal Society of London, For the Improving of Natural Knowledge*, London 1667, Nachdruck St. Louis-London 1959, S. 100.

(10) この点に関しては、特に法学的および法理論的文献で論じられている。特に以下のものを参照せよ。Josef Esser, *Vorverständnis und Methodenwahl in der Rechtsfindung: Rationalitätsgarantien der richterlichen Entscheidungspraxis*, Frankfurt 1970; Philippe Nonet/Philip Selznick, *Law and Society in Transition*, London 1979; Gunther Teubner, Reflexives Recht: Entwicklungsmodelle des Rechts in vergleichender Perspektive, *Archiv für Rechts-und Sozialphilosophie* 68 (1982), S. 13-59.

(11) Gregory Bateson, *Ökologie des Geistes: Anthropologische, biologische und epistemologische Perspektiven*, Frankfurt 1981, 特にS. 515ff. による。

(12) 文字のアルファベット化が、こうした発展のきっかけとなったかもしれないということに関しては Jack Goody/Ian Watt, The Consequences of Literacy, *Comparative Studies in Society and History* 5 (1963), S. 304-345 を参照せよ。それとは異なった説明として、ギリシャの都市では構造的分化が高度に進んでいたことや、宗教への関与がすでに相当程度「私事化」していたことを原因として挙げることも可能かもしれない。これについてはS. C. Humphreys, Evolution and History: Approaches to the Study of Structural Differentiation, in: J. Friedman/M. J. Rowlands (Hrsg.), *The Evolution of Social Systems*, Pittsburgh 1978, S. 341-371を参照せよ。

(13) これには中心／周辺、あるいは偉大な伝統／卑小な伝統といった区別が関わっている。Edward Shils, Centre and Periphery, in: *The Logic of Personal Knowledge: Essays presented to Michael Polanyi*, London 1961, S. 117-131; Robert Redfield, *Peasant Society and Culture: An Anthropological Approach to Civilization*, Chicago 1956を参照せよ。

9章 コード、基準、プログラム

(1) たとえばKarl R. Popper, *Objective Knowledge: An Evolutionary Approach*, Oxford 1972, S. 13, 317f. を見よ。

(2) 真理に関してはたとえばSextus Empiricus, *Adversos Mathematicos* II 80, zit. nach Opera Bd. III, Leipzig (Teubner), o. J., S. 100を見よ。

(3) これに対応する区別としてのコードの値とプログラムの区別についてはNiklas Luhmann, *Rechtssoziologie*, 2. Aufl. Opladen 1983, S. 80ff.; ders., *Soziale Systeme a.a.O.*, S. 434を見よ。

(4) Charles O. Frake, The Ethnographic Study of Cognitive Systems, in: *Anthropology and Human Behavior*, Washington D. C. 1962, S. 72-85 (78ff.) が述べている意味でそれである。ders., The Diagnosis of Disease Among the Subanun of Mindanao, *American Anthropologist* 63 (1961), S. 113

-132も参照せよ。

（5） 代表的な例として Richard Hooker, *Of the Laws of Ecclesiastical Polity*, Buch 1, III, 1における第一の永遠の法と第二の永遠の法の区別を見よ。引用は *Everyman's Library*, Letchworth, Herts. 1954, S. 154f. から。

（6） このことに関する優れた著作として Joyce O. Appleby, *Economic Thought and Ideology in Seventeenth-Century England*, Princeton 1978を参照せよ。

（7） Joseph Glanvill, *The Vanity of Dogmatizing*, London 1661, Nachdruck Hove, Sussex, 1970, S. 180には「自然はすべてにおいて見えざる手によって動いている」とある。わたしの知る限りでは、「見えざる手」という比喩の成立はまだ明らかになっていない。奇跡信仰や特別な神の摂理を批判する論争、あるいは異常な出来事を通じての神の「指差し」を批判する論争、要するに英国学士院のメンバーたちの間で繰り広げられていた議論が、指し示す指という比喩を見えざる手に変更するきっかけを与えたのかもしれないという推測もありえよう。Thomas Sprat, *The History of the Royal Society*, London 1667, S. 82f. も参照せよ。

（8） この点に関するわたしの提案は、まったく形式的に判決における一貫性に焦点を合わせたものである。Niklas Luhmann, Gerechtigkeit in den Rechtssystemen der modernen Gesellschaft, in ders.: *Ausdifferenzierung des Rechts: Beiträge zur Rechtssoziologie und Rechtstheorie*, Frankfurt 1981, S. 374-418を参照せよ。

（9） これについては16章で改めて論じる。

（10） 脱分化あるいは相互浸透に関する最近の議論は、概念上の問題で悪戦苦闘している。概念上の問題が生じる根は、問題になって過程がパラドキシカルに記述されざるをえないことにある。つまり、その過程が否定すると称されるものをその過程が前提にしているのである。たとえば以下のものを参照せよ。Eugen Buß/Martina Schöps, Die gesellschaftliche Entdifferenzierung, *Zeitschrift für Soziologie* 8 (1979), S. 315-329; Harald Mehlich, *Politischer Protest und Stabilität: Entdifferenzierungstendenzen in der modernen Gesellschaft*, Frankfurt 1983, S. 122ff.; Richard Münch, *Theorie des Handelns: Zur Rekonstruktion der Beiträge von Talcott Parsons, Emile Durkheim und Max Weber*, Frankfurt 1982; ders., *Die Struktur der Moderne: Grundmuster und differentielle Gestaltung des institutionellen Aufbaus der modernen Gesellschaften*, Frankfurt 1984 (両著作とも「相互浸透」に関する例をたくさん挙げている)。より慎重で、主張がやや曖昧なのはPeter Weingart, Verwissenschaftlichung der Gesellschaft—Politisierung der Wissenschaft, *Zeitschrift für Soziologie* 12 (1983), S. 225-241.

10章 経済

(1) くわしくはNiklas Luhmann, Das sind Preise, *Soziale Welt* 34 (1983), S. 153-170; ders., Die Wirtschaft der Gesellschaft als autopoietisches System, *Zeitschrift für Soziologie* 13 (1984), S. 308-327を参照せよ。

(2) これらに関して、もちろん多くの発展途上国ではいまだにほとんど何でもお金で売り買いできるという、どちらかというと「中世的な」事態を確認することができるであろう。それについて、およびそれに対抗する動向についてはGeorg Elwert, Die Verflechtung von Produktionen: Nachgedanken

zur Wirtschaftsanthropologie, in: Ernst Wilhelm Müller *et al.* (Hrsg.), Ethnologie als Sozialwissenschaft, Sonderheft 26/1984 der *Kölner Zeitschrift für Soziologie und Sozialpsychologie*, Opladen 1984, S. 379-402（397ff.）を参照せよ。

（3） 現代の「所有権」に関する議論は、ふたたびこの点に注目するようになった。しかし、所有権をエコロジカルな財に拡大してみても——たとえば環境を汚染する「権利」——所有物を大切にするというかつての機能を発揮することはない。なぜなら、空気や水を汚染する権利は、それに対してどんな代償を払ったとしても、それによって所有者が空気や水を大事に扱うようになったりはしないし、他人が空気や水を汚染することに対して自分の所有権を守るために訴訟を起こすなどというふうにもならないからである。

（4） Raymond de Roover, The Concept of Just Price: Theory and Economic Policy, *Journal of Economic History* 18（1958）, S. 418-434; ders., *La pensée économique des scolastiques: Doctrines et méthodes*, Paris 1971, 特に S. 59ff. を参照せよ。

（5） ここには、経済が自由になり自己規制に委ねられるようになるという面と、法システムがきちんと機能していることに経済がますます依存するようになるという面の両面がある。つまり、経済の法からの独立と法への依存の両面の強化である。特にこの点に注目したのはマックス・ヴェーバーであり、それ以後しばしば強調されてきた。James William Hurst, *Law and the Conditions of Freedom in the Nineteenth-Century United States*, Madison, Wisc. 1956 を参照せよ。また ders., *Law and Social Process in United States History*, Ann Arbor, Mich. 1960; ders., *Law and Economic Growth: The Legal History of the Lumber Industry in Wisconsin 1836-1915*, Cambridge, Mass. 1964（間

接的ながらエコロジカルな影響についての展望を含む）およびMorton Horwitz, *The Transformation of American Law, 1780-1860*, Cambridge, Mass. 1977も見よ。つぎのものも一読に値する。Warren J. Samuels, Interrelations Between Legal and Economic Processes, *Journal of Law and Economics* 14 (1971), S. 435-450.

（6）Michel Aglietta/André Orléan, *La violence de la monnaie*, 2. Aufl, Paris 1984はこのように表現している。この概念は同書ではルネ・ジラールにならって模倣の感染とも表現され、模倣行動が希少性、葛藤、暴力を生み出すという関連があってそれが秩序の前提になっていることを表している。

（7）これは、「秩序の枠組み」を求める法律家や計画立案者、さらには経済学者が通常思い浮かべている事態とは正反対である。システムはもはや所与の構造に同調したり逸脱したりというふうに反応するのではなく、構造の変化に反応するだけであり、その構造の変化は出来事として受け止められ処理される。

（8）当然、きわめて不確かな評価しかできない。たとえば一九八五年二月二八日の経済新聞、一九八五年三月一日の相場新聞、一九八五年三月四日のHerald Tribune、一九八五年三月七日のFrankfurter Allgemeine Zeitungを見よ。すべて指導的な銀行券発券銀行のドル介入の問題に関するものである。

（9）Hans Christoph Binswanger, Ökonomie und Ökologie—neue Dimensionen der Wirtschaftstheorie, *Schweizerische Zeitschrift für Volkswirtschaft und Statistik* 108 (1972), S. 251-281 (276f.) は「環境経済学」という言い方をしているが、その「環境経済学」ではつぎのような見解が見受けられる。すなわち、そもそも貨幣を生み出したことが経済が拡大することの真の原因であり、したがって環境

に負荷をかけることになる真の原因であるという見解である。あらゆる帰責がそうであるように、これもまた問題のある見解である。なぜなら、原因がわかっているのだから病気を治療できるかのような印象を与えるからである。

(10) したがって、人びとが貨幣の「専制」や、その力の究極的な恣意性について語ってきたのは、根拠のないことではない（ただし、「専制」とか「力の究極的恣意性」といった概念は政治との類比を呼び起こし、その類比が不当に拡張されたり誤解されたりする危険がある)。ルネ・ジラールの議論を踏まえたものだが Michel Aglietta/André Orléan, *La violence de la monnaie*, 2. Aufl., Paris 1984, S. 53ff. を参照せよ。

(11) *Makroökonomik des Umweltschutzes*, Göttingen 1976, S. 10.

(12) 経済システムは通常「ヒエラルヒー化」によってその根本的なパラドクスを回避するが、ここで述べていることは、その「ヒエラルヒー化」がうまくいかないということでもある。別の言い方をすれば、環境経済学は脱パラドクス化と非対称化の別の形式を手に入れなければならないということである。

(13) 端的に事実から出発する観察者は、それほど楽観的ではない。たとえば Brock B. Bernstein, Ecology and Economics: Complex Systems in Changing Environments, *Annual Review of Ecology and Systematics* 12 (1981), S. 309-330 を参照せよ。また、「道徳的勧告」、価値の転換、意識の変化の影響の限界に関するものとして William J. Baumol/Wallace E. Oates, *Economics, Environmental Policy and the Quality of Life*, Englewood Cliffs, N. J. 1979, S. 282ff. を参照せよ。

(14) たとえば Karl-Heinrich Hansmeyer, Ökonomische Anforderungen an die staatliche Datenset-

zung für die Umweltpolitik und ihre Realisierung, in: Lothar Wegehenkel (Hrsg.), *Marktwirtschaft und Umwelt*, Tübingen 1981, S. 6–20 (9) を参照せよ。

(15) わたしには、経済学者が「市場」という言葉で理解しているものを理解し、社会学の言葉に翻訳することがなかなかできない。システム論的には、市場は経済システムの「サブシステム」ではなく、その時々のシステム内の環境である、あるいは個々の部分システムから見れば、その環境の一部である、ということが決定的な洞察である。特に Harrison C. White, Where Do Markets Come From? *American Journal of Sociology* 87 (1981), S. 517–547 を参照せよ。この洞察から出発すれば、生産装置の国有化をともなう社会主義経済においてもそのようなシステム内環境を発見することは難しいことではない。それもまた「市場」と呼ぶのか呼ばないのかという問題は、基本的にはイデオロギーによって決められる問題であろう。

(16) これに関するモデル理論的な考察は Horst Siebert, *Ökonomische Theorie der Umwelt*, Tübingen 1978 に見られる。

(17) Douglas R. Hofstadter, *Gödel, Escher, Bach: An Eternal Golden Braid*, Hassocks, Sussex, UK 1979; dt. Übers. Stuttgart 1985 を参照せよ。

(18) 水準の決定と配分の決定とを区別することから帰結する広範な問題については Joachim Klaus, Zur Frage der staatlichen Fixierung von Umweltstandards und Emissionsniveaus, in: Wegehenkel, *a.a.O.* (1981) S. 96–99 も見よ。

(19) 法システムと比較してみると、法の制定と法の適用という同じようにヒエラルヒー的な次元の区別との類似性が目につく。これもまた脱パラドクス化の戦略であり、実践においてはつねに破綻する戦略である。もっとも破綻といっても個別のケースを問題にするときにしか明らかにならないし、破綻の仕方も我慢できる程度のものであるが。

（20） たとえば Bender, *a.a.O.* (1976); Sieber *a.a.O.* (1978) を見よ。また、企業経営の次元に関するものとしては Udo Ernst Simonis (Hrsg.), *Ökonomie und Ökologie: Auswege aus einem Konflikt*, Karlsruhe 1980.

（21） こうした影響が新たな需要が発生することで補償されうるのか、またそれはどの程度かという問いは経験的な問いである。いずれにしろ理論からは、環境を考慮するためにより多くの費用がかかることは経済全体にとってマイナスであるとは、必ずしも言えない。

（22） そのかぎりで「非経済的な」費用という言い方は無意味である。これはたんに比喩的な言葉遣いにすぎず、経済に固有の考察の仕方を社会の他の領域に無原則的に転用するものである。

（23） したがって、経済専門ではない文献においてもときたま見受けられる（たとえば Abraham A. Moles/Elisabeth Rohmer, *Théorie des actes: vers une écologie des actions*, Paris 1977, S. 57）見解、すなわち、希少な資源に関し費用計算を通じて行為の全社会的統合が達成されるかのような見解もまた否定される。

11章　法

（1） 論争に関してバランスよく記述されているものとして William J. Baumol/Wallace E. Oates, *Economics, Environmental Policy, and the Quality of Life*, Englewood Cliffs, N. J. 1979, S. 230ff. を参照せよ。

（2） この点に関してくわしくは Niklas Luhmann, *Rechtssoziologie*, 2. Aufl., Opladen 1983, S. 354ff., ders., Die Einheit des Rechtssystems, *Rechtstheorie* 14（1983）, S. 129-154.

（3） この条件が実現されていないところでは——たとえば、ブラジルの大都市のスラム街では、国が定めた法律とは別の自分たちの法にしたがって人びとが生活していると言われる——合法は不法ではないということの保証すらない。

（4） 注釈として、一般に広まっている見方（Lawrence M. Friedman, *The Legal System: A Social Science Perspective*, New York 1975 だけ見れば十分である）と違って、わたしたちは法システムを組織的で専門職的な活動（立法、司法、弁護士）に限定せず、法的意味での合法と不法の差異に定位するいっさいのコミュニケーションを法システムに含めているということを付け加えておきたい。

（5） 「完全な」世界記述は、まさに第三項が排除されなければならないがゆえに、論理的に不完全であり続けるということは、法の伝統において何度も何度も登場し続ける問題である。これについては Niklas Luhmann, Die Theorie der Ordnung und die natürlichen Rechte, *Rechtshistorisches Journal* 3（1984）, S. 133-149 を参照せよ。

（6） これに応じて一〇年以上前から入門書や教科書の生産も進んでいる。たとえば Michael Klöpfer, *Zum Umweltschutzrecht in der Bundesrepublik*, Perscha o.J.（1972）; Peter-Christoph Storm, *Umweltrecht: Einführung in ein neues Rechtsgebiet*, Berlin 1980; Jürgen Salzwedel（Hrsg.）, *Grundzüge des Umweltrechts*, Berlin 1982 を見よ。

（7） 概観のためには Michael Kloepfer, *Systematisierung des Umweltrechts*, Berlin 1978 が特に適している。

(8) これに関連して、ある種の自由の権利、たとえば空気を自由に利用する権利は、憲法が定める自由の保障に含まれるのか、それとも立法者によって初めて認められ、したがって必要があれば変更されうる権利という位置づけになるのかという問いは、もはや二次的な意味しかもたない。

(9) この区別に代えてより形式的概念である許可と禁止に注目してみても、あるいは利害の比較考量も大事だとか、中央集権的な対策か分権的な対策かいずれを選択するのかという区別も重要だなどと言ってみても、ここで述べたことは何も変わらない。これらの場合も、立法政策的なものであれ法解釈をめぐるものであれ法的討議を構造化する区別であってシステムと環境の区別ではないのである。

(10) 出典 Robert Weimar/Guido Leinig, *Die Umweltvorsorge im Rahmen der Landesplanung Nordrhein-Westfalen*, Frankfurt 1983, S. 22 bzw. 40.

(11) しばしば批判される「実行不足」については、もちろん他にもたくさんの理由がある。それについてはたとえば Karl-Heinrich Hansmeyer (Hrsg.), *Vollzugsprobleme der Umweltpolitik: Empirische Untersuchungen der Implementation von Gesetzen im Bereich der Luftreinhaltung und des Gewässerschutzes*, (Projektleitung Renate Mayntz) o.O. 1978 を参照せよ。また優れた事例研究として Bruce A. Ackerman *et al., The Uncertain Search for Environmental Quality*, New York 1974. 同書が詳細に論じている細目を見れば、「断固たる」改善策を要望することがいかに困難なことかということも同時に理解できるであろう。

(12) Robert D. Luce/Howard Raiffa, *Games and Decisions*, New York 1957, S. 278ff. を参照せよ。

(13) Aaron Wildavsky, No Risk is the Highest Risk of All, *American Scientist* 67 (1979), S. 32-37 を参照せよ。また Peter Gärdenfors, Forecasts, Decisions and Uncertain Probabilities, *Erkenntnis* 14

(1979) S. 159-181も参照せよ。この論文では、予測のさまざまな質に注目することの意義が言及されている。つまり、予測の質を考慮せずに期待される効用の最大化という規則にしたがって意思決定してしまうことは、その決定自体をきわめてリスクの高いものにしてしまうという問題である。

(14) Nathan Kogon/Michael A. Wallach, Risk Taking as a Function of the Situation, the Person, and the Group, in: *New Directions in Psychology* III, New York 1967, S. 111-278を参照せよ。意思決定理論にもとづくさまざまな研究も、まったく異なったアプローチながら同様の印象を与える。たとえばHarry J. Otway, Perception and Acceptance of Environmental Risk, *Zeitschrift für Umweltpolitik* 2 (1980), S. 593-616（問題により強くコミットしている集団を取り上げている）やBaruch Fischhoff *et al.*, *Acceptable Risk*, Cambridge, Engl. 1981を参照せよ。

(15) そしてこれは上流階層でも下流階層でも見られるし、打算がともなうこともあればそうでない場合もある。そうした広がりについては、Jaques de Caillière, *La fortune des gens de qualité et des gentilhommes particuliers*, Paris 1664, S. 307ff.; Hunter S. Thompson, *Hell's Angels*, New York 1966を参照せよ。

(16) 包括的な研究としてDaniel Kahneman/Paul Slovic/Amos Tversky, *Judgment under Uncertainty*, Cambridge Engl. 1982を参照せよ。

(17) その論拠についてはChauncey Starr/Richard Rudman/Chris Whipple, Philosophical Basis for Risk Analysis, *Annual Review of Energy* 1 (1976), S. 629-662を参照せよ。リスクの社会的選好を調査し集計するための（きわめて不十分な）経験的方法についてはWilliam D. Rowe, *An Anatomy of Risk*, New York 1977, S. 259ff. が概観を与えてくれる。

(18) このように述べるのは Heinhard Steiger, Verfassungsrechtliche Grundlagen, in: Salzwedel, *a.a.O.* (S. 21-63), 「残余リスク」については S. 37ff., 引用は S. 41.

(19) このように述べるのは Hasso Hofmann, *Rechtsfragen atomarer Entsorgung*, Stuttgart 1981, 残余リスクについては特に S. 336ff. あるいは、さまざまな利害が組織化されることで多元化が進むと主張するのは Karl-Heinz Ladeur, *"Abwägung" -Ein neues Paradigma des Verwaltungsrechts: Von der Einheit der Rechtsordnung zum Rechtspluralismus*, Frankfurt 1984.

(20) この点に関しては、アメリカでの立法の例を紹介している Talbot Page, A Generic View of Toxic Chemicals and Similar Risks, *Ecology Law Quarterly* 7 (1978), S. 207-244 を参照せよ。また Lawrence H. Tribe, Trial by Mathematics: Precision and Ritual in the Legal Process, *Harvard Law Review* 84 (1971), S. 1329-1393 も参照せよ。

(21) 「リスク」という概念の歴史は、まだ完全には解明されていないが、危険という一般的概念とは区別して特別な概念が誕生するきっかけとなったのはつぎのことかもしれない。すなわち、リスクを危険と同じようにたんに否定的なものとしてのみ見るべきではないということを人びとが学び、それを意図的な企ての対象と見なし、リスクを引き受けることでそれなりの報酬が得られるようになったことである。

(22) 議論の重点は、売却できる排出権の創設という部分的問題にある。長所と短所を比較考量する研究はすでに膨大にあるが、Lothar Wegehenkel (Hrsg.), *Marktwirtschaft und Umwelt*, Tübingen 1981 所収の諸論文、さらに Werner Zohlhöfer, Umweltschutz in der Demokratie, *Jahrbuch für Neue Politische Ökonomie* 3 (1984), S. 101-121 を参照せよ。

(23) 死ぬリスクを引き受ける用意を金額によって数値化することの問題、およびそのための倫理的基準を定めることの難しさについてはRonald A. Howard, On Making Life and Death Decisions, in: Richard C. Schwing/Walter A. Albers, Jr.（Hrsg.）, *Societal Risk Assessment: How Safe is Safe Enough?* New York 1980, S. 89-106を参照せよ。当然のことながら、この問題はテクノロジーのリスクやエコロジカルなリスクの場合にのみ重要なわけではない。しかし、差し迫った問題として広く話題となるようになったのは、これらのリスクによってである。

(24) もちろんこれさえも無条件に妥当するわけではなく、ハリスブルクの原発事故への反応が示しているように、その程度はじつにさまざまである。これについてはOrtwin Renn, *Wahrnehmung und Akzeptanz technischer Risiken*, Bd. III, Jülich 1981, S. 20ff. を参照せよ。そうした違いがどこから生じるのかということは目下のところまったく解明されていない。

(25) この点に注意を促しているのはBrian Wynne, Redefining the Issues of Risk and Public Acceptance: The Social Viability of Technology, *Futures* 15（1983）, S. 13-31.

(26) 内的パースペクティヴと外的パースペクティヴとの間で揺れ動くことに関するサイバネティクスについてはStein Bråten, The Third Position: Beyond Artificial and Autopoietic Reduction, *Kybernetes* 13（1984）, S. 157-163を参照せよ。

(27) 純粋に法律論だけでは決められない問題を政治システムに押し付けることからさまざまな問題が派生するということに関して、一例としてここでは緑の党だけ挙げておく。これについては13章で改めて論じる。

(28) John Rawls, *A Theorie of Justice*, Cambridge, Mass. 1971（dt. Übers. Frankfurt 1975）やJürgen

Habermas, *Theorie des kommunikativen Handelns*, 2 Bde, Frankfurt 1981のようにきわめて広範な人びとによって議論されている取り組みを参照せよ。

(29) すでに言及したHunter Thompson, *Hell's Angels*, New York 1966を参照せよ。またErving Goffman, Where the Action Is, in ders., *Interaction Ritual: Essays in Face-to-Face Behavior*, Chicago 1967, S. 149-270も見よ。あるいは、ヒマラヤ登山という極端な事例に関するものとしてMichael Thompson, Aesthetics of Risk: Culture or Context, in: Richard C. Schwing/Walter A. Albers, Jr. (Hrsg.), *Societal Risk Assessment: How Safe is Safe Enough?* New York 1980, S. 273-285.

(30) 少々古いものではあるがVolkmar Gessner *et al.*, *Umweltschutz und Rechtssoziologie*, Bielefeld 1978, S. 167ff. で紹介されている調査を参照せよ。これ以降、裁判で問題とされるケースは明らかに増加したが、新しい調査は行われていない。法学者の立場からのもので最近のものとしてはMichael Kloepfer, Rechtsschutz im Umweltschutz, *Verwaltungsarchiv* 76 (1985). S. 371-397 (Teil 2 im Druck)

(31) 注11を参照せよ。

(32) Barry Boyer/Errol Meidinger, *Privatizing Regulatory Enforcement: A Preliminary Assessment of Citizen Suits Under Federal Environment Laws*, Ms. Buffalo N. Y. 1985を参照せよ（この著作のことはVolkmar Gessnerにご教示いただいた)。

(33) これについてはGerd Winter, Bartering Rationality in Regulation, *Law and Society Review* 19 (1985), S. 219-250.

（34） これは論争になっている問題であるが、Kloepfer *a.a.O.* (1985), S. 391 は実証を行っている。

12章　学術

（1） わたしたちは叙述を簡略にするために、特にハイデガーが強調したテーゼ、すなわち真と非真という根本的差異がすでにギリシャ哲学において表象に関する正しい／間違いという差異に取って代わられ、つまり再コード化され、それによって今日まで克服できずにいる思惟の存在忘却が始まった、というテーゼをここでは無視することにする。哲学的な意味づけの仕方がこのように再構成されたということが当たっているのであれば、社会学的に言えることは、社会の中で学術の分化・自立化が始まり進行したこととそれが相関しているかもしれないということである。

（2） こうした変化については Rudolf Stichweh, *Zur Entstehung des modernen Systems wissenschaftlicher Disziplinen: Physik in Deutschland 1740–1890*, Frankfurt 1984 を見よ。

（3） Edmund Husserl, Die Krisis der europäischen Wissenschaften und die transzendentale Phänomenologie, *Husserliana*, Bd. VI, Den Haag 1954 を見よ。

（4） ほぼこの意味でテンブルックは「平凡化」と言っている。Friedrich H. Tenbruck, Wissenschaft als Trivialisierungsprozeß, in: Nico Stehr/Volker Meja (Hrsg.), Wissenschaftssoziologie: Studien und Materialien, Sonderheft 18 der *Kölner Zeitschrift für Soziologie und Sozialpsychologie*, Opladen 1975, S. 19–47 を見よ。

（5） システム論的により厳密に表現すれば、つぎのようになる。そのような「ノイズ」は、一方で研究を進める上での不可欠の前提であり、現実についての確信をつねに供給し続ける。他方でそれは情報へと変換されなければならず、それによって攪乱するものとしては消去されなければならない。これに対応して、研究者の中で「環境意識」の方向へ「意識の変化」が起こったとしても、そこから期待できるのはせいぜい強力な刺激が生じることであって、ただちに学術的な意味づけが生じるわけではない。これもまた限られた共鳴能力を示す現象である。

(6) ちなみに、こうした洞察は古い思考においても可能であった。Edward Reynoldes, *A Treatise of the Passions and Faculties of the Soule of Man*, London 1640, Nachdruck Gainesville, Florida 1971, S. 503 は、人間が間違いを犯す原因についてえんえんと分析を展開する最中に、「まったくの無知よりは、否定的な知識を通じての方が肯定的知識により早く到達する」と述べている。

(7) シンボリックに一般化されたコミュニケーション・メディアに関する一般理論についてはNiklas Luhmann, Einführende Bemerkungen zu einer Theorie symbolisch generalisierter Kommunikationsmedien, in ders., *Soziologische Aufklärung*, Bd. 2, Opladen 1975, S. 170–192 も見よ。

(8) 近代の学術に特有の合理性との対比で Peter-Michael Spangenberg, *Die Alltagswelten des spätmittelalterlichen Mirakels: Zur Pragmatik religiöser Texte*, Diss. Siegen 1984 を参照せよ。

(9) この点についてはNiklas Luhmann, Die Ausdifferenzierung von Erkenntnisgewinn, in: Nico Stehr/Volker Meja (Hrsg.), Wissenssoziologie, Sonderheft 22 (1980) der *Kölner Zeitschrift für Soziologie und Sozialpsychologie*, Opladen 1981, S. 101–139 を参照せよ。

(10) ちなみに、好奇心が拒否される場合は、知的な努力そのものが問題だったのではなく、事実に即さないような努力が問題になっていた。たとえば超越的で信仰においてしかわかりえないような事態とか、その本性からして神秘的であり知的に認識しようとすれば壊れてしまうようなものなどの探求である。なお、他者に対する関心としての好奇心は、もっとも大切な自己認識から目をそらすものとして批判された。したがって、対立の軸はけっして「革新か不変か」ではなかった。この区別が用いられるようになるのはたんなる好奇心が普遍的な知的欲求へと高まることによってである。たとえばThomas Wright, *The Passions of the Minde in Generall*, erweiterte Aufl., London 1630, Nachdruck Urbana, Ill. 1971, S. 312ff.; Reynoldes, *a.a.O.* (1640), S. 462f. を参照せよ。これ以外ではもちろん Hans Blumenberg, *Der Prozeß der theoretischen Neugierde*, Frankfurt 1973 を参照せよ。

(11) 歴史的には、方法概念のこのような位置づけは、一六世紀に印刷が普及した後で始まった。もっとも重要な移行期上の位置を占めるのはPetrus Ramusで、すでに方法をバイナリーな図式を用いるものと理解する一方で、その図式をまだ直接的に現実の分解に用いていた。これについてはWalter J. Ong, *Ramus: Method and the Decay of Dialog: From the Art of Discourse to the Art of Reason*, Cambridge, Mass. 1958, Neudruck New York 1979 を参照せよ。

(12) たとえばIsaac Levi, *Gambling with Truth: An Essay on Induction and the Aims of Science*, London 1967 を参照せよ。

(13) それゆえ、とりわけ進化論は近代科学の重要なパースペクティヴである。なぜなら、進化論はこの点で助けとなり、(なぜ、ではなく) いかにして現実は、論理学や数学を無視して自らを単純化し、結果的にそれが現にあるような現実になったのか、ということを説明してくれるからである。

(14) このように定式化されるようになったのはWarren Weaver, Science and Complexity, *American Scientist* 36 (1948), S. 536-544 以降である。また以下のものも参照せよ。Todd R. LaPorte (Hrsg.), *Organized Social Complexity: Challenge to Politics and Policy*, Princeton, N.J. 1975; Giovan

Francesco Lanzara/Francesco Pardi, *L'interpretazione della complessità: Metodo sistemico e scienze sociali*, Napoli 1980; Hans W. Gottinger, *Coping with Complexity*, Dordrecht 1983.

(15) たとえば Henri Atlan, *Entre le cristal et la fumée: Essai sur l'organisation du vivant*, Paris 1979, S. 74ff. を参照せよ。また Lars Löfgren, Complexity Descriptions of Systems: A Foundational Study, *International Journal of General Systems* 3 (1977), S. 197-214; Robert Rosen, Complexity as a System Property, *International Journal of General Systems* 3 (1977), S. 227-232 も参照せよ。

(16) Heinz von Foerster, *Observing Systems*, Seaside, Cal. 1981, S. 288ff. を参照せよ。

(17) ここで科学論の規則に対する侵犯が行われていること、神聖なるポパーの規則にさえ反していることとは、明らかである。たとえば Hans Albert, *Modell-Platonismus: der neoklassische Stil des ökonomischen Denkens in kritischer Beleuchtung. Festschrift Gerhard Weisser*, Berlin 1963, S. 45-76を見よ。ただし、そのことを認めても、問題から逃れられるわけではなく、いっそう深く問題の中に入っていくだけである。というのも、この問題はさらなる問いへと、すなわち、わたしたちはいかにして科学論をパラドクスの感染から守ることができるのか、いかにしてポパーにさえ免疫力をつけさせられるのかという問いへと、わたしたちを導くからである。

(18) 大きさの違いが社会的構造に与える影響についての注目すべき研究はつぎのようにまとめられている。「(25)他のことが等しいならば、スケールと社会的組織の関係に関する上記の記述は正しい。(26)他のことはけっして等しくない。」Gerald D. Berreman, Scale and Social Relations: Thoughts and Three Examples, in: Fredrik Barth (Hrsg.), *Scale and Social Organization*, Oslo 1978, S. 41-77 (77).

(19) 地球上の生命が、ある程度他から独立して存在しているということを考慮したところで、事態は変わらない。科学的な諸理論が示す分解能力に照らしてみれば、そのような境界もはや「エコロジカルな」境界ではない。それに何らかの出来事の全体はあまりに複合的なので、このようなシステム言及によって科学的に扱うことはできない。

(20) たとえば Roy A. Rappaport, *Ecology, Meaning, and Religion*, Richmond, Cal. 1979, S. 54ff. はこのように述べている。

(21) 以下のものを参照せよ。Herbert Simon/Albert Ando, Aggregation of Variables in Dynamic Systems, *Econometrica* 29 (1961), S. 111–138; Herbert A. Simon, The Architecture of Complexity, *Proceedings of the American Philosophical Society* 106 (1962), S. 467–482（たびたび他の著作に再録されている）; Franklin M. Fisher/ Albert Ando, Two Theorems on Ceteris Paribus in the Analysis of Dynamic Systems, *American Political Science Review* 56 (1962), S. 108–113; Albert Ando/Franklin M. Fisher, Near Decomposability, Partition and Aggregation and the Relevance of Stability Discussions, *International Economic Review* 4 (1963), S. 53–67; Albert Ando/Franklin M. Fisher/Herbert A. Simon, *Essays on the Structure of Social Science Models*, Cambridge, Mass. 1963. C. West Churchman, *The Design of Inquiring Systems: Basic Concepts of Systems and Organization*, New York 1971, 特にS. 64ff.; Daniel Metlay, On Studying the Future Behavior of Complex Systems, in: LaPorte *a.a.O.* (1975), S. 220–250; William C. Wimsatt, Complexity and Organization, in: Marjorie Green/Everett Mendelsohn (Hrsg.), Topics in the Philosophy of Biology, *Boston Studies in the Philosophy of Science* 27 (1976), S. 174–193. 最後の方で挙げた著作

が示しているように、どちらかというと懐疑的な見方が強まっている。

(22) 達成不可能ということがもはやはっきりしているのであれば、合理性を達成するための手続き上の規則を定めそれを遵守することで、何とか合理性を達成しようとすることも——事柄に関する問題を手続き化するという「ブルジョア的な」逃げ道——もはやあまり意味がない。

13章 政治

(1) Politique et Société, *Communications* 22 (1974), S. 119-133 (125).

(2) 一八世紀初頭まで「政治的」という述語が広い意味で使われていたことについては、たとえばDaniel de Priézac, *Discours politiques*, 2. Aufl., Paris 1666; Rémond des Cours, *La véritable politique des Personnes de Qualité*, Paris 1692; Christian Thomasius, *Kurtzer Entwurff der politischen Klugheit*, dt. Übers. Frankfurt-Leipzig 1710, Nachdruck Frankfurt 1971; Jürgen Habermas, *Kleine Politische Schriften*, Frankfurt 1981 を参照せよ。ハーバーマスの著作では、政治とは思慮深い公的な振る舞いというほどの意味である。

(3) たとえばCiro Spontone, *Dodici libri del governo di Stato*, Verona 1599.

(4) ここでは社会《ソチアール》システムを言及システムとして述べている。つまりコミュニケーションについて述べている。心理システムからすれば事態は違って見えることがあるのは当然である。

(5) Niklas Luhmann, Der politische Code: "Konservativ" und "progressiv" in systemtheoretischer Sicht, in ders., *Soziologische Aufklärung*, Bd. 3, Opladen 1981, S. 267-286; ders., *Politische Theorie im Wohlfahrtsstaat*, München 1981, S. 118ff. を参照せよ。

(6) このテーゼは、他の多くの比較によっていっそうの根拠づけを図ることも可能であろう。わたしたちは叙述を簡略にするためにたった一つの観点しか、つまりコード化とプログラム化の分化しか取り上げなかったが、それは共鳴能力という特殊なテーマにとってきわめて重要な観点だからである。

(7) たとえば Manfred Schmitz, *Theorie und Praxis des politischen Skandals*, Frankfurt 1981; Francesco M. Battisti, *Sociologia dello scandalo*, Bari 1982 を参照せよ。これまでどのようなスキャンダルがあったかということを経験的に調査してみれば、エコロジカルな関心はこの面でも増大していること、したがってスキャンダルになりやすいということを、容易に確認することができるかもしれない。スキャンダルの数が全体としてエコロジカルな関心によって増大しているかもしれないし、全体の中での割合が——たとえば道徳からエコロジーへ——変化してきているかもしれない。エコロジカルなテーマが道徳的な問題として扱われるようになれば、このテーマはますますスキャンダルを引き起こしやすくなるかもしれない。

(8) これに関してくわしくは Niklas Luhmann, *Macht*, Stuttgart 1975, S. 60ff.

(9) これについては二三五頁以下で改めて論じる。

(10) ちなみに、システム論的に見れば、社会《ゲゼルシャフト》システムに関して追究している問題とまったく類似の事態がここでも問題になっている。いずれの場合も、システムが自己の作動が環境に与える影響を、それがシステム自身に跳ね返ってくることを考慮して計算することの内に、システムは自己の合理性を見出すことができるのか、見出せるとしてそれはどの程度かということが問題になっている。

(11) この点については Walter L. Bühl, *Ökologische Knappheit*, *a.a.O.*, S. 141ff. も参照せよ。

(12) 特に Peter Graf Kielmansegg, Politik in der Sackgasse? Umweltschutz in der Wettbewerbs-

demokratie, in: Heiner Geißler (Hrsg.), *Optionen auf eine lebenswerte Zukunft: Analysen und Beiträge zu Umwelt und Wachstum*, München 1979, S. 37-56 を見よ。

14章　宗教

（1）Horst Westmüller, Die Umweltkrise-eine Anfrage an Theologie und Christen, in: Hans Dietrich Engelhardt（Hrsg.）, *Umweltstrategie: Materialien und Analysen zu einer Umweltethik der Industriegesellschaft*, Gütersloh 1975, S. 314-348（331）. この引用は任意に選ばれたものであり、著者の名誉を傷つけるつもりはないが、環境危機に対する神学の立場からの態度表明として頻繁に目にしたものを代表するものである。たとえば Martin Rock, Theologie der Natur und ihre anthropologischen Konsequenzen, in: Dieter Birnbacher（Hrsg.）, *Ökologie und Ethik*, Stuttgart 1980, S. 72-102 や、より直接的に聖書に依拠するものとして Gerhard Liedke, *Im Bauch des Fisches: Ökologische Theologie*, Stuttgart 1979 なども参照せよ。

（2）複合性の理論によって表現するならば、「規定されたもの（内在）の規定不能性（超越）」と言うこともできよう。この複合性理論による表現をわたしはつぎの著作で使っている。*Die Funktion der Religion*, Frankfurt 1977.

（3）内在的評価と超越的評価との差異を表現するものとして、マタイによる福音書25、31以下の「驚き」の契機を見よ。

（4）あるいはすでにShaftesbury, *a.a.O.*, Bd. III, S. 316 u. ö., が大胆にも言っているように、信仰は「法によって定められたことのように」何人も口出しできないことである。

（5） Johann Heinrich Lambert, *Cosmologische Briefe über die Einrichtung des Weltbaues*, Augsburg 1761, S. 116.

（6） これに関する擬人化された表現、たとえば、神が自ら生み出した神の見通しがたさ（人間に対する恐れ?-)、神の策略、耐え難い知識から人間を守るといった表現は、当然古くからある。Stephen D. Benin, The "Cunning of God" and Divine Accomodation, *Journal of the History of Ideas* 45 (1984), S. 179-191 にはいくつかの資料が載っているので参照していただきたい。

（7） だからこそわたしはモンテーニュからの引用をモットーとして選んだのであった。そこでの文脈の中で改めて読み直してみていただきたい。

（8） *Le parasite*, Paris 1980, dt. Übers., Frankfurt 1981.

15章　教育

（1） たとえば Norman J. Faramelli, Ecological Responsibility and Economic Justice, in: Ian G. Barbour (Hrsg.), *Western Man and Environmental Ethics: Attitudes Toward Nature and Technology*, Reading, Mass. 1973, S. 188-203 を参照せよ。

（2） キャリアということの概念についてくわしくは Niklas Luhmann/Karl Eberhard Schorr, *Reflexionsprobleme im Erziehungssystem*, Stuttgart 1979, S. 277ff. を参照せよ。

（3） Heinz von Foerster, *Observing Systems*, Seaside, Cal. 1981, S. 209f. もこのように見なしている。そして最後につぎのように提案している。「生徒たちに「正当な問題」、つまり答えがわかっていない問題を問うことを教えることで、彼らをトリヴィアルな存在として扱うのをやめる、そうした教育システムを考えてみることはとても魅力的ではないだろうか。」

（4） 他の問題を項目的にのみ挙げておけば、構造化された複合性をともなったシステムにおける観察と理解の問題、行為者と観察者の帰責の違いの問題、「隠れた教育計画」および学校で生き延びるための社会化の問題などがある。

（5） William J. Baumol/Wallace E. Oates, *Economics, Environmental Policy, and the Quality of Life*, Englewood Cliffs, N.J. 1979, S. 282ff. はそのように推測している（ただし、リサイクリングに関しては、彼ら自身の研究結果はそのような推測と矛盾しているように思われる)。

16章　機能的分化

（1） 代表的なものを1冊だけ挙げておく。Jeffrey L. Pressman/Aaron Wildavsky, *Implementation: How Great Expectations in Washington are Dashed in Oakland*, Berkeley, Cal. 1973.

（2） Niklas Luhmann, *Soziale Systeme, a.a.O.*, S. 37ff. を参照せよ。

（3） E. T. A. Hoffmann, *Des Vetters Eckfenster*, *Werke*, Berlin-Leipzig, o.J., Bd. 12, S. 142-164 による。

（4） これについて歴史的-意味論的観点から考察したものとして Niklas Luhmann, Temporalisierung von Komplexität: Zur Semantik neuzeitlicher Zeitbegriffe, in ders., *Gesellschaftsstruktur und Semantik*, Bd. 1, Frankfurt 1980, S. 235-300.

（5） André Béjin, Différenciation, complexification, évolution des sociétés, *Communications* 22 (1974), S. 109-118 (114) を参照せよ。これが依拠しているのは Henri Atlan, *L'organisation biologi-*

que et la théorie de l'information, Paris 1972, S. 270f.

（6）価値概念の意味論的経歴はほんのわずかしか明らかになっていない（とりわけ一九世紀半ば以前はほとんど明らかになっていない）が、価値概念が注目されるようになったきっかけの一つがこれだったかもしれない。もちろん一九世紀半ばになって初めて価値概念が経済学から道徳、文学、美学、哲学へと広まっていったなどというのは正しくない（たとえばAbbé Morellet, *Prospectus d'un nouveau Dictionnaire de Commerce*, Paris 1769, Nachdruck München 1980, S. 98ff. は逆に経済的利益に限定して使われていたことを指摘している。しかし、一八世紀全体を通して非常に一般的な意味で使われていたことも事実である）。しかし、同様に明らかなのは、価値概念はここ一〇〇年で初めて、意味を最終的に保証するものとして、したがって反駁しにくいものとして、用いられるようになったということである。

（7）これは何もしなくても起こるが、やがて盛んに要請されるようになり、それどころか問題解決の前提条件とさえ見なされるようになる。一冊だけ参考文献を挙げておく。Karl-Heinz Hillmann, *Umweltkrise und Wertwandel: Die Umwertung der Werte als Strategie des Überlebens*, Frankfurt-Bern 1981.

（8）Talcott Parsons, On the Concept of Value-Commitments, *Sociological Inquiry* 38 (1968), S. 135-160 (153ff.) を参照せよ。

（9）比較のために述べれば、成層化した社会の自己記述は、例外なく道徳的な図式を使っていた。たとえば、個々の階層における典型的な振舞いを直接道徳的に批判する場合であったり、各人が前に立てた親指でそれとの距離を測れるような完璧な行動様式を定める場合などであった。

(10) たとえば Simon-Nicolas-Henri Linguet, *Le fanatisme des philosophes*, Londres-Abbeville 1764; Peter Villaume, *Über das Verhältnis der Religion zur Moral und zum Staate*, Libau 1791, そしてもちろん、素朴な原則信仰が猛威を振るったフランス革命に対して多くの人びとが行った批判を参照せよ。

(11) 当然同じことは「革命」についても言えるだろうと少なくない人びとが考えたが、その可能性と帰結を探るための経験的手がかりはきわめて乏しかった。より典型的なのは、顕在／潜在の図式を何の反省も加えることなく、事実の記述であるかのように用いて、あれこれ分析してみせることであった。とりわけ Robert K. Merton, The Unanticipated Consequences of Purposive Social Action, *American Sociological Review* 1 (1936), S. 894-904 以降、顕著である。

(12) ユルゲン・ハーバーマスはもっと激しく批判するとともに、より多くの希望を断念している。彼は、ひたすら理論内在的に、主体の理論とそれを批判する理論とが啓蒙を意味論的に誤った方向に導いたところに問題があったと見なし、当然ながら、相互主体的な了解という新たなパラダイムへの移行によって問題が解決されると考えている。Jürgen Habermas, *Der philosophische Diskurs der Moderne: Zwölf Vorlesungen*, Frankfurt 1985 を参照せよ。この議論を社会学的な分析に使うためには、この誤った方向への誘導とその修正とが、近代社会の構造とどのように関係するのかということを、さらに明らかにする必要があろう。

17章　制限と増幅——過少な共鳴、過剰な共鳴

(1) Simon-Nicolas-Henri Linguet, *Lettres sur La Théorie des loix civiles*, Amsterdam 1770, S. 96 は

（モンテスキューに対する批判との関連で）このように述べている。したがってアリストテレスの運動論に依拠するより古い時代の著作者たちにとっては、均衡は堕落と、つまり運動の方向が定まらないことと見なされた。たとえば Reynoldes, *a.a.O.* (1640), S. 463 は「どちらへ進もうとするのかはっきりしないなどというのは、いわば均衡状態にあるようなものである」と書いている。

18章　全体像の提示と自己観察——「新しい社会運動」

（1）唯一特殊なのはエジプトで、そこではここで述べた両方のパターンとも重要ではなく、代わりに宗教が統一性を提示する役割を引き受けていた。このように特殊なケースであるエジプトについてはここでは触れないことにする。この特殊なケースを継承する社会はなかった。

（2）Marcel Gauchet, L'expérience totalitaire et la pensée de la politique, *Esprit* Juli/August 1976, S. 3-28 (26).

（3）禁止による潜在化については Yves Barel, *Le paradoxe et le système: Essai sur le fantastique social*, Grenoble 1979, S. 185ff. を参照せよ。

（4）あえて再帰性がわかるように表現している。

（5）帰責・帰属理論それ自体がこの関連で受けた刺激はどうであったかということは、それ自体興味深い研究テーマであろう。たとえば Felix Kaufmann, *Methodenlehre der Sozialwissenschaften*, Wien 1936, 特にS. 181ff. における関心は今日でも目立っている。

（6）現状の概観のためには Ortwin Renn, Die alternative Bewegung: Eine historisch-soziologische Analyse des Protestes gegen die Industriegesellschaft, *Zeitschrift für Politik* 32 (1985), S. 153-194;

Karl-Werner Brand (Hrsg.), *Neue soziale Bewegungen in Westeuropa und den USA: Ein internationaler Vergleich*, Frankfurt 1985 を参照せよ。

（7） Michel Serres, *Le Parasite*, Paris 1980; dt. Übers. *Der Parasit*, Frankfurt 1981 の意味である。

19章　不安、道徳、理論

（1） ここではコミュニケーションだけが問題なので、感情的に不安を募らせやすいという要素は、ここおよび以下では除外し、憂慮（worry）（の表現）だけを扱う。（心理学的な）不安概念のこの二つの要素の区別については Ralf Schwarzer, *Streß, Angst und Hilflosigkeit: Die Bedeutung von Kognitionen und Emotionen bei der Regulation von Belastungssituationen*, Stuttgart 1981, S. 87ff.; ders., Worry and Emotionality as Separate Components in Test Anxiety, *International Review of Applied Psychology* 33 (1984), S. 205-220 を参照せよ。不安の研究は、いわゆるテスト不安研究において成果を上げてきている。これについては *Advances in Test Anxiety Research* (ab 1982) の各年報に所収の論文を参照せよ。

（2） Anthony, Earl of Shaftesbury, *Characteristicks of Men, Manners, Opinions, Times*, 2. Aufl., o.O. 1714, Nachdruck Farnborough, Hants., UK 1968, Bd. I, S. 16 を参照せよ。この点でトマス・ホッブズの理論構成が説得力を失うことは容易に理解できよう。

（3） こうした意図をもったものとしてたとえば William W. Lowrance, *Of Acceptable Risk: Science and the Determination of Safety*, Los Altos, Cal. 1976 を見よ。

（4） 事例研究として Dorothy Nelkin, The Role of Experts on a Nuclear Siting Controversy, *Bulletin of the Atomic Scientists* 30 (1974), S. 29-36; Helga Nowotny, *Kernenergie: Gefahr oder Notwendigkeit: Anatomie eines Konflikts*, Frankfurt 1979; さらに広範な問題を扱っているものからはたとえば Dorothy Nelkin/Michael Pollak, The Politics of Participation and the Nuclear Debate in Sweden, the Netherlands and Austria, *Public Policy* 25 (1977), S. 333-357; Edgar Michael Wenz (Hrsg.), *Wissenschaftsgerichtshöfe: Mittler zwischen Wissenschaft, Politik und Gesellschaft*, Frankfurt 1983 を参照せよ。

(5)　格好の例は、学校的評価に合致する態度を身につけた生徒の場合、まさに良い成績をとることが、平均的成績をとった場合よりも、かえって自己評価が動揺したり成績の不安を増すことにつながる場合があることである。Helmut Fend, Selbstbezogene Kognition und institutionelle Bewertungsprozesse im Bildungswesen: Verschonen schulische Bewertungsprozesse den "Kern der Persönlichkeit"?, *Zeitschrift für Sozialisationsforschung und Erziehungssoziologie* 4 (1984), S. 251-270 を参照せよ。しかし、とりわけ不安が成績を低下させる効果との関連で反対の結果を示す研究もあること (Schwarzer, *a.a.O.*, 1981, S. 100ff. を参照せよ)、また知的レベルの高い生徒の方が、そうでない生徒よりもそうした傾向が強いことが確認されていること (Henk M. van der Ploeg, Worry, Emotionality, Intelligence, and Academic Performance in Male and Female Dutch Secondary School Children, *Advance in Test Anxiety Research* 3 (1984), S. 201-210 を参照せよ) を考えると、この問題の研究はまだまだ明確な結論に至っていないと見なさなければならない。

(6)　Heinz von Foerster, *Observing Systems*, Seaside, Cal. 1981, 特につぎの論文 "Objects: Tokens for (Eigen-) Behavior", S. 274ff. を参照せよ。

(7) いずれにせよこの問題に取り組んできた経験的研究の結果は支離滅裂である。Kenneth L. Higbee, Fifteen Years of Fear Arousal: Research on Threat Appeals 1953-1968, *Psychological Bulletin* 72 (1969), S. 426-444; Werner D. Fröhlich, Perspektiven der Angstforschung, in: *Enzyklopädie der Psychologie, C IV, Psychologie der Motivation*, Bd. 2, Hrsg. von Hans Thomas, Göttingen 1983, S. 110-320 (178ff.) を参照せよ。

(8) たとえば Franz L. Neumann, *Angst und Politik*, Tübingen 1954 を参照せよ。

(9) Werner Fröhlich, *Angst: Gefahrensignale und ihre psychologische Bedeutung*, München 1982, S. 27.

(10) William C. Clark, Witches, Floods, and Wonder-Drugs: Historical Perspectives on Risk Management, in: Richard C. Schwing/Walter A. Albers, Jr. (Hrsg.), *Societal Risk Assessment: How Safe is Safe Enough?* New York 1980, S. 287-313 はいずれにせよそうなることを示している。同様のことは、たとえば試験の不安などのような他の領域の不安にも当てはまるように思われる。D. Gertmann *et al.*, Erste Ergebnisse einer Fragebogenuntersuchung zur Prüfungsvorbereitung im Fach Psychologie, in: Brigitte Eckstein (Hrsg.), *Hochschulprüfungen: Rückmeldung oder Repression*, Hamburg 1971, S. 54-59 の研究成果を見よ。

(11) 概観のためには William D. Rowe, *An Anatomy of Risk*, New York 1977, S. 119ff., 300ff. を、(議論の余地のある) 量的評価については Chauncey Starr, Social Benefit Versus Technological Risk: What is Our Society Willing to Pay for, *Science* 165 (1969), S. 1232-1238 を参照せよ。この「ダブル・スタンダード」仮説は、他の要因の関わりをますます考慮に入れるようになったとしても、経験

的に支持しうるように思われる。これについてはPaul Slovic/Baruch Fischhoff/Sarah Lichtenstein, Facts and Fears: Understanding Perceived Risk, in: Schwing/Albers, *a.a.O.*, S. 181–214 (196, 205ff.) を参照せよ。

(12) 政治的パースペクティヴからリスク知覚の変化と適切性に関するものとしてMeinolf Dierkes, Perzeption und Akzeptanz technologischer Risiken und die Entwicklung neuer Konsensstrategien, in: Jürgen von Kruedener/Klaus von Schubert (Hrsg.), *Technikfolgen und sozialer Wandel: Zur politischen Steuerbarkeit der Technik*, Köln 1981, S. 125–141. さらに詳細な文献紹介と独自の経験的研究を含むものとしてOrtwin Renn, *Wahrnehmung und Akzeptanz technischer Risiken*, 6 Bde., Jülich 1981.

(13) ちなみに原子力発電所の大惨事に対する不安で特徴的なのは、それが意識的に（！）反帰納的に見積もられていること、つまりこれまでの事故の統計からリスクが見積もられるのではなく、いわば自由に根拠なく大きく描かれていることである。これに関して他のリスク知覚との比較を行っていて興味深いのはSlovic *et al., a.a.O.* (1980), S. 193.

(14) ちなみにこれに関して注目されるのは、危険性は明らかに減少しているのに心配は増大していることである。これまた先に述べた不安に関するコミュニケーションの自己誘導の一例である。また、この分野の不安については、例の「自由意志による／自由意志によらない」の「ダブル・スタンダード」が特にはっきりと観察される。すなわち、自分の栄養摂取の仕方が悪いのかもしれないということを心配するよりも食品化学の危険性に対する心配の方が強いという状況である。実際にはそれがまったく逆転してもおかしくないきっかけがたくさんあるはずなのだが、それにもかかわらずである。

(15) アルポート学派の意味のそれである。特に Richard L. Schanck, *A Study of a Community and Its Groups and Institutions Conceived of as Behaviors of Individuals*, Princeton, N. J. 1932; Ragnar Rommetveit, *Social Norms and Roles: Explorations in the Psychology of Enduring Social Pressures With Empirical Contributions from Inquiries into Religious Attitudes and Sex Roles of Adolescents from Some Districts in Western Norway*, Oslo 1955 を参照せよ。

(16) 警鐘を鳴らすことの道徳と論理については Lars Clausen/Wolf R. Dombrowsky, Warnpraxis und Warnlogik, *Zeitschrift für Soziologie* 13 (1984), S. 293-307 を参照せよ。

(17) Niklas Luhmann, *Soziale Systeme, a.a.O.*, S. 638ff. を参照せよ。

(18) Niklas Luhmann, The Self-Description of Society: Crisis Fashion and Sociological Theory, *International Journal of Comparative Sociology* 25 (1984), S. 59-72 も見よ。

20章　エコロジーのコミュニケーションの合理性について

(1) Jürgen Habermas, *Der philosophische Diskurs der Moderne: Zwölf Vorlesungen*, Frankfurt 1985, S. 432.

(2) それでは問題が変わってしまうではないかと異を唱えることはもちろん可能である。しかしその場合は、問題設定の合理性にとっての基準は何かという問題に議論が移ることになるだけである。

(3) これについては Douglas R. Hofstadter, *Gödel, Escher, Bach: An Eternal Golden Braid*, Hassocks, Sussex UK 1979; dt. Übers. Stuttgart 1985 を参照せよ。さらに本書五一頁以下も参照せよ。

(4) ハーバーマスは *Der philosophische Diskurs der Moderne, a.a.O.* (1985), S. 426ff. でそのように考

えている。

（5）　これに関しては Niklas Luhmann, *Soziale Systeme, a.a.O.*, S. 638ff. も参照せよ。

（6）　Heinz von Foerster, *Observing Systems*, Seaside, Cal. 1981 による。

21章　環境倫理

（1）　これについてくわしくは Niklas Luhmann, Soziologie der Moral, in: Niklas Luhmann/Stephan H. Pfürtner（Hrsg.）, *Theorietechnik und Moral*, Frankfurt 1978, S. 8-116; ders., I fondamenti sociali della morale, in: Niklas Luhmann et al., *Etica e Politica: Riflessioni sulla crisi del rapporto fra società e morale*, Milano 1984, S. 9-20.

（2）　一七世紀にはまだはっきりしていた（それどころか神に投影された要請さえあった。神よ罪人を憎みたまえ!）。たとえば Edward Reynoldes, *A Treatise of the Passions and Faculties of the Soule of Man*, London 1640, Nachdruck Gainesville, Florida 1971, S. 111ff., 137ff. を参照せよ。パラドクスをそれ以上反省することもなくそのような議論を展開する理論にとっては、愛も憎しみもともに良い結果をもたらすこともあれば悪い結果をもたらすこともあるなどというのは、（堕罪の後の世界の）たんなる現象にすぎない。さらに道徳と受難の物語と同時並行的なコード化について語ることも可能かもしれない。ただし、それがねじれた関係でありうるという事実だけは考慮に入れなければならない。

（3）　Robert Musil, *Der Mann ohne Eigenschaften*, Hamburg 1952, S. 1024.

（4）　十分根本的な反省を行い首尾一貫して考えるならば、パラドクスの再受容に必ず至るはずだという予想だけは述べておきたい。それはたとえば根拠づけ不可能なことによる根拠づけという形をとるかもしれない。これは一般化された根拠づけ不可能性として、これを批判する者すべてに対してさえ、その批判者が倫理的討議にのみ加わり、したがって少なくとも倫理的な根拠づけの必要性を承認している限り、当てはまる。わたしにはカール‐オットー・アーペルも似たような議論をしているように思われる。もちろん、だからといって根拠づけの問題をあっさり倫理的討議に委ね、何らかの結論に達するのか、どんな結論に達するのか、しばらく様子を見守れば済むという問題ではない。

訳者あとがき——本書のユニークさと訳文について

本書はNiklas Luhmann, *Ökologische Kommunikation: Kann die moderne Gesellschaft sich auf ökologische Gefährdungen einstellen?* Westdeutscher Verlag, 1986の全訳である。

ルーマンの著作はすでに相当数翻訳され、今後も主要著作の翻訳が続々と出版されるものと予想するが、本書はルーマンの膨大な著作の中でもいくつかの点でかなりユニークな本であると言ってよいのではないかと思う。

第一に、そもそも高度に抽象的な理論展開に徹するルーマンが、「エコロジー問題」という差し迫った現実的問題に取り組むというだけでも珍しいことである。実際に読んでみればやはり抽象的なルーマン理論であって、具体的な処方箋を提示するものではないが、それは従来の問題の論じ方そのものを抜本的に刷新することこそが、ルーマンからすれば最重要課題だからであろう。つまり、そこに自己の理論が社会に対して貢献しうる課題を見出しているということである。「新しい社会運動には理論がない」と断じ（本書二三一頁）、「不安のレトリック」を詳細に分析し（同19章）、ハーバーマスの議論に痛烈な批判を浴びせ（同二四五頁以下）、「学術でさえ、……なにゆえ自分たちの「より良い認識」がしばしば社会の中でまったく共鳴を得られないのか」（同五六頁）を冷静に認識するルーマンは、当然、自己の理論の現実的有効性についても徹底的に考えていたはずである。社会はコミュニケーションの連鎖からなると認定し、社会学理論もその社会的コミュニケーションの一部であるという「自己言及性」の理解から当然そうなるはずだが、そういう抽象的な理論的脈絡とは別に、社会の現実の方からも、ルーマンのような高度に抽象的な理論がどのように現実的有効性をもちうるのかということを考えるうえで、エコロジー問題は格好のテーマではないだろうか。

第二に、ルーマンが出版した単行本の中ではコンパクトなほうでありながら、近代社会の主要な機能システムである経済、法、学術、政治、宗教、教育のそれぞれについて一通り論じているというのも本書の一大特徴である。一九八八年の『社会の経済』以来、一九九八年のルーマンの死後まで出版が続いた『社会の○○』シリーズが、近代社《ゲゼルシャフト》会の各機能システムを個別に扱っている（『社会の社会』を除く）ことを思えば、たった一冊の中でこれだけの機能システムにまとめて論及しているのは異色である。たとえ「その一端を垣間見る」程度にとどまるにせよ、本書一冊でルーマン理論のかなりの範囲をカバーしていると言えなくもないわけで、比較的小著であることと合わせて本書をルーマン理論の入門書として推奨する人もいる所以であろう。

第三に、各機能システムのすべてを包括する近代社《ゲゼルシャフト》会について、まがりなりにもその全体像を提示するという課題（全体像を提示《レプレゼンタチオン》することにつきまとうパラドクスや、機能的に分化した近代社会の全体像を提示することの困難さに関する議論を含む）に取り組んでいるという点でも貴重な著書である。「まがりなりにも」というのは、ルーマンが亡くなる前年の一九九七年に出版された大著『社会の社会』と比べてしまえば、本書での社《ゲゼルシャフト》会システムに関する議論が「現代社会（あるいは近代社会）はエコロジーの危機に対応できるか」という問いに答えようとする限りでの限定的で端緒的なものであることは明らかだからである。とはいえ、『社会の社会』の「まえがき」に紹介されている、ビーレフェルト大学就任時の一九六九年に立てた研究プロジェクト（名称「社《ゲゼルシャフト》会の理論」、所要期間三〇年）の三部門——①システム論に基づく「序章」（一九八四年の『社会《ゾチアール》システム——一般理論の要綱』に結実）、②社《ゲゼルシャフト》会システムの叙述（『社会の社会』に結実）、③社《ゲゼルシャフト》会の主要な機能システムの叙述（『社会の経済』以降、『社会の〇〇』シリーズとして結実）の三部門——の区別から容易に察しがつくように、社《ゲゼルシャフト》会について、事のついでに断片的に言及するのではなく主題として真正面から本格的に論じようとする著書はじつは多くないのであり、その点でやはり貴重と言ってよいであろう。それに、『社会の社会』はいわば「社《ゲゼルシャフト》会の一般理論」であり、近代社会論はその一部で、より個別具体的な理論ということになろうし、ましてや本書は

「現代社会はエコロジーの危機に対応できるか」という問いに答えるという限定がついているものであるから、『社会の社会』と本書はいずれも社会《ゲゼルシャフト》を主題的に論じていると言っても、中身はだいぶ違う。ついでに言えば、上記のように課題としてはっきり区別されている社会《ゲゼルシャフト》システムに関する叙述と各機能システムに関する叙述の両方が含まれているという点では本書は『社会の社会』とまったく異なっている。こうした点でも本書はやはりユニークである。

第四に、第一の主著と言われる一九八四年の『社会《ゾチアール》システム――一般理論の要綱』の直後に出版された著書として、当然同書で確立された「自己言及的でオートポイエティックなシステム」の理論を踏まえていると同時に、上記の三部門構想からもわかるように同書とは分析水準も違えば課題も違うゆえに、同書ではそれほど主題的に論及されていないか(「観察の観察」や「バイナリーコード」等)、まったく論及されていない諸概念(「共鳴」や「コード、基準、プログラム」等)を用いた議論が展開されている。他方で、今しがた述べたように、第二の主著である『社会の社会』と比べてみても、登場する概念、テーマは結構異なっているうえに、社会《ゲゼルシャフト》システムに関する叙述と各機能システムに関する叙述の両方を含んでいる。したがって、あえて言えば、上記三部門のすべての要素が入っていて、しかもそれぞれの決定版とは多少とも違いがあるということである。

このようにユニークで魅力的な本書は、原書が出版された翌年の一九八七年には早くも翻訳され、

『エコロジーの社会理論』というタイトルで新泉社より出版されている。驚くべき早さであったが、ここしばらく絶版状態が続いていた。縁あってこのたび、このように本訳書を出版させていただくことになったが、かかる経緯もあり、また訳に関してぜひ断っておかなければならないこともあり、ここでどのような基本方針で訳したかということについて少し書いておきたい。

まず、大前提は「とにかく訳文を読んで何とか論旨がとれる日本語にすること」である。これは、専門的知識がこちらに不足しているという点を割り引いてもルーマンやハーバーマスの翻訳はわかりづらい（誤訳もよくある）ことが多いという経験に対する反発であると同時に、ルーマン理論の難解さ、言及対象範囲の広大さという対象の側の問題と、それに対するわたしの現在の理解の水準と翻訳能力の水準という主体の側の問題との両方から導き出される正味の目標である。

正直に言って、何と訳したらよいのか迷うところはたくさんあった。そういうところは、前後の文脈を考えて、とにかく何とか論旨がとれるように訳すよう心がけた。また、「何とか論旨がとれる日本語」にするために、かなり大胆な意訳もあえて行った。さらに原文にない文言を思い切って補っているところもある。学術書の場合、訳者が補った文言には［　］をつけることがよくあるが、どの程度の補足までいちいち［　］をつけるべきかの判断は悩ましい。たとえば、「そして」とか「しかし」とか「つまり」といった接続詞があるとないとでは、日本語としてのわかりやすさが全然違うので、原文になくても適宜補ったが、それにもいちいち［　］を付けることにすれば、それ以外のものにも全部［　］を付けないわけにはいかない。そうすると結果的にあまりに膨大な箇所に［　］が付くことになり、大変見苦しい。そこで結局、単語の注のようなものを除いて［　］は一切付けないことにし、そのかわり、大胆な意訳を行っていることをここでこのように断ることにした次第である。ところで、大胆な意訳を行うということは、当然のことながら誤訳のリスクを冒すということでもある。たとえば原文にないにもかかわらず「つまり」を補うということは、大変重大なリスクのある判断である。にもかかわらずあえてリスクを冒したのは、「何とか論旨がとれる日本語」に近づけることを優先したからである。本訳書は良く悪くも「庄司訳」である。したがって、研究者の方はぜひ原書に直接あたっていただきたい。

その他、読んでいただければわかることだが、「ゲゼルシャフト」（または「ゲゼルシャフトシステム」）と「ゾチアールシステム」とを区別するためや、「コンティンゲンツ」のように文脈に応じて訳を変えているが原語は同一であることを示すためなど、苦肉の策としてルビを多用している。ゲゼルシャフトはたいていは「社会」と訳し適宜ルビをふったが、しばしば「全体社会」とも訳した。

以上のような方針で訳した本書は、現在のわたしの精一杯の努力の結果であるが、それでもルーマンの著作を初めて読む人にとっては、やはり難解であろうし、多少親しんでいる人でもやはりわかりにくいと感じることが多々あろう。そこであとわたしにできることは、読者の皆さんにある程度の覚悟と忍耐をもって読むことをお願いすることだけである。開き直るわけではないが、もともとが難解な理論書であり、しかも翻訳書なのだから、ある程度のわかりにくさは仕方がないのである。どんな分野であれ、これまで馴染みのない理論の世界に入っていこうとすれば、それは避けては通れないことである。その点をご理解いただいて、ルーマンの他の著作も読み、そして本書を二度、三度と繰り返し読んでいただければ、何とか論旨をとれるくらいには訳したつもりである。

最後になるが、研究業績の乏しいわたしのような者に、本書を翻訳するチャンスを与えてくださった新泉社の竹内将彦さんに心から感謝申し上げる。

二〇〇七年八月

庄司 信

本書は『エコロジーの社会理論』（一九八七年）の新訳版である。

著者紹介

ニクラス・ルーマン（Niklas Luhmann, 1927-1998年）

20世紀を代表する社会学者の一人。もっとも重要な功績は、新たなシステム理論を社会学理論に結びつけ、一つの社会理論を発展させたことにある。フライブルク大学で法律を学んだ後、ニーダーザクセン州の行政官として勤務。タルコット・パーソンズの社会学に徹底的に取り組むためハーバード大学へ留学。その後、ミュンスター大学で博士号、教授資格を1年で取得。1969年、新設されたビーレフェルト大学に教授として就任。1993年定年退官。

訳　者

庄司　信（しょうじ・まこと）

1958年、山形県生まれ。一橋大学社会学研究科博士課程中退
現在、ノースアジア大学准教授
専攻　社会学理論、社会哲学

エコロジーのコミュニケーション

2007年10月10日　第1版第1刷発行

著　者＝ニクラス・ルーマン
訳　者＝庄司　信
発　行＝株式会社 新 泉 社
東京都文京区本郷2-5-12
振替・00170-4-160936番　TEL 03(3815)1662／FAX 03(3815)1422
印刷／創栄図書印刷　製本／榎本製本

ISBN978-4-7877-0708-6　C1036

システム理論入門　●ニクラス・ルーマン講義録［1］
ディルク・ベッカー編／土方 透監訳　4200円＋税

ルーマン、学問と自身を語る
ニクラス・ルーマン著／土方 透、松戸行雄編訳　2500円＋税

公式組織の機能とその派生的問題
ニクラス・ルーマン著
上巻 沢谷 豊、関口光春、長谷川幸一訳　3000円＋税
下巻 沢谷 豊、長谷川幸一訳　4200円＋税

ルーマン 社会システム理論
ゲオルク・クニール、アルミン・ナセヒ著／舘野受男、池田貞夫、野﨑和義訳　2500円＋税

リスク　●制御のパラドクス
土方 透、アルミン・ナセヒ編著　3500円＋税

宗教システム／政治システム　●正統性のパラドクス
土方 透編著　3200円＋税

ブルデューとルーマン　●理論比較の試み
アルミン・ナセヒ、ゲルト・ノルマン編／森川剛光訳　3500円＋税

ルーマン・システム理論 何が問題なのか　●システム理性批判
ギュンター・シュルテ著／青山治城訳　4200円＋税